Manifesting Through Meditation

顯化冥想的力量

100個引導練習，
啓動宇宙中最強大的願景實現

Cassandra Bodzak 卡珊卓·波札克——著　曾琳之——譯

高寶書版集團

謹以此書獻給在天上的瓊恩・麥克唐納（Joan McDonald）。若沒有您的愛與智慧，

我將少了幫助我成為今日的我的那些美好。

您是我此生與永遠最愛的天使，這份愛將永不止息。

我很確信，我在撰寫這本書時您一直陪在我的身邊，

我也很感謝您從天上幫助我完成這本書。

祖母，我愛您。

第二部　顯化的 100 個冥想練習

前言

我很高興你打開了這本書。這本書將給你一把鑰匙，開啟在這個世界的全新生活方式。我想，你會翻開這本書，是因為在內心深處你也和我一樣，相信自己有能力顯化所夢想的生活。你的靈魂知道，有意識地將夢想變成現實的這個能力對你來說就像呼吸一樣自然。

這本書分享的冥想方法、智慧和工具不只改變了我的生活，也改變了無數我有幸共事的其他人的生活。你將獲得進行深度冥想的工具，從而改變你的思維、感受以及與這個世界互動的方式。你將學到如何傾聽直覺的指引，並採取實際的行動來達成你的夢想。這很令人興奮，對吧！如果你真正投入於其中並接受引導，善用本書介紹的冥想方法，你就可以在當今的現實中，為你所懷抱的輝煌未來願景打好基礎。

我為什麼能夠這麼肯定呢？這十幾年來，我一直在測試這些方法並讓這些方法更完善。我已透過我的「以神聖力量打造你的人生的方法」（Divinely Design Your Life: The Process）

讓成千上萬來自世界各地的人知道，如何擺脫自己目前的生活方式並成為生活中的強大顯化者，更不用說我透過無數的研討會、冥想課程和一對一的個人課程所接觸到的學員都驗證了這一點。你會有很多很棒的夥伴，而我很高興能夠歡迎你加入我們！

也許最能夠體現這本書的影響力的案例，就是我自己的人生。在開始我的冥想和顯化之路時，我才二十歲出頭。我那時迷失了方向、焦慮、同時做好幾份工作卻幾乎付不出房租、困在一段沒有未來的關係之中。我從學校畢業時本來以為我的前途是一片光明，現在，卻覺得我把一手好牌打爛了。我當時處於人生的最低點，感覺生活毫無意義，就彷彿我在每件事情上都失敗了。我迫切需要某種轉變，你對這種狀況是否也有任何一點共鳴呢？

我就不在這本書花篇幅贅述我第一本書書《吃的意念》（*Eat with Intention*）中呈現的人生故事。以下是這個故事的濃縮版：那段時間讓我開始了學習冥想和心靈法則的使命，最終引導我釋放出我在生命中的顯化力量。

那就是一切魔法開始發生的時候。一步一步地，我變得越來越快樂。我也能夠從更高、更平和、更有愛的角度來看待發生在我生活中的狀況。我開始以那些照亮我的人生的事物為方向，並將能夠帶給我快樂的工作放在優先順位。你也同樣可以期待這樣的人生，即使在你的顯化還未真正實現之前，你就會發現你的生活感覺變順遂多了！

如果認真寫的話，自那個最低谷的時期以來在我的生活中發生的所有神奇顯化，可以寫成好幾頁。相信你看了也會充滿期待，這包括：我的部落格不斷成長並吸引到一批教練客戶，ABC 電視台的製片人發現了一段我拍的烹飪影片，並讓我登上《好味道》節目與安東尼・波登同台，我也在投入在這些工作的一年之內簽下第一本書的合約。有許多朋友出現在我的生活中、我的身體感覺好多了，那些神祕的疼痛都消失了，而我也遇到了即將成為我丈夫的對象。最重要的是，我開始感到越來越快樂、喜悅和滿足。當你重新掌握自己的力量，並找回將人生願景變為現實的能力時，你的可能性將是無限大。

我等不及開始引導你透過冥想踏上神奇顯化之路了！最重要的是：這本書不是簡單讀完就沒事了，這是一本需要你去執行的書。你一定可以從忙碌的生活中擠出一點時間來練習，每天只需要花 10 到 30 分鐘，如果想著這些時間是花在將你的人生願景變為現實的時間，你就會覺得這些時間並不算多，對吧？投入於練習都是為了你自己、你的靈魂，以及你自己的平靜與幸福。

最棘手的部分可能是踏出第一步，歡迎你去使用我的網站 cassandrabodzak.com/manifesting 的額外資料。你在網站上會找到一些入門版的冥想引導和一些其他的工具。你接下來要養成的是終身的練習習慣，所以也不要對自己太嚴苛了。如果你有一天或是有幾天未能練習，只要再恢復練習就好。如果你在冥想中覺得自己沒有完全進入狀況，也請繼續冥想一或兩週，並觀察在每次靜坐時你的練習如何越來越深入。當你開始找到感覺後，你就不會想停下來了。你會感覺很棒，而你的生活也會變得比以前都更不可思議。

第一部
介紹顯化與冥想

創造你想要的生活的一個關鍵是：你要相信你可以創造出你想要的生活。本書的第一部，我將為你揭開顯化的神祕面紗，讓你了解到，你本身就是一個在體驗人類經歷的神聖存在，而顯化也是你的天賦力量的一部分。我還會幫助你理解，為什麼冥想是以意識創造出你的現實的那把黃金鑰匙。讀完第一部後，你將會興奮地踏入冥想的世界，並對於以創造改變人生的成果有信心而持續練習下去！

什麼是顯化？

我們身為人生的有意識的創造者，顯化就是我們的能力。這也是在生活中以神聖力量打造你的人生的實踐，你將不再成為周圍環境的受害者，或讓自己陷入只是對外部環境做反應的循環中。你可以顯化任何你想要的事物，但是當然，這仍需在人類的生物學限制範圍內，例如你不可能顯化出第三隻手臂！當提到顯化時，大多數人都會想到金錢，但這只是這塊無限大餅的一小部分。你可以顯化人際關係、機會、身體健康、一個孩子、婚禮當天出大太陽、帶給你快樂的工作、一隻親人的新小狗、你夢想的家，以及其他更多的人事物。你也會發現，顯化正面情緒可能是其中一個最能改變你的生活的顯化練習。對，沒錯，你也可以有意識地創造你對生活的感受。事實上，我都會建議我所有的客戶，在把重點放在以目標為導向的顯化的同時，也要做這部分的練習，因為我們經常會想要做到某些事情，只是因為當這些事情到位後就可以有特定的感受。但其實在顯化時，只有無邊無際的藍天會是你的極限。

顯化的運作方式與原理？

成為生活的創造者的第一個部分，會和我喜歡稱之為神奇的、美妙的、天堂般的事情有關。當我們記住我們的真實性時，我們就可以從中去創造。我們都是神聖的存在，我們都是天生的創造者，我們都是來自於無限。我們的內心存在著的靈魂就是我們的核心本質，這是一股無限的愛、無限的富足、無限可能性的能量。要成為一個強大的顯化者，我們必須先與我們的靈魂連結與頻率一致，然後以此為出發點，我們必須向宇宙（或量子場）伸出手去呼喚我們深切渴望出現在生活中的人事物。

身心靈領域流行的說法：「我們必須同頻（We have to get into alignment）」，指的正是這個過程。我們投入生活的方式與我們存在的真實事實會一致，而在這個重要的顯化的第一個部分，冥想就是我們最強大的工具。

「心想事成（thoughts become things）」這句話只說對了一半。真正的魔法是在於信念。如果你在內心深處也相信你的想法，那它就會出現在你的現實中。你現在的生活就是你迄今為止所擁有的想法和信念的反映。當你了解顯化是如何發生後，你就可以開始顯化你所夢想的生活，而不是過著你眼前的生活。

有意識地創造你的生活的第一步，會需要你進入自我的意識的更深處——進入潛意識與神聖本質，去改變關於你是誰、你可以做到哪些事情以及你是否值得獲得你渴望的一切的這些基本信念。當你開始由內向外轉變時，你的想法會改變、你的行為會改變，甚至是你對自己的感覺也會改變。

顯化這塊大餅的第二部分和「實務」有關，也可稱這部分為同頻且實際的行動。我們生活在一個三維空間的現實中。也許你的顯化所缺少的那塊拼圖是需要你撥出某通電話、寄出某封電子郵件、開始使用約會應用程式，或是發布你的履歷。當我們傾聽並提出自己的判斷時，永遠都會出現指引我們進入到下一步的同頻行動。所以每一天都採取行動來讓夢想和目標成為現實，就會讓我們位於追尋機會的有利位置。

顯化的好處

我們可以善用顯化技巧，讓生活成為靈魂夢寐以求的樣子。顯化能實現的可能性超越了我們的認知範圍，包含能夠真正讓我們喜悅的職涯道路、最有熱情去做的計畫，以及相信自己可以摘月的自信心。我們還可以吸引到能夠豐富我們生活的人際關係，與我們關心的人一起度過此生的人生經驗，以及其他更多的緣分。顯化會讓買車、找房子、甚至是去下一次度假這類的任務都能更輕鬆與更神奇地推進。

做為生活的有意識的創造者，並且持續運用自己神聖能力來顯化，都會讓這段旅程變得更加愉快。人生應該要充滿樂趣、應該要令人興奮，也應該要讓人喜悅。當然，我們無法讓每件事情都盡如人意。在我們活在地球上的這段時間裡，都會經歷悲痛、難過、憤怒和其他難以承受的情緒。做顯化的練習並不是為了在碰到困難時可以不顧感受。顯化會是大雨停歇後在天空出現的彩虹，我們所做的顯化練習是一股溫柔且充滿愛意的引導力量，提醒著我們，就算是在經歷困難的那些時期我們仍可以找回我們的力量並創造。

顯化會教你如何在這個物質世界中生活，且同時也會提醒你，你遠遠不止於此，它會讓你在日常生活中觸及無限、神聖、與神奇的人事物，而這些好處是無價的。

什麼是冥想？

韋氏字典給予「冥想」四種定義，而你將在這整個旅程中體會到，所有的這些定義都是正確的。

冥想：

1. 進行深思或反思。

2. 進行精神的鍛鍊（例如專注於一個人的呼吸或複誦某句真言），以達到更高的精神意識層次。

3. 集中一個人的思緒；反思或默想。

4. 在腦中計劃或投射。

什麼事情可以稱作冥想通常會取決於你是屬於哪一個身心靈的思想流派，而我喜歡韋氏字典保留了可以有多種解釋的空間。對我來說，冥想就是進入我們的內在、連結到真實的我們是誰，並讓自己在那裡停留與沈澱一下子。它可以包括一段真言，或者我們可以用呼吸做一些特定的事情，甚至是將意識集中在我們的腦中做特定的視覺化。

我剛開始冥想時，在 YouTube 上聽了各種不同的冥想引導，去布魯克林的一座佛寺參加了冥想課程，我的吠陀老師給了我一句真言，然後我取得了另一套系統和其他流派的瑜伽和冥想師資格認證。我試過了所有的派別，只為了找出最適合我的那一種。藉由本書介紹的 100 種冥想練習，你將會學到許多不同的冥想方法，而最重要的，是找出適合你的那一種方法。

冥想如何與爲何有幫助？

所有冥想的原理都是在讓我們的「猴子腦袋（monkey mind）」安靜下來，這個心智與限制性的恐懼、侷限和競爭意識有關。透過冥想，我們會與我們的源頭、靈魂或神聖的心智重新結合。我們可能是只連結到有限的自我的思想，或是只連結到無限的自我的思想，不論是任何時刻，我們都不可能同時與這兩者連結。而冥想就是一種媒介，讓我們可以從有限的（基於恐懼的）心智轉變為我們無限的（基於愛的）心智。

基於恐懼的心智是會擔心以及會感到壓力和焦慮的心智，是想著事情可能出錯的所有方式與有著種種恐懼的心智。它總是會讓我們在生活中扮演受害者的角色、耗盡我們的能量，並讓我們覺得自己開創生活的能力很有限。這個心智和我們成長過程中來自家庭和族裔的信念，以及童年時經由不同經驗所獲得的信念有關。它也受到我們一路走來從媒體和互動的單位機構所吸收的社會性信念。這就是我們在冥想練習中讓它安靜下來的心智。我們只要閉上眼睛、進入內在，並成為思緒的觀察者，就可以讓自己從這些想法中解放。當我們在冥想中觀察自己的思緒時，就能夠區辨它們與我們的真實樣貌。

在冥想中，我們會連結到無限的心智、源頭、靈魂或神聖本質。無論你喜歡怎麼稱呼，它都是一個安靜的地方，遠離了所有的雜音，我們會在這裡找回自己的無限性。透過冥想練習，將鍛鍊我們的肌肉，進而一次又一次地回到這個境地，並強化與無限的自我的連結。正是從這裡，我們開始記起了神聖的本質，並連結到更高的意識與生命的無限可能性。

冥想的好處

冥想對我們的幫助很多。它可以使身心平靜下來，讓呼吸更深層，並重新連結到我們的中心。這些漣漪般的連鎖反應會改變我們的人生。冥想不僅可以在有意識的創造生活方面更上一層樓，而且對健康還有著顯著的益處，而且這些都是有科學根據的。

人們開始做冥想的最常見的其中一項原因是為了緩解壓力，而這也不足為奇。一項為期八週的研究顯示出，研究練習正念冥想的人可以大幅降低生物性壓力反應。隨著壓力在我們的社會中蔓延，光是這一項好處就足以讓任何人自行開立日常冥想練習的「處方」來幫助自己控制壓力了！

冥想甚至可以平息壓力「焦慮」這位不太討喜的親戚，並讓他也順服於你。沒錯！每天靜坐可以顯著降低你的焦慮感。研究人員研究了各種冥想的效果，得出的結論是，多數的冥想都有類似的抗焦慮效果，可以幫助長期受焦慮所苦的人提升面對焦慮的技巧，並減少與壓力相關的反應。冥想的好處，真是說也說不完！

冥想還可以緩解憂鬱，並強化自己能力的信念。透過定期冥想所培養出的自我覺察，將會影響你生活的各個層面。透過定期靜坐，你也將越來越能夠意識到破壞性的想法並調節你的感受，這將讓你能夠更頻繁地展現出最高境界的自我。

冥想正是因為有這些驚人的好處，所以可以幫助我們改變我們的生活。我們可以讓我們的心智為我們工作而不再反過來和我們對抗，並且與我們自己最深處的部分連結，進而有意識地主導我們前進的道路。

顯化和冥想如何一起發揮作用？

顯化和冥想搭配在一起就像是太陽和月亮一樣，它們在「讓你活出最棒的人生」中是天造地設的一對！冥想會為我們的顯化練習奠定扎實的基礎，它是打開神聖創造力大門的鑰匙，因為它讓我們能夠盡可能深度地、直接在核心中做這些練習的功課。冥想可以讓我們重新回到創造想要的生活的真實道路，擺脫限制和阻礙，並量子跳躍進入一直夢想的未來。

先將這些議題拆解成一些易於重複的步驟，讓你可以充分理解整個顯化的過程如何運作，以及如何與持續的冥想練習相關聯。

這會從我們想要顯化的一個渴望作為開始。你對人生的夢想、渴望和願景並不是隨機出現的，它們與你存在的本質有著神聖的連結，而且對你來說都是獨一無二的。你可能會說：「這個嘛，不是每個人都想要愛、金錢、健康和快樂嗎？」這是事實沒錯，然而，這些我們渴望的元素以何種特性顯化在我們生活中，對每個人來說答案都是截然不同的。在一開始踏上顯化之路時，很重要的一點就是要進入在我們內心的空間、與靈魂連結，並且要越來越清楚準備呼喚哪些人事物進入生活中。這點你不用擔心，我已經在〈冥想練習：喚醒你內心的渴望〉的章節準備了 10 種冥想方法，幫助你踏出這一步。

當瞄準好我們的渴望後，接下來重要的是需將它分解，以便我們能更深入地去理解它，並且會希望知道我們所渴望的以下這三項指標。在我的代表性的「以神聖力量打造你的人生」課程中，我喜歡這樣稱呼這三項指標：整體「生命感受」（overall life feelings， OLF）、「目標」（goals），以及「渴望的真正本質」（genuine essence of the desire）。我非常建議你在筆記本上寫下這些問題的答案：

☐ 在你想像中，當這個渴望實現時你的生活在整體上會有什麼感受？

☐ 你將達成與這個渴望有關的哪些具體目標？

☐ 這個顯化背後的渴望的真正本質是什麼？

我們透過冥想與顯化來破除信念、限制和阻礙。你對人生的所有想像都還沒有在現實生活中顯化的主要原因，是你有著根深蒂固的信念、限制和障礙，而它們一直在告訴你——你不能做、不能擁有或無法成為你所渴望的樣子。我知道這乍聽之下似乎有點嚴苛，就像是——哎呀，所以是我不夠相信自己囉？不用擔心，我們全都背負著恐懼和負面信念的包袱，而這個包袱會破壞我們為顯化所做的努力。無論是家庭、媒體、社會、年輕時在學校的某個孩子，以及任何你能想到的，都是這些恐懼和負面信念包袱的來源。我們就像海綿一樣吸收著四周的信念系統，並將它們轉化為自己的信念。緩慢但明確地，我們遺忘了偉大且富有創造力的本質。你將在〈冥想練習：打破恐懼和限制〉的章節中，學到如何擺脫與釋放，這些你背負著的信念和阻礙。

我們現在就帶有在未來的現實中會有的感受、頻率和特徵。在〈冥想練習：體現未來的你〉部分中，我精心設計了一些練習，幫助你有力地邁出這趟旅程的這一步。你將明確感受 2.0 版本的你看起來、感覺起來、行為上以及在其他方面是什麼模樣。你會注意到，在未來過著夢想的生活的你，會有一定的習慣和生活儀式，而現在的你也可以將它們融入你的生活中。你將可以看到未來的你會如何穿著，或是他們會如何更喜悅地度過每一天，而你現在就可以做這些改變！當我們以實際的行動展現出理想版本的自我時，就會發生許多的魔法，因為理想版本的自我會在我們周圍創造出一個力場，並吸引這個方程式所欠缺的最後一塊拼圖出現在我們的生活中（例如一份新工作、一位出色的伴侶等等）。

我們遵循神聖的指引和直覺的智慧，以共同創造的方式去行動。最後，但也很重要的一點是，當我們在冥想時充滿活力的世界中完成我們練習的這一部分後，不能忘記在物質世界中還需要完成我們該做的另一部分，因為顯化會需要實際的行動才能帶來神奇的成果。你的冥想練習是扎實的基礎，這會引導你在一天中剩餘的時間裡行動都能頻率一致。我們都是和宇宙一起創造的共同創造者，所以在顯化中也必須盡到該做的責任。你會發現，在本書的許多冥想練習的最後，都會鼓勵你接受任何收到的神聖指引。也有一些特定的冥想練習是專門幫助你，以不同的方式接收這些洞察。你也可以養成這個好習慣，在任何冥想練習結束時都「詢問接下來該採取哪些頻率一致的行動」。

並非所有的行動都有著相等的創造力量，但是允許我們自己以一次的冥想作為實際行動步驟的直接靈感來源會帶有非常強大的力量，因為我們也希望從我神聖本質中去獲得方向，從無限的智慧、代表無限可能性的領域獲得方向指引。如果我們一整天都在問我們以意識為主導的心智，「為了實現我的目標，下一步我該做什麼？」，那麼我們就很可能會以基於恐懼的心智去做反應。這些行動並不一定不好，但是就人生的特定道路而言，這些行動往往是沒有幫助的。它們只會浪費時間，因為它們會引導我們走上符合標準的那條路——但是你其實有著一條你獨有的人生道路。你的邏輯思維不知道對你來說哪條路才是正確的答案，它只知道能夠同時套用在每個人身上的那條路。

如何運用冥想來推動顯化練習

冥想和顯化是密切相關的，如果沒有定期做冥想練習，你可能會很難輕鬆地做到顯化。即使你不是特別為了請求某個渴望實現或是把未來視覺化而做冥想，這個日常冥想練習仍可以同時是顯化實踐的一部分。透過連結到你內在相信自己可以成為、可以去做，或可以擁有任何你嚮往的人事物的那個部分，你就可以激勵顯化力量。用一些時間坐下來，閉上雙眼，然後花一些時間在你的神聖本質——這是你內在無限大且連結到無限可能性的那一塊，你就可以把自己變成一塊吸力強大的磁鐵，吸引著所有你想要的一切。

你每天分配給冥想的時間同時可以是檢視顯化成果的好時機。好好把握在冥想結束後的那段時間，靜靜坐著體會你已擁有一切的感受，並在開始新的一天之前對此表達感謝。此外，你也可以在這個時候花點時間探索接下來能夠讓你更同頻的行動，並在筆記本上寫下任何出現的靈感。無論你原訂的冥想時間是多長，在冥想之後都請花這幾分鐘的時間深化你的顯化實踐。

有助於練習的工具

這些年來教導和引導成千上萬的人進行冥想的經驗也讓我發現到，許多不同的工具都可以讓冥想變得更有趣而能夠幫助你練習，或是可以讓你對每天的靜坐更有熱情。但請記住，這些工具都不是必要條件，所以不要因為少了它們而不做冥想！

一個神聖的空間。你的神聖空間可以簡單如有絨毛毯子的辦公椅子，也可以是特別如只會在冥想使用的特別坐墊和毯子。重要的是，你要對在這個空間坐下來有期待感。

一個冥想的聖壇。這完全不是必要的，但對我來說，為我的冥想空間打造一個小聖壇是很美好的一件事。它可以是我在旅行時，飯店房間裡簡單的蠟燭、水晶與特別的一張畫，也可以是我在家裡的一個角落精心佈置的聖壇。

毯子。有一條毯子，可以讓你在冥想時更加舒適，讓你可以專注於真正重要的事情，也就是放鬆並進入你的無限的本質。

眼罩。眼罩的美妙之處就在於，黑暗可以幫助你在冥想中進入更深層的狀態。

蠟燭。點一顆蠟燭可以提醒我們與內心的光芒連結。由於這樣的像徵意義，點蠟燭的作法也被納入到許多靈性和宗教儀式中。

水晶。每顆水晶都蘊含著不同的特性和能量，可以給予我們幫助，這會取決於我們在練習時想達成的目標是什麼。使用紫水晶可以促進靈性的啟蒙。髮晶可以幫助你清除任何阻礙你圓夢的障礙。粉晶可以在生活中激發出更多的愛。綠砂金石則會帶來顯化的契機。

精油。每種精油都有其獨特的特質，可以在我們冥想練習的許多領域提供幫助。使用乳香可以帶來更深層的平靜、強化冥想的體驗。薰衣草有助於營造放鬆感。快樂鼠尾草可以幫助我們感覺更平衡，並創造穩定感來幫助我們度過挑戰。

鼠尾草和祕魯聖木等的草藥。美洲原住民、亞洲和中東以及許多地區的傳統文化在幾個世紀以來，一直都用燃燒草藥來清理負面能量並營造冥想的空間。

Solfeggio 頻率。我發現在冥想時播放這些療癒的頻率很有幫助，因為它們有助於讓你的思緒平靜下來，以及讓你的身體恢復到平衡的狀態（請見第 120 頁）。你可以從播放 528 Hz 頻率開始，它被稱為是奇蹟和 DNA 修復的頻率。

頌缽。有很多人都喜歡在冥想時聽頌缽的聲音，認為頌缽的聲音可以幫助他們進入更深度的放鬆。對於那些難以安靜坐下來的冥想初學者會有很大的幫助。

體能活動。當我們以某些方式運動或耗盡我們的體力時，我們會更容易進入我們在冥想中想要去的那個安靜、平和、與充滿愛的境地。身體的疲憊可以讓我們拋開身體，讓我們可以在沒有太多阻力的情況下，更深入地與我們的本質連結。

冥想引導的聲音檔。如果你很難引導自己做冥想，也不用責怪自己。聽別人的聲音，讓別人來引導你會比較簡單。為此，我在〈資源〉的章節收錄了一些冥想引導的參考。

月相週期。新月和滿月（以及普通的占星學）的月相週期是適時善用某些宇宙顯化能量來強化我們的練習的好機會。

Q&A：我這樣做對嗎？

我每天一定得在特定時間冥想嗎？

你沒有一定需要在一天之中的任何特定時間做冥想，但是我會建議你，在起床後盡快做冥想。原因是：在你開始忙起來之前的這段時間，你更有可能好好地完成冥想。有一個很好的方法，是在一天之中找出一段你知道可以搭配你的生活和行程的時間，並在你的行事曆中將這段時間標示為冥想時間。能夠讓你堅持不懈去練習的時段，永遠都是最好的時段！

我需要每天冥想嗎？

冥想有這麼多的好處！不過如果你的變得很忙，讓你有一、兩天沒有遵循你的冥想規劃，這也沒關係，你只要馬上重新開始就好了。如果你某天早上的事情太多了，你也可以試著在睡前擠出時間，或甚至是第二天再做也可以。但是不要把你的冥想儀式，當成你一、兩天沒有遵守後就直接全部放棄的那些減肥計劃。即使是隔天再做也沒關係，冥想永遠都會在那裡等你。從長遠來看，對你來說更重要的是不斷回到冥想的練習，只要是有多做幾天的冥想練習，都好過完全不做。

我該冥想多久？我該每天冥想兩次嗎？

的建議是每天冥想兩次，早上一次，然後下午再一次。我則是喜歡如果可以的話，一天做多次的冥想。但是在目前，請你先專注於維持每天做一次冥想，然後如果你某天晚一點又想要再做一次，那就去做吧！

至於要花多久時間，就從你能持續做的時間長度開始吧。本書介紹了十種 5 分鐘的冥想練習讓你可以踏出第一步。如果你現在只能每天投入 5 分鐘在冥想上，那也沒關係。先試著有一個月都每天冥想 5 分鐘，然後下一個月就把時間延長到每天

10 分鐘，然後再接下來是延長到每天 20 分鐘或甚至更長的時間。現在先把目標放在持續做練習。

如果我的思緒無法專注怎麼辦？

這完全不是問題！思緒跑來跑去並不代表你的冥想做得很糟，這只代表了你也是人罷了！在冥想的過程中思緒游移是很自然的一件事。你也會發現到，在有些日子裡你會比其他天更能控制你的心智。不用因為這件事而自責，當你發現你的思緒游移時，你只需要輕柔地引導你的心智回到冥想中，然後繼續做冥想即可。

我怎麼知道我的顯化流程是正確的？

當你開始對生活和未來感到更興奮和喜悅時，你就會知道自己的顯化是正確的。這代表著你的信念已經轉變，開始認同你自己的願景會實現。在你意識到之前，你就會先開始看到一些跡象、機會和共時性，這都是在肯定你的顯化正在發生。對自己要有耐心。如果你每天都投入於顯化的冥想練習中，那麼它就會對你有幫助，而且你很快就會看到效果！

在顯化時明確地指出自己想要什麼，這件事情有多重要？

更重要的是要對所有的選項與超越你想像範圍的可能性抱持開放的態度，而不是死守某個非常具體的顯化形式。你可以渴望一份特定的工作、建立關係的對象，或是一棟房子，但請一定要加上「類似這個或是其他更好的」的這個想法。這讓宇宙有空間可以給你更符合你的最高利益的人事物，而不僅僅是給予你有限的心智覺得你想要的東西。

我可以預期顯化多快開始出現呢？

這對每個人來說都不一樣，完全取決於你想顯化的事情，以及你對這件事所抱持的阻礙和信念。為了建立信心，你可以嘗試顯化一些你認為有可能實現的小事（但這仍然是非常神奇的！）例如演唱會的門票、免費的午餐、超市外的停車位，或是一束鮮花。當你有著遠大的夢想想要實現時，這些小事情可能看起來很傻氣，但這個方法可以讓你知道你的力量有多大，有助於建立顯化更遠大渴望的信心。

我的伴侶或商業夥伴不相信顯化或冥想，或是不願意和我一起練習。我仍然可以為我們兩人的顯化努力嗎？

當然可以！即使只有你在做顯化的努力，你仍然可以為一段夥伴關係顯化出正向的成果。如果你向他們提出顯化的建議，而他們還沒準備好，也請不要試圖強迫他們去做。你也不希望你的夥伴在你的腦海中植入任何負面的信念，或是讓他們的限制性思維影響你。你只需要自己持續地去做顯化的努力，很快他們就會來問你：「你有什麼改變？」他們會對在你身上看到的正面轉變感到驚嘆。藉由以身作則，你不需要去說服他們任何事，可以讓他們相信顯化的力量。

如何使用本書

如果你沒有做過冥想，請先完成前十個 5 分鐘的冥想練習，這可以讓你的在每一天的練習越來越進入狀況。找到一個你可以持續練習的時段，這樣你就可以自然地將冥想放入行程的規劃。如果你之前做過冥想，請跳至第一個長度較長的冥想練習章節〈喚醒你的力量〉（第 51 頁），然後開始你的冥想之旅。

請相信這趟旅程。前面四章所介紹的完整的練習，會讓你以四個不同的角度去接觸到顯化過程。請依序閱讀前面的這四個章節（從〈喚醒你的力量〉到〈體現未來的你〉）。然後從這裡作為起始點，去找出你有共鳴的特定領域。例如，如果你想讓自己的心智變得更開放，在做完〈體現未來的你〉之後，接下來就很適合做〈顯化奇蹟、共時性與神奇的契機〉章節所介紹的冥想練習。

當你照著本書做完一輪練習之後，接下來如何繼續就完全取決於你。你在每天就做在你心裡呼喚你的那些冥想練習吧！請相信，宇宙知道你需要的是什麼。而且在做本書的任何冥想練習時，你都不用擔心會出錯。有時候，我們不想做的那些練習，卻反而能夠帶來最深遠的影響。如果某個你努力的顯化感覺停滯不前，〈打破恐懼與限制〉章節的冥想練習會對你有幫助。如果你的自信心在最近被打擊，請翻到〈喚醒你的力量〉的章節。感覺與你所顯化的生活缺少連結？〈體現未來的你〉的章節中可能會有你正需要的冥想練習。你只需要問問自己，「今天，我的內心需要什麼樣的冥想練習？」然後相信內心的引導。

最後，如果你在做某一個冥想練習時感覺很有共鳴，並且你也發覺自己越做越深入，那就持續做這個練習吧。如果你真的想要精通某個冥想練習，那請試著連續做同一個練習 30 天。這會讓你的冥想體驗提升到一個全新的高度。如果你被引導去做某一項特定的練習，那麼很可能那個領域有一些對你來說很重要的事情。請相信你內在的指引，並完全接納。

就讓這本書成為你的顯化冥想的操作手冊吧。你可以把它放在你的包包裡、丟進你的行李箱，然後用書籤或便利貼貼滿標示。本書介紹的工具和冥想練習會依據你善用它們的程度去發揮作用。而它們將繼續讓你的生活變得更富足、強化你的顯化力量，並幫助你踏上曾經只存在於夢想中的生活。

讓我們開始吧

時間終於到了！現在是時候，輪到你開始善用所有的這些新知識、讓它們幫助你開創你一直夢想的人生了。請記住：知識固然很偉大，但真正能夠改變你的人生的要素，是你從現在開始所做的努力。你會為了每天的冥想練習付出心力，幫助你自己顯化下一個階段的人生嗎？我當然希望你可以做到！你現在就可以立刻去做其中一項 5 分鐘的冥想練習，讓你的動力能夠延續下去。然後你可以每天逐步地完成書中的冥想練習。我特別將這些冥想練習設計成讓你可以簡單坐下來、冥想，然後自然就可以從這整套流程中獲得幫助。我迫不及待想看看你會為你自己開創什麼樣的人生了！

第二部

顯化的 100 個冥想練習

在本書的第二部中，我們會根據你剛剛學到的所有顯化的概念和原則，讓你在生活中實際體驗透過顯化來創造想要的生活。在第二部的 100 個冥想練習是要幫助你喚醒你與生俱來的力量、釐清內心真正的渴望、破除阻礙你前進的任何恐懼或限制，並體現未來的你！你還會發現有現許多冥想練習都有助於顯化特定的某種渴望，例如容光煥發的健康狀態、圓滿的人際關係、財務的富足等等。從第一個冥想練習開始，然後一天天往前邁進吧。

給初學者的 5 分鐘冥想練習

1. 連結到你的內心

把我們的意識聚焦到我們的心口，練習打開這個能量強大的中心，進而在身體內喚起愛、信任與喜悅的感覺。連結到你的內心將幫助你在這一天之中做選擇時都更能以愛為出發點，並加快你的顯化歷程。

⌛ 5 分鐘

1. 找到一個舒適的姿勢然後閉上雙眼。開始透過鼻子深吸，透過嘴巴吐氣。讓你的意識轉向內在，並釋放這一天所有讓你分心的事情。

2. 將你的意識向下帶到位於你心口的中心。想像在那裡有一個明亮的光球。隨著你每一次呼吸，這顆光球都會發光並變得越來越大。

3. 在呼吸時，去感受你的心口中心有什麼感覺，去體會在那裡的無條件的愛、接納、深層的真實性，與完整。

4. 允許你的感覺越來越強烈，並讓那顆以心口為中心且光亮的能量球繼續變大，直到它變成一顆大光球並將你的全身都包覆在其中。

5. 你想在這裡停留多久都可以，請在這裡休息一下並好好享受這股感覺。讓你身體四周的光和愛重新校正你身體的每一顆粒子。臣服並放鬆，進入這個滋養你身心的狀態中。

6. 當你覺得自己完成練習後，將你的意識帶回你的身體與你所在的房間。輕輕地睜開雙眼。

2. 定心的呼吸

我們都曾有過「偏離中心」那種失去平衡的感受，處於這種狀態對我們是弊多於利！這個冥想練習對於很多的狀況都很有幫助，可以快速喚醒你的力量，讓你在這一天自然地做出最頻率一致的選擇。你可以坐下或是站著做這個冥想練習，舉例來說，如果你將參加一場大型會議、第一次約會，或是發表演講之前需要重新定下心來時，都可以做這個冥想。

⌛ 5 分鐘

1. 閉上雙眼，然後將你的雙手放在心口的位置。開始做幾次深呼吸。在專注於呼吸的同時，讓周圍分心的事物慢慢消失。

2. 用鼻子吸氣並從 1 數到 4。

3. 屏住呼吸並從 1 數到 4。

4. 然後用鼻子吐氣並從 1 數到 4。

5. 藉由將注意力集中在每一段從 1 數到 4 的呼吸，試著讓你的內心平靜下來。接下來的幾分鐘，請重複做從 1 數到 4 的呼吸，一邊感覺你的神經系統重新調整與放鬆。

3. 活在當下的力量

當我們深陷在過去或過於擔心未來時，我們都是處於無能為力的狀態。只有在當下，才有能力創造我們的現實，而且有力量去改變人生。當你對未來感到壓力，或沈浸在後悔過去時，這個冥想練習可以幫助你回到當下。

⌛ **5 分鐘**

1. 讓自己找到一個舒適的姿勢，閉上眼睛並挺直背脊。開始做幾次深呼吸，用鼻子吸氣然後用嘴巴吐氣。注意到你的身體現在有什麼樣的感覺。

2. 將你的意識放在你的呼吸上。注意到房間內的溫度、房間內的聲音，以及你今天的能量狀態。不要評判，你只需要注意到這些感受。

3. 喚回你自己停留在過去或擔心未來的那些部分。將這些注意力都帶回當下的此刻。在腦中默默地重複唸著：「我現在在這裡。」

4. 設定「我願意接受當下的力量」的意念。讓自己再多靜坐幾分鐘，邊做呼吸，邊接納任何可能浮現的指引、知識或觀察。

4. 回到感恩的狀態

你原本開開心心地跳著舞，然後卻突然拐了一下，你現在是不是反而感覺有點「糟」？這個冥想練習是一種簡單的方法，透過將思緒重新聚焦在生活中真正感恩的事情上，來讓你回到你磁性最強的能量中。當我們接納感恩的能量時，就可以善用當前生活中已經存在的富足，並可以呼喚更多的富足資源進入我們正在創造的生活中。

⌛ 5 分鐘

1. 閉上你的雙眼，找到一個舒服的姿勢，然後開始進行深度的呼吸。

2. 在每一次呼氣時都讓你體內的任何緊繃釋放出來。持續做呼吸，直到你覺得自己已深深放鬆。

3. 做幾次深呼吸，感受你對於活著這件事本身所抱持的感激之情。感受你對身體為了讓你呼吸、行動和生活，在每天為你所做的一切所抱持的感激之情。

4. 開始在腦中想某一個你愛的人，對方可能是你的家人、朋友，甚至是你的寵物，而且你對於他們出現在你的生命中有著無比的愛與感激。讓自己花幾次呼吸的時間，真正沉浸在對於生命中的這個人或生物的愛之中。

5. 現在，進一步擴展你的感激之情。你在今天有什麼覺得感恩的事情？把答案簡化，也許是因為今天是一個出太陽的日子，或者是稍後可以和你的祖母通電話，抑或是你吃了一頓美味的午餐，而讓你覺得感激。或者，你也可以只是感謝你給予自己這 5 分鐘的時間做冥想！

6. 讓所有你感激的大、小事情都流入你的腦海。花一些時間去感謝這每一件事情。充分感激這些事情，並讓自己沈浸在其中。

7. 當你準備結束冥想時，你可以將雙手合掌做祈禱的姿勢，或兩隻手交疊放在心口上。深吸一口氣，然後吐氣，同時無聲地對自己說一聲大大的「感謝」。

5. 最好的自己

每個在努力做顯化的人都有一個共同點：他們想要過的生活，會需要他們變成最好版本的自己。在每一天展現出最好版本的自己，將是你學到的最強大的顯化方法，因為它會打開生活的各個層面通往新的可能性的入口。當你展現出最好版本的自己時，你可能會發現，你準備要顯化的生活有很大一部分是在目前就已經可以實現了。

5 分鐘

1. 找到一個舒適的姿勢坐下或躺下。（請確保你可以維持清醒！）將意識集中在呼吸上，同時讓你的身體放鬆並閉上雙眼。

2. 在每一次吸氣和吐氣時，都感受到你的身心越來越臣服於呼吸的吸吐。在你每一次吐氣時，讓任何思緒或緊張的感覺就像雲朵一樣飄走。

3. 設定一個邀請最好版本的你到來的意圖，端看你對什麼有共鳴，你可以邀請最高版本的自己，或是你的神聖的、無限的、源頭／宇宙／上帝／無限的愛的那個部分。在敞開心胸接納這些連結的同時請深呼吸。

4. 現在，將你的意識帶到你的第三隻眼，它就位於你雙眉之間高 2 ～ 3 公分的位置。想像你面前有一個投影機螢幕，然後觀看從你的第三隻眼投射出的影片，內容是關於你在今天將面對的情境中展現出你最高版本的自我。

5. 身為最高版本的自我時，你會如何處理這些事情、人和狀況？你在影片中說些什麼？你在做些什麼？你的感覺是如何？讓自己扮演單純的觀察者角色，並好好沉浸在這部影片中。

6. 在你感覺做完練習後，你只需將意識帶回呼吸以及回到你的身體。把自己的意識帶回你的房間。開始伸展四肢，在你準備好後，睜開你的雙眼。

7. 現在，就請你以最好版本的你自己去採取行動吧！

6. 調整你的能量中心

在現實生活中成為一個強大的顯化者，在很大程度上就是與你內在的無限頻率相同，並且達到平衡的狀態。我們的能量中心，有時也被稱為「脈輪（chakra）」，會對應到我們身體的不同器官、不同感覺以及顯化過程的不同特性與面向。在這個為初學者設計的冥想練習中，我們只需要先讓自己專注於這些能量中心的顏色與同頻（之後將會有以此為基礎更進一步練習的進階練習）。

⌛ 5 分鐘

1. 找到一個舒適的姿勢（坐或躺）並閉上雙眼。在進入下一個步驟之前，先讓你的呼吸引導身體放鬆並臣服。

2. 將你的注意力集中到你的第一個能量中心。它就位於脊椎的尾端，也就是坐骨會與椅子接觸到的地方。感受到這裡有一顆美麗的、發光的紅色光球。你看到它隨著每一次呼吸，都變得更大、更亮。

3. 讓你的第一個能量中心變得明亮和充滿活力後，我們就該把注意力轉移到第二個能量中心了。它位於你的肚臍下方大約六吋處。想像在這個中心有一顆漂亮的深橘色光球，然後讓它隨著你的的呼吸變大並發出更亮的光。

4. 接下來，移動到你的第三個能量中心，它就位於你的肚臍的位置。你在這個能量中心會看到一顆黃色的光球綻放。看著它隨著你送往這裡的每一次呼吸，變得越來越亮與越來越大。

5. 現在向上移動到位置更高的第四個能量中心，它位於我們的心口中心。請注意到它充滿活力的翠綠色光芒，隨著每一次的呼吸變得更大、更明亮。

6. 繼續來到第五個能量中心，它位於我們喉嚨的中心，閃爍著明亮的寶藍色光芒。將呼吸帶到這個中心，並觀察它拓展與光芒變得越來越耀眼。

7. 接著繼續往上移動，來到位於第三隻眼的第六個能量中心，這是位於雙眉間的區域上方約 2 ～ 3 公分的空間。好好欣賞這顆可愛的深藍紫色光球。再一次將你的呼吸送到這裡幫助它成長與發出更明亮的光芒。

8. 最後，將你的意識帶到你的第七個能量中心，也就是你的頭頂。你在這裡看到一顆綻放出紫色光芒的光球，並讓你的呼吸引導它變得更大、更明亮。

9. 現在，看到你的七個能量中心，一起發出光芒、閃耀著彩虹般的顏色。好好沈浸在這些光芒之中，做一次深呼吸，並想像這些光芒就在你的身體裡，而你已經與它們同頻。輕柔地讓自己的注意力回到你的身體與你接下來的一天。

7. 找回神聖的平和

當我們偏離人生的創造者，變成以被動的方式對所有正在發生的事情產生反應時，我們的顯化計劃也往往會出現問題。當我們意識到自己失去了平靜時，我們就知道，自己同時也失去了力量。這個簡單的冥想可以讓你恢復平和並讓你回到創造的狀態中。

⌛ 5 分鐘

1. 找到一個舒適的姿勢後，閉上眼睛，將雙手的掌心朝上放。開始做一些流暢、深層與穩定的呼吸。

2. 雙手拇指按在食指上，在心裡默唸「美好（divine）」。

3. 雙手拇指按在中指上，在心裡默唸「平和（peace）」。

4. 雙手拇指按在無名指上，在心裡默唸「歸於（is）」。

5. 最後，將兩手的大拇指按在小指上，在心裡默默地唸「我（mine）」。

6. 不斷重複這個過程，用拇指輪流按向不同的手指，同時重複唸著「美好平和歸於我（Divine peace is mine）」這個真言。

7. 在幾分鐘內，你就會明顯感到更冷靜、放鬆，而且，是的，更平和。最後深深吸一口氣，然後將這口氣屏住並在腦中唸「美好平和歸於我（Divine peace is mine）」，然後再吐氣。

8. 擴大你的磁場

我們都是活生生的磁鐵，我們心臟的磁場可以在最遠距離我們身體周圍一公尺的範圍被偵測到。這非常神奇，是吧？現在你已經準備好將你的所有美好渴望吸引到你的生活中，在這個階段簡單做這類擴大磁場的練習會很有效。這個 5 分鐘的快速冥想練習就可以幫助你前進！

⌛ **5 分鐘**

1. 以舒適的姿勢坐下或躺下，然後閉上雙眼。開始做長且深的呼吸，用鼻子吸氣然後用嘴巴吐氣。讓你的身體放鬆。

2. 將你的意識帶到你的心口中心，並連結在內心閃耀的金色光球。吸氣和吐氣，擴展並喚醒作為我們磁場中心的這個地方。

3. 隨著繼續呼吸，看著在你心口的金色光球變得越來越大。感受到你的磁場正在擴大。

4. 將你自己當成一塊磁鐵，並且也感覺自己是一塊磁鐵，將你一直夢想的所有機會、情境和環境都吸引到你的人生中。看見你的渴望流向你，然後因為你的心口中心而變得有磁性。

5. 在這邊停留多久都可以，你可以一直沈浸在這股感覺之中。在最後，用鼻子深吸一口氣，然後屏住這口氣，對即將到來的一切充滿極大的感激之情。透過嘴巴把氣吐出，然後睜開你的眼睛。

9. 我是（So Hum）冥想

「so hum」是印度教的真言，在梵語中的意思是「我是她／他／那」。在吠陀的傳統，這代表著一個人認為自己和宇宙，或是和最終的現實是一體的。這是一個有力的真言，可以提醒你，你是與宇宙相連的。這也是在你只有幾分鐘的時間時，可以做的簡單練習。

⌛ 5 分鐘

1. 找到一個舒適的坐姿，將雙手放在膝蓋上以手心朝上，然後挺直背部。閉上雙眼，開始做幾次有助於穩定心緒的深呼吸，從鼻子吸氣，然後從嘴巴吐氣。

2. 當你準備好開始時，在吸氣時，在心裡默默地唸

「so」；接著在吐氣時唸「hum」。

3. 繼續做這樣的呼吸和默念真言幾分鐘：在「so」時吸氣，在「hum」時呼氣。如果你的思緒飄走，你只需要輕柔地讓自己回到真言上。

4. 在你準備好結束這次冥想時，深吸一大口氣並屏住呼吸；你可以說一段祈禱或設定一個意圖，然後再用力把氣呼出。

10. 和平與愛

當你感到有壓力、恐懼或不知所措時，這個冥想是有助於重新校正的練習。它的作用就是簡單地帶你回到愛與和平的狀態。你也可以在步行時或甚至是在辦公室時做這個練習（當然，你也可以用傳統的冥想方式來練習）。

⌛ 5 分鐘

1. 無論你是在家裡、在辦公桌前或是正在走路，都讓自己找到一個舒適的姿勢。輕輕閉上雙眼（如果你在家），或是柔和地讓自己集中注意力（如果你在工作或步行），並將注意力集中在你的呼吸上。

2. 做幾次深呼吸，讓自己專注於當下，並放鬆你的身體。

讓呼吸開始釋放你可能有的任何緊張感。

3. 開始想像在每一次吸氣時，你都把和平像是空氣一樣吸入。想像你大口喝下平和的感覺，感受它進入你的身體。在每一次呼氣時，想像你正在呼出愛，想像你透過呼吸將愛傳遞給你周圍的人、你所愛的人、這個世界，以及傳遞到更遠的地方。

4. 繼續做這個和平與愛的冥想幾分鐘，或是直到注意到你的感受有變化為止。

冥想練習：喚醒你的力量

本章的冥想將幫助你看到你是誰，也就是解開你身為神聖創造者的真實。本章的每一個冥想練習都會以它們獨特的方式，帶領你回到你存在的無限真實。我們在顯化時正是因為身處在這個空間之中，讓我們能夠顯化任何我們渴望的人事物。

11. 我是神聖的創造者

這個冥想練習使用到一句非常簡單的短語，它會像真言一樣深入到你的潛意識，並激發潛意識之中的真實。重複這句話的力量非常強大，因為當我們在冥想中與我們的本質連結並聽到這句真實的話時，我們就會在內心深處更認同它。

⌛ 10 ～ 30 分鐘或更長時間

1. 找到一個舒適的姿勢。閉上雙眼並將雙手的手掌朝上，擺出代表接納的姿勢。開始進行幾個深遠且帶給你力量的呼吸。

2. 接著讓呼吸平緩下來，讓你集中在當下。在吐氣時，吐出你的任何壓力或緊繃，然後在你吸氣時，感覺到你的心敞開。持續這樣的呼吸一分鐘或幾分鐘，直到你覺得你自己處於一個感覺不錯且放鬆的狀態。

3. 現在輕輕地讓這句話在腦中出現：「我是神聖的創造者（I am a divine creator）」。在腦中默默地複誦這句話，就像是複誦一句真言一樣。感覺這句話像是圍繞在你的身體四周一樣讓你沈浸於其中，且讓你更深入地接觸到自己的存在。在這裡持續做 10 到 20 分鐘的複誦。

4. 慢慢地停止複誦這句話，將你的意識帶回呼吸與帶回你的身體。輕輕地伸展一下身體，然後在你準備好後，睜開眼睛。

5. 額外的練習：透過寫筆記本的方式，讓你現在的狀態發揮更大的效益，或是直接詢問更崇高的存在給予你下一步的指引。

12. 連結到宇宙之海

這個冥想練習將讓你開始擺脫有限的物質現實，並深入到創造的空間。這個練習是一個強大的提醒，讓我們回想起，我們隨時都可以擁有無限的富足和機會。

⌛ 10 ～ 30 分鐘或更長時間

1. 以舒適的姿勢坐下，閉上你的雙眼，然後開始只用嘴巴呼吸。讓你的呼吸就像是海洋一樣來來去去——在你吸氣時就像是波浪沖向海岸，然後吐氣時就像是潮汐將浪帶回大海一樣。允許每一次吸氣和吐氣帶著你放鬆，進入一個越來越深層的臣服狀態。

2. 將你的意識帶到你的心口中心。想像你的意識潛入你內心深處溫暖、充滿愛且無限大的海洋。

3. 看著你身處其中的這片無邊無際的海洋。感覺你自己漂浮在其中。你對身體的意識逐漸消失，你感覺自己與海洋合而為一。

4. 注意到你身處其中的這片海洋，將會永遠一直存在。意識到在這個空間的無限可能性和潛力。讓自己簡單地安在於這股意識中，讓自己沉浸在其中。

5. 當你覺得差不多做完練習時，輕輕地將你的意識帶回到呼吸上面，然後將意識帶回你的身體。讓自己慢慢睜開雙眼，然後帶著這個鮮明的體驗開始新的一天。

13. 認識創造的能量

開始認識源頭或創造的能量將會是你最強大的體驗之一，這也是創造出整個宇宙的能量。藉由我們的冥想練習連結到這股能量後，我們將回到構成我們存在的無限之中，就像是回到家一樣。認識了這股能量後，我們將得以重新找回我們的力量和創造的能力。

⌛ 10 ～ 30 分鐘或更長時間

1. 找到一個舒適的姿勢。讓你的身體舒服地放鬆，然後閉上雙眼。開始做幾個深呼吸，來讓你在你的能量中找到重心。

2. 讓你的呼吸幫助你的身心更深地臣服，直到你感覺物質世界已融化消失，而你與你的呼吸合而為一。

3. 想像你的心口中心出現一團金色的光。讓這團光成長和拓展，直到在你的存在的每一個粒子中都感受到這團光。

4. 想像有一柱光束從你的心口射出，穿過你的脖子和你的第三隻眼（在你的雙眉之間上方大約 2 ～ 3 公分的空間），然後從你的頭頂射出，並繼續向上連結到源頭或是創造的能量。

5. 感覺這束來自你內心的光束連結到太陽，就像太陽是代表著源頭的一顆光球。感受這股強大的連結——其中的電能、溫暖、愛、無限的智慧，以及這股連結為你帶來的任何一切。停留在這裡呼吸並接收能量，你想在這裡停留多久都可以。

6. 當你準備好後，將那道光柱收回你心口的中心。在這裡呼吸一分鐘，將你的這次經驗融入到你的身體之中，然後再睜開眼睛。

14. 觀察你的思想

在觀察我們自己的思想時，我們就會意識到，這些思想並不能代表我們。這個強大的「頓悟」會讓我們能夠先將顯化力量放在一邊，先把重點放在以更主觀的角度去評估想要相信哪些思維。

⌛ 10～30分鐘或更長時間

1. 找到一個舒適的坐姿，閉上雙眼並且挺直背部。開始將注意力放在呼吸上，然後放鬆你的身體。

2. 注意到當你只是呼吸和觀察時，有哪些想法自然地浮出表面。

3. 你開始意識到，這些想法不能代表你，你實際上只是這些想法的觀察者。在每一個想法被你注意到之後，就讓它們像是一朵雲一樣飄走。

4. 接下來，嘗試看看決定你是否要保留或捨棄所出現的每一個想法。繼續花5到10分鐘做這個取捨的練習。

5. 將你的意識帶回呼吸上。感受呼吸正在整合關於你的相法和關於你自己的這個新的真實。輕柔地結束你的冥想，然後在你準備好後，睜開雙眼。

15. 無人能擋（步行冥想）

步行可能有點是不太典型的冥想，但這個練習有很棒的效果。當你以無人能擋的姿態在步行時，這股力量的感受會帶入你的身體，成為真實性的記憶。這可以讓你在過日常生活時，進一步將你的的神聖真實性牢牢固定住，就像是船下錨一樣。

提示：如果你需要過馬路的話，就不要做這個冥想練習。最理想的環境是在公園小徑、海灘，或任何你可以安全步行一段距離而無需非常警覺路況的地方。

⏳10 ～ 30 分鐘或更長時間

1. 一開始先站立，將雙手放在心口上。閉上雙眼，讓呼吸幫助你將自己調整到心輪的能量。

2. 感覺自己與這個以心口為中心的真實連結，這是關於你是誰、你的無限力量和潛力的真實。讓自己在這裡停留幾分鐘，直到你感覺自己已經穩固地連結到這個空間。

3. 睜開雙眼開始筆直向前走，你的雙眼注視著地平線，開始扮演一個無人能擋的你。當你移動時，讓展現出這個無人能擋的自我的感受溢滿你的身體。

4. 注意到這個版本的你，在你的身體裡帶來什麼樣的感受。你出現了什麼樣的想法？現在的你有哪些可能性？

5. 帶著這股能量繼續往前走 10 到 20 分鐘。如果有幫助的話，你也可以放一些有助於強化自主感的音樂來幫助你進入這股心流。

6. 當你完成練習後，停下來站好。將雙手放回心口，讓你充滿對自己的感激之情。對於你的生活的可能性與此刻的感覺有多好，對自己表達感恩。在你準備好後，請睜開雙眼踏入新的一天。

16. 自愛冥想

如果我們想過著能夠真正讓我們快樂的生活，就代表不只是在未來，我們現在就缺少了愛自己的根本基石。從自愛為出發點，我們可以區分靈魂真正渴望的事物，而不是看到其他人想要的或擁有的，是創造一個讓我們快樂的生活。

⌛ 10 ～ 30 分鐘或更長時間

1. 採取舒適的坐姿並閉上雙眼。開始連結到你的呼吸並放鬆身體。

2. 在你的腦海中，想像看到某個你深愛的對象。可能是一個家庭成員、一個伴侶、一個孩子、你最好的朋友，或是一隻寵物，對方能夠讓你很輕易就喚起你對他們無比的愛。當你在腦中看到對方後，就讓自己開始在這股愛之中呼吸，花幾分鐘去感受一下你對他們的愛。

3. 現在，在腦中用自己的影像來取代他們。看看是否能在看著自己時，仍維持著那股無比的愛的感受。想想你所經歷的一切、付出的所有努力，以及你是多麼良善，你可以想著任何感到自豪的事情。在這裡停留 5 到 10 分鐘，去感受那份愛。

4. 開始用鼻子吸氣，從你看到的自己那邊接受這份愛。然後吐氣，將愛回送給你看到的這個自己。持續做這個練習，直到你感覺到在你們兩人之間透過吸氣和吐氣所傳遞的愛已經充滿了整個房間。

5. 深吸一口氣，讓自己充滿這些愛，並感覺你獲得了所有的這些自愛。屏住氣一下下，然後再吐氣，帶著這份愛開始你的一天。

17. 日出／日落冥想

在我生命中最黑暗、最困惑，或者可說是迷失的時期，這個冥想練習加上日出或日落的力量，讓我重新回到真實的狀態，並讓我再次記起，神聖的宇宙對我的人生有更偉大的計劃。當我們可以停下來觀察大自然的自然週期時，就會記起在自己人生中的神聖週期。

⌛ 20～30 分鐘或更長時間

1. 去到一個可以看日出或日落的地方。在實際日落或日出之前的 20 到 30 分鐘抵達，給自己時間好好找到一個舒適的坐姿（你也可以看著日出或日落的影片來進行這個冥想）。

2. 在你安穩坐好後，將雙手手指交叉，雙手的拇指相觸，然後將雙手放在腿上。在你專注觀察太陽升起或落下時，這個手印（手勢）會有助於同步你的大腦的兩側。維持雙眼睜開，輕輕地把注意力放在地平線上。

3. 開始有意識地呼吸，注意到你的身體和能量。放下任何的壓力、緊張或外在的干擾。讓你的注意力持續集中在地平線上，隨著呼吸進入一種近乎恍惚的放鬆狀態。在這裡停留，讓任何浮現的想法都隨風而逝。

4. 讓你自己見證到大自然的奇妙週期，以及看到每一天都一定會有日出和日落，本身就是一件多麼明確的事情。即使在天氣最差的日子裡，太陽仍然會升起與降下。請思考這如何可以借鏡到你的人生——你就像太陽一樣，是宇宙美麗的創造物之一。每一天早晨都是一個重新開始的好機會，讓你可以展現出最好的自己並創造你夢想的生活。每一次日落都是放下這一天的好機會，你可以從錯誤中學習、享受你的成功，同時也知道明天又是全新的一天。

5. 一邊坐著體會這些感受，一邊看著太陽完全升起或完全落下。讓自己注意到當下的呼吸，放鬆並臣服於你此刻與宇宙連結的那股感受。

18. 光芒冥想

「成為那道光」是「記住要展現出你最高的自我」的另一種說法，也就是展現出你的真實本質。當我們成為一道光時，我們確實會照亮了自己和周圍每個人的生活。花些時間去挖掘你的光芒可以讓你重新掌握你的力量，讓你成為一塊強大磁鐵並吸引奇蹟與神奇的機會出現在你的生命中。

⌛ 10～30 分鐘或更長時間

1. 找到一個舒適的坐姿，閉上雙眼、開始呼吸，讓呼吸將你的狀態調整為與你的能量和存在同頻。

2. 你的所有的能量中心同時發出光芒，將你的意識帶到這些光芒所形成的光柱上。你的頂部（頭頂）、第三隻眼（位於雙眉之間的點）、喉嚨、心臟、太陽神經叢、薦骨中心（肚臍下方十五公分處）和根部（你坐下的地方）都被明亮的白色光芒照亮，形成一束眩目的光柱。在這股意識和光之中，做幾分鐘的呼吸。

3. 你現在看到所有的這些能量中心的前方跟後方，都還有另外的一束光柱。所以除了原本的一束光柱是從你的頭頂到尾骨的底部，另一道光則是從你的前後延伸出一百八十公分長度的光柱。在這裡呼吸，讓你的意識在這些光之中下停留幾分鐘。

4. 接下來，從每個能量中心都射出另一束光柱，這次是從你的身體的左、右兩側延伸出一百八十公分的光柱。意識到所有這三道從你的存在發散出的光柱，並且帶著這個意識去呼吸。在這裡停留幾分鐘，請記著，在你每一次呼吸時，你都是一道光。

5. 在你所有的這些光芒之中體會到愛、喜悅、接納、憐憫和可能性。在這些光芒中靜坐幾分鐘，接著輕輕睜開雙眼，與世界分享這道光。

19. 記起你的獨一性

我們每個人都是來自同一個神聖的源頭。我們的靈魂都希望體驗快樂、愛和接納。然而在汲汲營營的生活中，我們會在心中將的某人的地位提高到凌駕於其他人之上、拒絕寬恕他人，或陷入批判中，輕易地讓出我們的力量。這個冥想練習會帶領我們回到真實，取回我們的力量，並且平等對待生活中的每個人。

⌛ 10 ～ 30 分鐘或更長時間

1. 以坐姿開始，將脊椎挺直然後閉上雙眼。讓你的呼吸幫助你放鬆下來，並將你的意識帶進內在。

2. 將你的意識帶入你的心、你的靈魂、你存在的核心本質。這是一顆閃亮的金色光球，隨著你每一次呼吸而變得越來越大。

3. 想像一個你深愛的人就在你面前。你看到他們坐在你面前，和你面對面。你注意到對方的心口也有同一個光球，正跟著對方的呼吸而發光和變大。他們就跟你一樣，也只是希望快樂，以及在人類的世界和無限的本質之間找到平衡。他們也為此在生活中盡力而為。花幾分鐘時間去真正理解這些事情，並好好觀察對方。感受到你對他們的愛與你自己緊密相連。

4. 接下來，請想著一個你很難以喜歡的人，然後邀請對方坐到你的面前。請注意到在他們存在的核心之中，有著同樣的一顆金色光球。將對方視為另一個擁有人類經驗的無限存在，對方想要的也只是快樂與被愛。在這裡花幾分鐘的時間，讓自己敞開心胸來真正看到這一點。

5. 最後，想像一下在你家附近的某一條行人絡繹不絕的街道。請看看路上的人們，每一個人的存在的核心都有著自己的金色光球——所有人都在盡最大努力去感到快樂，去感受被愛，並努力在人類世界和神聖的自我這兩者之間找到平衡。

6. 感受到你對所有這些人的愛，以及你所感覺到的連結。提醒自己，我們每個人都是由相同的本質所組成。我們都在辛苦追求快樂、愛和被接納，我們也都在盡我們所能地在人生旅程中前進。

20. 發揮你的無限潛能

在我們最純粹的本質內，我們是無限的存在，且在宇宙中擁有無限的潛能，但大多數人在生活中幾乎都對此沒有任何的感覺。這個冥想練習可以提供一些我們非常需要的幫助，能夠重新連結到我們的潛力和擁有的所有可能性。

10～30分鐘或更長時間

1. 以舒服的姿勢坐下，然後閉上雙眼。讓呼吸引導你的注意力轉向內在，並開始將你對外界的任何事物的意識鬆開。

2. 將你的注意力放在心口。把呼吸送到這個區域，讓你身體的其他部分漸漸融化，直到你感覺自己好像只是一塊漂浮著的內心空間。

3. 注意到在你周圍的無限空間，這包括在你上方、下方和兩邊的無限空間。意識到你只是在無限的宇宙中存在著的某個本質。停留在這裡，花幾分鐘讓這股意識更深入。

4. 你現在身處在量子場中，這是一個充滿潛能和可能性的空間。在這個創造的空間中，你可以在量子場內選擇與你渴望的下一階段轉化相符的任何頻率，並將這個頻率呼喚到你面前。你會呼喚什麼樣的轉化到來？請感受到這個轉化的頻率與你在量子場內的意識互相結合，然後在這裡停留幾分鐘。

5. 回到你的身體，並讓這個新的頻率在你的存在的每一個粒子中活化。感覺你的整個存在都跟著轉化以適應這個新頻率。感受到它已經成為你的現實，在這裡花幾分鐘感受並充分接納它。

6. 帶著感恩做幾次深呼吸來結束這次練習，並以你為自己的人生所選擇的新頻率來過你的這一天。

冥想練習：喚醒你內心的渴望

我們很多人都把在內心的渴望埋藏起來，它們是可能不再有可能實現的渴望，而且我們甚至也不知道該如何開始才能達成這些渴望。抑或是，我們太專注於繁忙的日常生活，這讓我們幾乎不會去想到這些渴望。活化你內心的渴望就好像是打開顯化的 GPS，它會向你指出你的靈魂應該前進的方向。在本章的冥想中，你將更了解自己最深的渴望。你將清楚理解你所夢想的生活是什麼樣子，進而強化你的磁力，將它吸引到你的現實中。

21. 與你的心對話

我們最真實的自我的中心，就是我們的心靈空間。這是我們個人的真實存在的地方，也是我們更高維度的真實所在之處。我們會從這個神聖的地方發掘出能夠帶來真正的快樂和滿足的人生渴望或願景。

⌛ 10 ～ 30 分鐘或更長時間

1. 以舒適的姿勢坐下，將雙手放在心口上，閉上雙眼，開始聚焦於心口的中心做深吸與深吐。

2. 讓你的呼吸帶領你與內心建立更深度的連結。感受你的心敞開並與你的整個存在交流，你的每一個細胞都從你的內心接收到愛、真實和感激的訊息。

3. 安靜地詢問你的心：「你最渴望的事情是什麼？」透過單純聚焦於呼吸和敞開心胸，來給你的心一些可以說話的空間。請注意到有哪些事情浮出表面——任何的想法、感受、願景等等。請在這邊靜坐幾分鐘，等待答案自然浮現。

4. 將你放在心口的意識與在第三隻眼（位於雙眉之間上方）的意識連結起來。請你的心向你展示，對於你來說，你內心認為最與靈魂頻率一致的生活願景是什麼。在這裡靜坐幾分鐘，直到答案浮現。

5. 當你覺得做完練習時，用鼻子深吸一口氣，再用嘴巴吐氣，對於所接收到的一切感到感激。

22. 你的童年夢想

在我們還只是孩子的時候，我們都有著偉大的夢想。沒有人會要求孩童要現實一點，我們反而被鼓勵用假的廚房道具組、消防車，或是戴上塑膠的聽診器假扮醫生，透過角色扮演來表現出我們的夢想。孩童探索在這個世界表現自己的各種方式的衝動會受到大人的鼓勵。回到這個時期，讓我們在這個世界所扮演的角色可以開啟無限的可能性。

⌛ 10 ～ 30 分鐘或更長時間

1. 開始時以舒適的姿勢坐著或躺著，閉上雙眼。開始深呼吸，放鬆並且把意識交給身體。透過呼吸放掉你一直緊握不放的緊張情緒。

2. 將你的意識帶到你存在的核心，想像在那裡有一顆金色的光球。在呼吸時，感覺你把氣吸進這顆光球，以及從這顆光球中把氣吐出。隨著你對物質世界和身體實體的意識消失，你看著這顆光球擴大並且光芒越來越亮。

3. 接下來，請呼喚童年時的你自己，無論他們出現時是幾歲都沒關係。請相信你所需要的那個版本的你，將會出現在你眼前。你看到他們站在你的面前，帶著滿滿的愛。

4. 問他們：「你長大後的夢想是什麼？」、「你希望過什麼樣的成年生活？」、「你有什麼話想告訴我或提醒我嗎？」讓自己在這次談話中靜坐幾分鐘。

5. 感受到童年時的你自己擁抱你，因為你傾聽他們，並且真正聽見他們的聲音。然後將你的意識帶回你的身體。做幾次對這次體驗充滿感激之情的深呼吸，結束你這次練習。

23. 最美好的一天

這個冥想可以用兩種不同的方式練習。你可以想像你過著內心最渴望的生活，然後經歷了史以來最棒的一天。或者你也可以想像今天就是你有史以來最好的一天。在創造的空間中預先規劃你的一天，讓你可以善用你的顯化力量來引導這一天的方向，或者是藉由將自己定錨在這次體驗中，來呼喚在未來最棒的那一天到來。

⌛ 10 ～ 30 分鐘或更長時間

1. 採取一個可以支撐身體的坐姿，背部挺直然後身體放鬆。將雙手手掌放在膝蓋上，掌心朝上。閉上雙眼，然後將雙眼轉向第三隻眼睛的方向（雙眉之間再稍微高一點的位置）。開始做一些緩慢的深呼吸。

2. 繼續呼吸，將你的意識集中在第三隻眼上。選擇你是要想像你有史以來最棒的一天，還是想像你眼前的這一天的最棒版本。開始讓關於那天會發生哪些事情的想法，慢慢進入你的意識。

3. 當你準備好後，開始想像這個理想的一天，從早上你醒來的那一刻直到你在晚上上床睡覺為止。請注意所有的細節——你在白天時的感受，以及讓這天變得更加驚奇的每個事件。在看著自己度過這一天時，請細細體會並吸收你的經驗。

4. 當你覺得差不多可以結束這最棒的一天時，請讓自己花幾分鐘沉浸在對於剛剛經歷的這天的感激之中。你只需要呼吸，然後感受到在心中的滿滿感激。

5. 在你準備結束練習時，深吸一口氣，屏住呼吸，將這份感激之情內化，然後再吐氣。現在，將最棒的這天的能量，帶入你其他的每一天之中！

24. 願望已實現

在這個冥想練習中，我們將使用木星手印（手勢）來啟動這顆代表好運和祝福的行星。我們將持續透過「揮舞我們的魔杖」來活化我們的渴望，並宣稱我們所有的渴望都已經實現。

⌛ 10～30 分鐘或更長時間

1. 先找到一個舒適、有支撐的坐姿。將兩根食指之外的所有手指互相交叉，將手指擺成木星手印。你可以想像是用雙手擺出像是一把槍的姿勢，就像是《霹靂嬌娃》(Charlie's Angels）那類電影的海報上會有的姿勢。將雙手手腕放在心口處，讓雙手的食指指向稍微向上傾斜的角度。想像這就是一根可以讓你的願望成真的魔杖。

2. 閉上雙眼然後做幾個深呼吸，將你的意識帶入內在，放下在周遭所發生的一切。

3. 將呼吸帶往你的心口，然後開始啟動手印。開始想著願望成真的可能性，如果你簡單揮揮魔杖就能讓自己的願望實現，你的人生會有什麼改變？

4. 讓你的心有意識地輪流去想著你想要幫自己和他人實現的所有願望。你想要為哪些事情揮動你的魔杖？你會把你的力量用在哪些事情上面？就讓浮現的人事物自然出現吧！也許是揮舞著你的魔杖給某個小孩一支冰淇淋甜筒，或是幫你自己找到夢想中的工作，抑或是讓父母變得更健康。你在這裡可以往有趣的方面去想，並盡可能去突破想做的事情的極限。

5. 當你覺得到差不多告一個段落時，將你的意識帶回你的呼吸和你的心口。感受一下，你自己握有多麼強大的力量。感受身為創造者，以及位居能量可以產生影響的位置所帶給你的喜悅。好好整理這一切，並注意到這次的體驗如何提升了你的能量和振動位階。鬆開雙手，將它們舉過頭，然後做一次深呼吸。屏住這口氣，內化所有的這些能量，然後吐氣。

25. 你的神聖願景

培養神聖的願景是顯化過程很重要的一個流程，你可以把它想像成是在射出箭之前先好好瞄準靶心。這個冥想練習是取自我的「以神聖力量打造你的人生」計畫。這個練習不僅可以讓你看到你的願景，還可以將其拆分為如同本書第一部中所說明的三個不同的層次，讓你的願景可以更有效率地顯化。

⌛ 10 ～ 30 分鐘或更長時間

1. 找一個讓你的身體可以完全放鬆且可以給予身體支撐的姿勢（只要你不會睡著就可以了）。閉上雙眼，開始放慢你的呼吸。如果你在一年至五年後真的成為你的現實的強大創造者，你的未來可能是什麼樣子？請讓你的思緒游移到你的未來。

2. 讓呼吸變得更深，而你的身體也更放鬆。把你自己完全交給在你身體下方的墊子或地板，然後讓你的意識抽離周圍的環境。

3. 讓你自己移動到人生下一個階段的神聖願景之中。你的世界看起來是什麼樣子？你在過每一天時感覺會是如何？你實現了哪些目標？你只需要觀察並拓展你的視野，來讓這次的體驗為你帶來喜悅。這就是你所夢想的生活，請在這裡停留幾分鐘。

4. 當你感覺到已經完整獲得這些經驗時，請將你的意識帶回你的心，然後對於在未來即將發生的這段經歷充滿感激之情。

5. 請輕輕地睜開雙眼睛，回到你身處的房間。拿一本日記和一支筆，寫下下面這些問題的答案：

- **我在這個願景中對自己的生活整體來說感受如何？我如何能夠將這個願景融入到我現在的生活中？**
- **我在這個願景中達成了哪些目標？我是否每天都有採取**

頻率一致的行動往目標前進？那樣的生活看起來感覺如何呢？

- 這個願景或新的階段的人生，背後真正的本質是什麼？我可以做些什麼來將這些本質帶入我現在的生活嗎？

26. 臣服於靈魂的渴望（沐浴冥想）

我們很容易被日常生活的瑣事絆住、深陷在周遭環境所指定的軌道上，而未能踏上我們的靈魂所渴望的人生道路。這個善用洗澡時間的冥想練習，可以讓你有一個空間去真正放下外界所施加的壓力。放鬆並深入內心去聆聽你的靈魂真正的渴望。

⌛ 10 ～ 30 分鐘或更長時間

1. 以適合你的溫度泡澡。你喜歡的話也可以在水中加入瀉鹽、精油或其他能夠幫助你更享受泡澡的東西（我會用的是薰衣草瀉鹽加上玫瑰精油與依蘭依蘭精油，然後我會點幾支蠟燭）。

2. 在浴缸裡面找到一個舒適且有支撐的姿勢，讓你可以放鬆且頭不會沉入水裡。閉上雙眼，透過呼吸來讓身體更進一步放鬆。

3. 感覺到在你周圍都是溫暖且帶給你力量的水。想像你沐浴在你的人生的所有可能性之中。它們就漂浮在你的四周，而這也是你所有的渴望，無論這些渴望是大或小。你只需要觀察它們然後不做任何判斷與思考。請注意到有哪些渴望和可能性漂浮在你四周的水面上，然後在這邊停留幾分鐘。

4. 設定意圖去邀請最重要的渴望出現在你內心的頂端。讓自己抱持開放的心態，無論出現的渴望是什麼，你都願意接受。請注意到，有哪些人事物在你心中浮現。

5. 感受當所有這些渴望都實現後的感覺是什麼。允許自己想像它們以各種方式在你的生活中出現，以及當他們出現時你會有哪些感受。

6. 當你完成冥想並感覺靈魂的所有渴望都讓你的心亮了起來後，睜開雙眼然後好好享受泡澡的時光。

27. 實現你的白日夢（步行冥想）

這是一個有趣且振奮人心的活動式冥想，它讓你有機會打破圍繞著你的渴望的無形限制，並讓你一窺實現渴望的成果會有多棒。這個冥想練習有著強大且充滿能量的拉力，可以推動你的顯化在生活中實現。

⌛ 15 ～ 30 分鐘或更長時間

1. 抵達你將進行步行冥想的公園或步道。站直，將雙手放在心口，然後閉上雙眼。輕輕地將呼吸帶到你的心口，活化並擴展在這裡的中心。

2. 當你的心感覺穩定下來後，讓那些令人期待與喜悅的渴望開始從你的內心湧現，這些都是你準備好要實現的渴望。在這邊再站一、兩分鐘，你只需要觀察所有在你的意識中浮現的人事物。

3. 睜開你的雙眼。你也可以聽一些可以提振精神的音樂（關於音樂播放清單的建議請參考我的官網 cassandrabodzak.com/manifesting ）。請開始步行，在走的時候就好像你是一個強大的創造者一樣，同時眼睛輕輕聚焦在地平線上。

4. 在步行的時候將雙手在身體兩側下垂，允許自己想像實現渴望的所有神奇且令人驚訝的不同方式。也許是透過朋友的朋友幫助你實現，或是在週二某一封廣發的電子郵件會推你一把，也許是有人會向適合的人提到你的名字，也許你會贏得某一場比賽，或是在咖啡店遇到正好可以幫助你的人。可能性是無限的，讓自己好好在這之中探索所有的可能性。在做這項非常有趣的練習的同時，你也正在拓展自己的信念體系的潛能。繼續在這邊花 15 到 20 分鐘，讓自己完全沈浸在每一個新構想的體驗之中。

5. 完成練習後回到站立的姿勢，然後將雙手放在心口上。深吸幾口氣來結束這次練習，並對即將到來的一切表達感激。

28. 播下顯化的種子

讓我們的渴望顯化，就像是在花園裡播下種子一樣。我們的渴望就是一顆種子：種下這顆種子就是設定了期望它生長的意圖，並將這顆種子交付給宇宙或源頭。我們會藉由去感受渴望已實現來為這些種子「澆水」。我們會透過相信渴望正在實現的過程中，來給這些種子。我們會打破和結出果實相關的恐懼與消極信念來保護它們。

⌛ 10 ～ 30 分鐘或更長時間

1. 找到一個舒適的坐姿，背挺直然後閉上雙眼。開始做幾次深呼吸，放鬆身體並把注意力轉往內在。

2. 讓任何可能出現的想法都像雲朵一樣飄過，輕輕地將注意力帶回呼吸上。清理你的思緒，感覺你自己脫離了實體的現實世界，感覺單是你的呼吸本身彷彿就代表了你的存在。給自己幾分鐘的時間來達到此狀態。

3. 想像你坐在一塊肥沃的土壤旁，你的右邊放著一大把種子，左邊放著一把小鏟子。一次撿起一顆種子，將它握在手中，把你想要在生活中顯化的人事物的能量注入其中。然後拿起鏟子，挖一個小洞，帶著意圖種下這顆種子。用土壤蓋在種子上，然後將你的雙手一起放在種子的位置上，你彷彿看到它盛開時模樣。重複種下所有你現在希望種下的渴望種子。

4. 你一邊看著你在這片土壤種下的所有美好渴望，一邊做一次深呼吸。想像一下當它們全部開花結果時，你的生活會變成如何。坐著看著這樣的願景，在這裡好好體會。

5. 詢問你最高的自我：「我需要什麼來灌溉這些種子？我怎樣才能確保它們獲得生長所需的陽光？」然後聆聽任何浮現的聲音，並在這裡停留幾分鐘。

6. 當你完成練習後，深吸一口氣，對於在你的生命中正在開花結果的一切感到期待，然後帶著信任把氣吐出。

29. 在新月設定目標

新月是一個強大的時刻，這個時候很適合設定意圖並顯化與占星能量同頻的渴望。

新月是我們自然會被吸引去設定新目標、展開新計畫或開始一段新關係的時候，也是彰顯在生活中自然而然出現的機遇的時刻。這個冥想適用於任何時候的新月，你可以把它視為要駕馭這股宇宙能量波需要優先做的練習！

⌛ 10 ～ 30 分鐘或更長時間

1. 首先，請準備一張紙、一支鉛筆或筆、一座玻璃杯蠟燭，以及任何你覺得適合這個特殊月相的水晶、草藥或精油。在選擇這些物品時請相信你的直覺！即使沒有任何的這些外加的物品，使用紙、筆和蠟燭仍可以完成這個練習。

2. 按照你想要的方式去佈置空間。在準備的紙上，用現在式時態寫下你在這次新月要顯化的人事物，例如，「我有一份很棒的工作，我的工作表現很出色，也因此獲得了豐厚的報酬。」然後將這張紙折起來，壓在蠟燭杯的下面。

3. 花點時間坐著，好好感受這股顯化的能量，然後點燃蠟燭並邀請宇宙、你的更高自我，以及任何你希望能夠幫助你顯化這個意圖的神聖力量。

4. 在蠟燭點燃後，閉上你的雙眼，感受月亮的能量傾瀉、倒入你的頭頂、你的第三隻眼、你的喉嚨、你的心口、你的太陽神經叢、你的薦骨區域和你的根部。在你的每一個能量中心喚醒這股顯化力量。讓自己接收這些光芒，並讓它淌流、來回穿過你的存在數次，然後在每一次這些光芒穿過時，都去感受在你的顯化背後有多麼大的力量在支持你。意識到你的顯化將會讓你感到驚嘆以及你對於顯化正在發生深信不疑。

5. 當你完成練習後，深吸一口氣並屏住呼吸，內化幫助你顯化的月相力量，然後吐氣。讓蠟燭繼續點著，直到它完全燒完為止（在一個安全的地方），然後將蠟燭杯和紙回收。這樣就完成了！

30. 連結到渴望的本質

在第一部中，我們討論過深入挖掘你的渴望的本質，但是對許多人來說這可能都是一個新的概念。這個冥想練習將幫助你一層一層剝開覆蓋在你的渴望外面的外皮，讓你看清楚你的渴望在這層層覆蓋之下的核心本質。當我們清楚了解渴望的核心本質時，我們就可以將其帶入我們現在的生活，並加速顯化。

⌛ 10 ～ 30 分鐘或更長時間

1. 找到一個舒適且有支撐的姿勢，閉上你的雙眼。放鬆身體，讓你的呼吸幫助你把注意力集中在此刻。

2. 將你的意識帶到你的心口。讓你的外在現實隨著你的每一次吸氣和吐氣而消失，並開始把意志集中在你的心口，讓意識在心口穩定下來。你可以在這邊花你需要的任何時間來達到這個狀態。

3. 聚焦在你的內心後，請想著你的渴望或任何你目前希望顯化的人事物。讓自己充分看清楚你希望的人事物，感受你對它的渴望與對於它即將到來的期待感。

4. 現在更深入探索，問問在你內心的意識：「這個渴望的核心實際上是什麼？」、「針對顯化這個人事物，我真正想要感受或體驗到的是什麼？」、「我是否該放下對於規格或細節的任何要求，來讓這個顯化以最純粹的形式實現？」、「關於這個渴望出現的各種條件中，我是否可以放下哪些條件來專注於我真正的渴望？」在這裡花幾分鐘的時間。隨著你越來越接近渴望的純粹本質，在渴望外面的層層外皮也跟著剝落。找出渴望的純粹本質後，請在這裡停留片刻。

5. 在結束練習時，將雙手放在心口上。深吸一口氣，然後再深吐，對於這次的練習幫助你釐清，表達你的謝意。

冥想練習：打破恐懼和限制

釋放和我們想要顯化的任何人事物相關的信念、恐懼和先入為主的限制，往往會是顯化時最關鍵的一步。阻礙我們的人生的很大一部分因素，是在潛意識深處，我們其實並不相信自己可以擁有或可以吸引想要的人事物進入我們的生活中，而這每每都會中斷你的顯化。這些冥想練習是幫助你從各個角度解開恐懼並為願景清理出一條道路的工具。

31. 放下恐懼，接納信任

有時，將我們的磁場振動轉換成更有力的頻率，最有效方法是盡量使用籠統的概念來涵蓋。無論我們難以放下的特定故事所帶來的限制性思維是什麼，使用恐懼和信任這兩個詞彙去統稱，都可以讓我們不再依附這些故事，讓我們回到需要做的事情的本質：釋放恐懼並擁抱信任。你可以針對在顯化中出現的任何觸發點、恐懼或擔憂做這個冥想練習，而且你幾乎可以在任何的地方進行這個練習——即使在你雙眼睜開時也可以！

⌛ 20 ～ 30 分鐘或更長時間

1. 如果你在家裡的話，請採取舒適的姿勢並閉上雙眼。如果你在工作、開車或步行，則你只需要做幾次呼吸，來讓身體為冥想做好準備。請維持雙眼睜開，輕輕地聚焦於你眼前的事物。

2. 以你想顯化的任何渴望為中心，或甚至是以你夢想的人生願景為方向，去設定意圖放下任何恐懼與全部恐懼，無論這些是已知還是未知的恐懼。

3. 在每一次吸氣時，都將信任吸進體內。相信它正在顯化的路上。相信宇宙／源頭／神聖力量總是在支持和幫助你。相信你是一位強大的創造者。相信你的渴望也是你必然的未來的一部分。在每一次吸氣時，都在你的身體內感受到這股信任的感覺。

4. 在每一次吐氣時，釋放任何與所有在阻礙你的恐懼。將它們從你的存在的每一個粒子中釋放出來，將它們從你的 DNA

和個人記憶中消除，並釋放任何不符合你的最高價值的恐懼、限制或信念。在每一次吐氣時，都感覺你的身體在有意識和潛意識的層面上越來越放下。

5. 繼續花另外 10 到 20 分鐘做吸氣與吐氣，或是直到你感覺完全相信且你也已經沒有任何恐懼了（如果你早於 10 分鐘就達到這個狀態的話）。

6. 深吸一口氣，將這個狀態內化。屏住呼吸，感受到信任滲透到你的存在的每一個細胞中。你因顯化正在實現而感到期待，然後吐氣，如果你在練習時是閉上雙眼的話，現在你可以睜開眼睛了。

32. 神聖真實的檢驗

在你開始檢視阻礙你前進的恐懼時，有一件重要的工作，是要讓它們接受「神聖真實的檢驗」。通常我們自己世俗的、有限的思維會構成讓我們恐懼的事物，而我們需要將這些事物交到神聖力量的手中，來看清楚恐懼的樣貌。藉由這樣做，我們就顯化了一項奇蹟——我們將基於恐懼的思維轉變為以愛為中心的真實，並打開了通往神聖創造的道路！

⏳ 10～30 分鐘或更長時間

1. 檢視一下你的恐懼清單，或選擇一個今天在你腦中浮現的恐懼或限制性信念。這將是我們進行這次神聖真實檢驗的主題。當你準備好後，請找一個舒適的姿勢，準備進入冥想的狀態。

2. 閉上雙眼，開始把重點放在心口的空間，進行幾次緩慢的呼吸。讓自己帶著這個恐懼的陳述坐在這裡，同時吸氣和吐氣，以擴大在你心口中心的那團光。

3. 邀請你希望在這次練習過程中協助的神聖力量給予幫助。你可以邀請你的最高自我、宇宙、源頭、你本質的神聖性、天使、逝去的親人，甚至是愛的意識本身。你可以邀請任何一個你有深刻共鳴的更高層次存在。在你歡迎祂們進入這個空間時，你感受到有一束光將你的心與祂們的能量連接起來。

4. 藉由這股能量，將你的恐懼陳述呈現在你面前，就彷彿是把它放在桌子或祭壇上，讓你邀請來幫助你的更高存在檢視。請祂們向你揭示這句陳述的更高真理，並讓你自己敞開心胸去接受訊息。

5. 當祂們向你發送有關這件事的真理的訊息、景象和感受時，感受祂們的光的能量流經連結到你心口的那條能量線進入你心口。感受這個陳述現在掌握在你的無限富足、無限可能性，以及你身為強大且神聖的創造者的這個神聖真理之中。你在這裡想停留多久都可以，請花你需要的時間去吸收這個真理。

6. 當你準備好後，請祂們給予你一段神聖的真理陳述，這是一段你現在可以植入意識中去取代掉原本的恐懼或限制性信念的陳述。然後謝謝祂們的智慧和觀點。

7. 回到你的內心，與意識回到房間。在你睜開雙眼開始過這一天之前，先帶著新的真理陳述靜坐一分鐘。寫下這段新陳述有助於提醒你，要記得用神聖的真理陳述去取代舊的恐懼陳述。當舊的恐懼再次浮現時，你就可以用這句新的陳述去取代。

33. 自我再撫育冥想

在我的顯化專精課程「以神聖力量打造你的人生」中，我們會去處理我所稱的「根源性傷口」。這些傷口來自我們童年時期的事件，這些事件會讓我們對於關於自己或人生的某些事情形成信念，而這些信念正是潛伏在背後、對我們造成最大傷害的肇事者。也抑或是我們的父母將他們自己的限制性信念傳承給我們。幸運的是，我們可以回到第一次習得這個阻礙信念的那一刻，並依據我們現在的知識去做自我的再撫育，從而徹底改變在我們能量場的這個模式。這就是這個冥想練習的重點。

⏳ 10 ～ 30 分鐘或更長時間

1. 首先，請選擇你想在今天的冥想練習處理的恐懼或限制性信念。問問自己，「在我記憶中，我是從什麼時候開始第一次相信這件事？」、「我第一次開始相信這件事時年紀多大？」、「是什麼事件讓我相信這是事實？」你不必找出完美的答案，也不用擔心要找出最早的事件的正確答案，你只需要相信在意識中先浮現出來的任何記憶，然後再沿著這個記憶去回溯。

2. 閉上雙眼，跟著呼吸深入到你的存在中心，那是個寧靜與充滿愛的空間。在這裡喚醒你在今天的練習要處理的事件。

3. 觀察童年時的你自己。在事件的場景上演時在旁邊觀察他們。他們在做什麼？他們從中找出了什麼意義？這些意義又如何塑造了他們？現在，將你對當前情況的看法拉回來，改用你的最高自我的高度去看同樣這個場景。實際上是發生了什麼事情？在這個情境內的成年人在做什麼？他們有哪些行為是受到了他們限制性的思維或信念的影響？給自己幾分鐘的時間理解所有牽涉其中的因素後，從更高的角度真正去觀看這段記憶。

4. 現在，你看到你的最高自我就像是一位帶著愛與充分了解當下情況的家長一樣，進入這段記憶去安慰你最年幼的自我。擁抱你年幼時的自我，讓他們知道，他們有多麼被愛，以及他們有多棒。向他們解釋關於這個情況的任何事情，幫助他們透過不同的意義去理解這個情況。讓他們向你提出任何的問題，直到他們對於所發生的事情有了新的正面信念為止，或者是即使發生了這些事情他們仍能感到平靜為止。

5. 當你感覺做完練習時，最後給年幼的自己一個擁抱。讓他們知道，你永遠都在他們身邊，他們永遠不會孤單，而且你非常愛他們。

6. 將你的意識帶回在你心口的中心。做幾次深呼吸，將這次的療癒融入你的存在的每個粒子。在你準備好後輕輕睜開雙眼，以任何你覺得舒暢的方式去伸展身體。你也可以寫下你想要進一步強化的任何新的「頓悟」或信念。

34. 滿月冥想

滿月在占星學中是釋放或放手的時刻。好玩的是，滿月也可能是你在新月時設定的顯化實現的時候！但是在這個冥想練習，我們會先以在這個時候我們所身處的宇宙支持能量為主，去深度釋放阻礙我們活出渴望的人生的行為、模式、恐懼或信念。你可以在平常練習冥想的角落進行這個冥想練習，或者如果你覺得有需要的話，也可以在浴缸中加入瀉鹽和精油，然後在迷人的氛圍中邊泡澡邊進行冥想——這兩種方式的效果都非常好！

⌛ 10 ～ 30 分鐘或更長時間

1. 一邊閉上雙眼，一邊深吸一口氣，找到一個舒適且有支撐的姿勢。讓你的吸氣和吐氣帶領你更深入進入你的存在，並且把你的重心放在這裡，讓世界的其他部分都消失。

2. 在這裡花幾分鐘，在你自己內在安全的黑暗中、在呼吸所蘊涵的廣大空無之中停留。當你繼續在這個無限的空間中往深處走的同時，讓你的思緒單純地出現然後離開。你在這邊花多久的時間到達這裡都可以。

3. 從這個地方，你看到自己坐在美麗的湖邊碼頭的盡頭。

你的右手邊放了一堆石頭，它們代表了你準備在這次滿月放下的習慣、模式或限制性信念。

4. 一次抓住一塊石頭，感受它在你的手中的重量，並觀察與這塊石頭相關的行為或信念，然後將這股能量從你的存在轉移到石頭上。在你準備好後，用力將那塊石頭丟進湖裡。請好好看著當湖水承接從你身上卸下的石頭的重量時，所帶來的層層漣漪。給自己一點時間去感受放下之後的輕鬆感。

5. 依據你現在有的石頭數量與需要放下的事物量，重複進行這個動作，你有多少需要處理的事情，就重複這個動作幾次。

6. 做完後，將雙手放在心口上。鞠躬感謝湖泊、月亮和宇宙帶走了你的負面能量。當你睜開雙眼後，請相信這股能量已被釋放，並順應調整你向前邁進的方向。

35. 釋放焦慮

哎，焦慮，在現今有誰是不用與焦慮共處的呢？然而在我們準備邁入下一個階段的人生時，焦慮卻可能會成為人生道路上的路障。為什麼？因為當我們被焦慮所折磨時，我們會忘記了我們是自己生命的神聖創造者。這個冥想練習有助於緩解和釋放你的焦慮情緒，讓你重新記起你是誰，並讓你重新回到發揮磁力去吸引夢想的生活的狀態。

⌛ 10 ～ 30 分鐘或更長時間

1. 坐下或躺下，找到一個你可以完全放鬆的舒適姿勢。閉上雙眼，開始專注於呼吸。透過鼻子吸氣，然後透過嘴巴把氣吐出。讓呼吸自然幫助你紓緩，讓你的神經系統平靜下來。

2. 找到焦慮存在於你的身體內的哪一處。它可能在是某一個區塊，也可能在好幾個不同的區塊。意識到焦慮在哪裡，然後把呼吸帶到那個／那些區塊。

3. 賦予你的焦慮某個形狀與顏色。焦慮在你的身體中是以什麼形狀存在？你在接觸到它時會想到什麼顏色？

4. 現在看到代表焦慮的這塊形狀與顏色被照亮。感覺它從你的身體升起，一直上升到房間的天花板，然後穿過你家的屋頂，一直升到空中，接著消散在銀河系中。如果你的焦慮存在於超過一個地方，那就重複做，直到體內每一個區塊的焦慮都處理過為止。

5. 把注意力帶回到你的身體，透過呼吸把白色的光帶進焦慮消失後剛騰出的空間，並且注入關於你的真實性的資訊以及注入你與生俱來的創造力。

6. 再做幾次深呼吸，注意你現在的能量感覺如何，並對於你自己所具備的消除焦慮能力表達感激。

36. 臣服於恐懼的感受

可以學習在恐懼中前進的一個力量強大的練習，如其他人所說的「感受恐懼，勇敢前進」，這個練習就是要讓你能夠與你的恐懼共存。這個簡短的冥想練習一開始會讓你有點不舒服，但最終它會讓你重新掌握克服恐懼的力量，而會讓你有很大的轉變！

⌛ 10 ～ 30 分鐘或更長時間

1. 以坐姿準備好，背部挺直，身體放鬆。開始做幾次呼吸，用鼻子吸飽氣，並用嘴巴吐氣。

2. 讓關於你現今的恐懼的情境出現在你腦中。注意到這個恐懼如何阻止你採取與你的渴望頻率一致的行動、給你帶來痛苦，並阻礙你的顯化。

3. 問問你自己，「最壞的情況會是什麼？我到底在害怕什麼？」

4. 無論在你腦中出現什麼答案，都在這裡花 60 到 90 秒去體會這件事已經發生的感受。讓自己去感覺與這個恐懼成真有關的所有感受，而在你坐著體驗這些感受時請仍保持著同樣的呼吸頻率。

5. 當你完成後，把它釋放下、放掉，然後讓注意力回到你的心和你的呼吸。知道自己能夠承受最壞的情況，讓你又什麼樣的感受？在你的體內去感受一下這件事發生的可能性其實很低，但同時也去感受知道自己可以面對這件事情所產生的那股信心。

6. 問問你自己，「我願不願意感受到恐懼卻仍然選擇我的夢想？」在你睜開眼睛後，回想並寫下這次冥想的體驗。

37. 面對你內心的破壞者

當我們在顯化的路上取得進展時，有一件事情無論怎樣都不會變：最大的破壞者永遠都會是我們自己。在這個冥想練習中，我們將從更高層次的角度去觀察我們如何以不同的方式去破壞自己的創造力，讓我們能夠戳破自己的假面並打破這個循環。

⌛ 20 ～ 30 分鐘或更長時間

1. 找到一個放鬆的姿勢，你可以坐下或躺下。閉上雙眼，開始藉由呼吸進入你的內在世界。將你的意識聚焦在你的呼吸上，同時對外在現實的意識逐漸消失。

2. 感覺你的意識漂浮到你的身體上方，然後進一步往上升，直到它上升到房間的天花板然後俯瞰著在做冥想的你。

3. 從這個有利的角度，你的意識將可以如看著「牆上的蒼蠅」一樣，暗中觀察著你在過去幾天的人生。看著你自己度過過去的一週，注意那些拖累你或阻止你前進的行為、習慣或思考模式。

4. 設定意圖去旁觀你內在的破壞者。你會在哪些地方拖延？你會在哪些地方分散自己的注意力？你會在哪些地方放棄你的力量？你會在哪些地方陷入負面思維的漩渦？你會不會用一些方法來讓你自己的光芒變得黯淡，或是去討好他人？在這裡靜坐至少 10 分鐘，然後將這些觀察全部都吸收內化。

5. 當你完成後，將你的意識帶回你的身體內，專注於你的呼吸。現在你坐在這裡，充分意識到該如何阻止你自己的破壞性行為。

6. 拿起你的日記，寫下所有和你的自我破壞方式有關的觀察。光是意識到這件事自然就可以幫助你，當下次這股自我破壞的力量又出現時，你就可以即時制止。

38. 洗去恐懼（淋浴冥想）

這個淋浴冥想是我每次沖澡時都會做的練習。這是一種可以定期且有意識釋放恐懼和限制的方法，而且超級簡單又很有效果。讓你的淋浴發揮雙重的功效，不僅是洗掉身體的污垢，還洗掉在你心中的恐懼。

⌛ 10～30 分鐘或更長時間

1. 在洗澡前先設定好你的意圖。今天是否有哪一個特定的恐懼、限制性信念或自我破壞模式出現，而你希望把它釋放？或者，你想對任何可能妨礙你的渴望實現的人事物進行更大方向的處理嗎？兩者都好，或者你也可以隨意變化，這取決於你的感受。

2. 開始淋浴，水流過你的身體，沐浴露（或你用來清潔身體的工具）在身上流動，你感覺到水和肥皂真真切切地洗掉了生命中的恐懼、限制性信念或自我破壞模式。

3. 隨著你的身體變得更乾淨，更多的水也沖走了髒污以及你所釋放的人事物。你感覺回到了自己真實的狀態，也就是一個無限富足的生命——充滿愛，被無限地支持著，且擁有無限的可能性和潛力。

4. 洗完澡後，一邊擦乾身體一邊在臉上微笑，因為你知道自己已經回到了真實的狀態。

39. 走出你的過去（步行冥想）

我們的過去實際上就是已經過去了，但是當我們在過去徘徊不前時，我們往往會讓自己陷入無助、無力或掙扎之中。我們會有這樣的感覺並不奇怪，因為我們的力量是存在於當下。藉由這個步行冥想，你將把過去留在背後，並在當下發揮你的創造力。在你陷入恐懼並希望走出恐懼時，這也是特別有效果的一個冥想練習。

⌛ 10～30 分鐘或更長時間

1. 找一條可以練習步行冥想的道路或小徑。一開始先站著不動，閉上雙眼，把呼吸帶到位於心口的空間。

2. 問問你自己，「我的過去有什麼是我想要放下的？」、「對我最有益的是我終於可以向前邁進並放下過去的哪一件事？」請相信在你腦中浮現的任何答案。

3. 在腦中出現答案後，請輕輕睜開你的雙眼，然後輕輕地將這些事情聚焦在地平線上。開始想像你把想要放下的回憶、事件或信念留在背後，然後向前走出去。如果對你有幫助的話，你也可以在做這個步行冥想的期間播放音樂。強而有力的鼓聲或部落風的音樂都很有幫助，它們可以為你的步行注入更多活力。

4. 請看看這些回憶、腦中出現的場景、你過去的行為或反應方式，以及某些信念阻礙你或是讓你卡住的模式。你一邊向前走一邊看著這些事情，然後經過它們旁邊往前走，或是直接把它們留在你的背後。

5. 一旦感覺自己已經完全走出過去後，你就會開始意識到現在的當下，以及在當下的時間點蘊涵的所有潛力。你會看到自己進入生命的所有神奇潛力之中，你會看到所有可能發生在你身上的美好事物、在當下展現出最好的自己的所有方式、現在的你自己努力想培養的信念，等等。

6. 當你準備結束這次步行練習時，請再次停下腳步、站立。將雙手放在心口上，以感恩的心做幾次深呼吸，感謝自己腳踏實地站在當下，以及感謝當下所蘊含的力量與潛能。

40. 擺脫負面的想法

你有看過一隻小狗抖動全身嗎？我的小約克夏就經常這樣做。這其實是小狗釋放壓力和重新調整神經系統的方式。我的狗卡爾非常容易焦慮，而牠很喜歡透過抖動身體來釋放焦慮。有一天我想到，我也應該要試看看。看吧，真沒想到把焦慮抖掉來對我們人類來說也很有幫助！無論你是感到焦慮、有壓力或憤怒，或者只是最近感到很消極，這個正向的冥想練習都會是你的好幫手！

⌛ 10 ～ 30 分鐘或更長時間

1. 你可以坐著或站著都可以，取決於你想用到全身還是只想用到上半身，兩者的效果都很好！如果你想播放某一首最喜歡的輕快歌曲來幫助冥想，請現在開始播放吧。就我個人而言，我喜歡在做這個練習時放 Florence + the Machine 樂團的〈Shake It Out〉這首歌，但音樂並非必要的條件。

2. 閉上雙眼，將雙手高舉過頭，就像是在演唱會上舉著一塊巨大的看板一樣，然後開始抖動全身！抖、抖、抖，抖掉。雙手一直維持高舉的姿勢並一直抖動身體。

3. 在你繼續抖動身體，自由且有力地呼吸的同時，你也感覺自己正在釋放所有的那些負面想法、所有那些限制性信念，以及任何阻礙你前進的障礙。讓你所釋放的能量從你的腦中和你的存在的任何粒子中，挖掘出你所有的負面想法。

4. 繼續做約 3 分鐘，或直到你選擇播放的歌曲結束為止。

5. 將雙臂在身體兩側放下，並且將雙手掌心朝上放在膝蓋上。如果你本來是站著的話，現在是你坐下或躺下的時候了。當你沈浸在這股釋放的感覺之中時，讓呼吸連結到位於你心口的中心。

6. 感受到你在你的存在之中創造出一片寬廣。感受你的神經系統找回平衡，然後再花幾分鐘將呼吸帶到在你心中的真實。充分享受這個狀態後，將你的雙手放在位於心口的中心，然後低下頭，感謝自己投入練習並努力完成。

冥想練習：體現未來的你

我們在第一部討論過，顯化的第三步就是體現。我們需要感覺彷彿已經擁有了所呼喚的人事物。我們現在就需要成為更高階版本的自己，然後從那個位置將下一階的機會或環境帶到現在的生活中。接下來的冥想練習將為你提供 10 種幫助你體現未來的不同方法，希望你可以享受全新的你！

41. 遇見 2.0 版本的你

我們無法將人生的 2.0 階段與 2.0 版本的我們視為分開的兩件事，因為這兩者是密切相關的。我們人生的每一次新進化、我們每一次實現新的渴望，都會催生出一個新版本的我們自己。在這次的冥想練習中，我們將連結到 2.0 版本的我們。他們已經擁有我們正在努力顯化的一切，而我們將藉由這次的連結，看看他們會給我們什麼樣的指引。

⌛ 10 ～ 30 分鐘或更長時間

1. 採取舒適的坐姿或躺姿。閉上雙眼，把眼睛向上轉到朝向第三隻眼的方向（就在你的雙眉中間上方）。開始用鼻子吸氣，用嘴巴吐氣，讓你的身體放鬆。

2. 在透過呼吸釋放身體的壓力或緊張時，也持續將你的意識集中在第三隻眼。你只需要專注於每一次吸氣和吐氣以及你的第三隻眼，然後讓世界逐漸消失。

3. 透過你的第三隻眼想像 2.0 版本的你。這是已經過著你夢想生活的那個版本的你。你就像是在看電影螢幕一樣，看到 2.0 版本的你投射在你面前。他們看起來是什麼模樣？他們穿著什麼衣服？他們散發出什麼樣的能量？他們有什麼樣的習慣？他們在做什麼？

4. 當你完全看清楚 2.0 版本的你之後，邀請他們走近一些，以便你可以與他們交談。問問他們可以給你什麼指引。關於你正在經歷的人生旅程，他們想給你什麼建議？有沒有你現在就可以融入生活的具體行動、習慣或感受？

5. 當你覺得完成後，感謝他們分享智慧。將你的呼吸帶回你的第三隻眼與帶回你的身體。當你準備好後，就可以睜開雙眼了。

42. 體現未來的你

這個冥想練習是以前一個冥想練習為基礎。我們將更進一步與未來的自己融合，然後在現在的當下充分體現出未來的自己。在我的「以神聖力量打造你的人生」課程中，我喜歡將這個流程稱為「量子體現」，因為它展現出在蘊含在成功顯化之中的強大能量。

10 ～ 30 分鐘或更長時間

1. 在房間裡找到一個舒適的坐姿，你周遭至少要有一點空間讓你可以站起來以及走動。閉上你的雙眼，將它們向上轉到看向你的第三隻眼的方向。透過呼吸來放鬆身體，並釋放任何緊張。

2. 花幾分鐘徹底放鬆你的身體、理清你的思緒，並放下外在的世界。

3. 當你準備好後，你看到未來的你（或 2.0 版本的你）就在你面前。請好好觀察他們，像是他們如何展現自己，以及他們所散發出的能量。去理解你所觀察到的所有這些事情。

4. 輕輕地站起來，這時你會與未來的你面對面。看著他們向前走，最終與你的身體結合，融入到你之內。

5. 在你將這個未來版本的你整合到自己現在的作業系統時，你會感覺自己的每一個細胞都升級了。請注意到你的姿態有什麼改變、你的能量有什麼變化，以及你的思維有什麼樣的提升，等等。請在這裡花幾分鐘時間讓這個流程充分發揮功效，這可以讓你充分體現未來版本的你。

6. 以如同未來的你的姿態，開始在房間裡慢慢走動（繞圈走也可以）。你可以稍微瞇著眼睛，這樣就不會撞到東西。以如同未來的你的走動方式去走幾步。你剛剛已經把未來的你整合到現在的你之內了，請看看這對你的動作、你的感覺，以及其他方面有什麼樣的改變。

7. 做完後請大大睜開你的雙眼，繼續以未來的你去過你的這一天，現在，你們已經整合成同一個你了！

43. 踏入未來（步行冥想）

現在你已經越來越擅長體現出升級版本的你，那麼讓我們再更進一步，透過步行冥想練習將那個版本的你帶入現實世界中。這個冥想練習對於將你在冥想時所做的量子體現練習轉化為日常的各種實際行動方式，會有很強大的效果。

⌛ **20 ～ 30 分鐘或更長時間**

1. 找到一條適合的路徑或小路，讓你可以安全地步行。如果你想要的話，你也可以準備一個歌曲播放清單，把振奮人心的歌曲或是與未來的你頻率一致的歌曲加到這個播放清單中，讓你在做這個練習時可以聽這些歌曲。靜靜站著幾分鐘，閉上雙眼，同時將呼吸帶到在你心口的空間和你的第三隻眼，同時活化照這兩處。

2. 當你感覺與你的心和第三隻眼連結後，請歡迎未來的你自己的能量進入你的存在。感受你的能量和身體都轉化為升級版本的你，這是準備採取行動的你，也是夢想已經成真的你。

3. 轉化完成後請睜開雙眼，看向在前方地平線上一個柔焦的點。開始像是未來的你一樣，用充滿力量的方式步行。你可以播放輕快或鼓舞人心的音樂來幫助你進入狀況（這不是必要的條件）。

4. 當你以升級版本的姿態往前行時，請想像一下你將會經歷的所有事件、會議和情境。感受到這個新轉變所帶來的期待、感激和力量。繼續花 10 到 20 分鐘往前走，並展現出這股能量。

5. 覺得做完練習時，就停下來，站著不動。將雙手放在你的心口上，臉上綻放出燦爛的笑容。感受到你對於這次練習所扮演的未來的你，有著龐大的感激之情。

44. 升級你的心智

要改變我們在這個世界上生活的方式，我們首先需要改變在腦中的思考方式。我們的思想創造出我們的現實世界，以及我們在這個世界的經驗。如果你準備要體現未來的你自己，你就會需要升級你的心智，進而以未來的你的思維方式去思考。這正是這個冥想練習的目的。

⌛ 20 ～ 30 分鐘或更長時間

1. 採取一個舒服的坐姿。閉上你的雙眼，然後開始用鼻子吸氣，用嘴巴吐氣。讓你的肩膀不再僵硬，然後讓你的身體放鬆。

2. 注意到在你腦中浮現的任何想法，並輕輕地讓它們過去，同時繼續讓自己回到呼吸上，並在旁邊觀察每一個想法。

3. 當這些想法浮現時，問自己：「未來的我會這樣想嗎？」如果答案是「不會」，就把這個想法替換掉。例如當你想到：「我需要去處理我的待辦事項，我要做的事情太多了。」未來的你可能會反之選擇這樣的思維：「我今天有很多時間可以完成需要完成的一切。」也許是關於你的夢想生活的想法，像是「我不知道如何獲得那個升職機會。」請問問你自己，如果是已經過著夢想生活的你，會如何去思考同樣的這一件事情。

4. 繼續重新改寫你的想法。一次改寫一個想法，持續 10

到 20 分鐘。每一次你做這個冥想練習時，這個改寫的流程都會帶來深層的轉變。如果你在某次練習期間不斷出現同一類的想法也不用擔心。這只是在讓你知道，有哪些地方會需要你投入更多的愛來改變！

5. 花幾分鐘去好好思考未來的你會有什麼樣的想法，沉浸在這個充滿樂觀、可能性、自信和期待感的思維模式中。

6. 做完練習後，將你的意識帶回你的呼吸和身體。慢慢伸展身體，以任何讓你感覺舒暢的方式動動身體，然後睜開雙眼。在接下來的一整天，都時時注意到現在在你腦中的未來的你，並且持續在當下扭轉任何已經不適用的思維！

45. 時間線跳躍

我們現在的人生都是在一條特定的軌道或時間線上，這是基於我們當前的信念、能量和採取行動時的一致性而決定的軌道或時間線。當我們改變我們的人生軌道時，我們就可以提升到一個相信自己、帶有創造力的能量，且更能採取流暢的一致性行動的新高度。這可以幫助我們大幅改變我們的人生軌道，這也是我們透過這個冥想練習將內化的力量。

⌛ 10 ～ 30 分鐘或更長時間

1. 採取一個舒服的姿勢，讓你的身體完全放鬆。閉上雙眼，開始專注於你的呼吸。如果有任何想法浮現，就讓它們自然地經過，然後重新專注於呼吸上並放下任何的緊張。

2. 將你的意識帶到肚臍的中心。想像在那裡有一顆金色的光球，隨著每一次呼吸，這顆光球都會變大。讓它持續成長，直到包圍住你的整個存在，而你也與它合而為一。

3. 隨著你的實體存在漸漸消失，你臣服於你的光體，並設定意圖去觀察你當前所處的時間線或人生軌道，這是基於你到目前為止的信念、能量和行動的人生路徑。

4. 接下來，想著在能量的層面上換到一條直接和你的人生最高願景相符合的某條更高的時間線或軌道。觀察與這條時間線相關的信念、能量和行動。

5. 有意識地讓這條新的時間線的信念、能量和行動，成為你的靈感然後融入你的潛意識和組成你的存在的所有粒子。在這邊停留一下，直到你覺得這個流程已經完成為止。請帶著耐心去慢慢體會這一切。

6. 當你準備好後，將你的意識帶回身體，透過呼吸為這條新的時間線注入活力。睜開你的雙眼，並依據你所選擇要融入的新信念、能量和受到啟發去採取的一致性行動去過你的人生。每當你感覺自己又回到了舊的時間線時，請回來做這個冥想練習。

46. 觀看你的復出電影

在我們的人生電影中，我們就是導演兼主角。這個冥想練習將讓我們進入我們的潛意識、見證我們自己重新崛起，並依此去改寫最深層的自我。

⌛ **10 ～ 30 分鐘或更長時間**

1. 找到一個你可以坐好或躺好的舒適姿勢。閉上你的雙眼，然後開始專注於呼吸。讓任何壓力或緊張離開你的身體。

2. 讓身體放鬆，你的放鬆的感覺越來越深層。如果有任何想法浮現，就讓它們漂浮而過，然後將注意力重新集中在呼吸上面，並更深層地臣服與放鬆。

3. 感受到在你的身體周圍的空間擴張。感覺你自己漂浮在這個沒有邊界的空間中，與這個無限的空間合而為一。你可以在這裡花你所需的時間來達到這個狀態。

4. 觀看你自己重新崛起的電影。從這一刻去審視自己，觀看引導你踏入下一階段人生的事件的剪輯。你看到了所有即將出現在你面前的可能性——取感受你在這部電影中的態度和能量，並吸取因為這個轉化而出現的所有期待感。

5. 將這些全部都吸收與內化。在你身體的每一個粒子之中都可以感受到，你已經重新崛起了。帶著感激做呼吸，你知道轉化已經發生了。在這裡繼續靜坐然後做幾次呼吸。接著睜開雙眼，就像是演出你的復出作品一樣去過你的人生！

47. 擴展你的接納能力

顯化不僅僅是關於吸引我們想要的人事物出現，還關係到我們接納的能力。我們往往是想要一大把玫瑰，卻只遞出一個小水杯來想要容納這些玫瑰。我們準備要在生活中吸引而來的人事物越是美好，我們就需要越大的能量容器來乘載這些人事物。這個冥想練習將幫助你拓展你的接納能力，這可以讓你的顯化得以持續下去。

⌛ 10 ～ 30 分鐘或更長時間

1. 找到一個舒適、有支撐的坐姿，將背部挺直然後放鬆身體。閉上雙眼，讓呼吸引導你回到你自己的能量場。

2. 開始做深呼吸，並將呼吸帶到位於你心口的中心，觀察在那裡的金色光球，隨著你的每一次呼吸而成長和變大。繼續做深呼吸，直到這顆以你的心口為中心的光球，覆蓋住你的全身。沉浸在這股能量所帶來的愛和療癒之中。

3. 在這個空間裡，問問你內在的自我：「我目前有多少的接受力？」注意到在你現在的生活中，讓你覺得自在的幸福、富足、神奇的契機、豐富的人際關係等等大約等同於多大的容納量。

4. 要求你的內在自我開始擴展你的接納能力。感受一下，若是在你的生命中擁有更多的幸福、更多的愛、更多的富足，與更多的魔法，你的生命會變成什麼樣子。這也可能讓你感覺有點不自在，但這都沒關係。你只需要在這裡持續做深呼吸。在你自己願意接納的量的上限，讓你的接納能力繼續擴展、突破。只要你想要，你可以多次重複進行接納能力的擴展。

5. 當你完成今天的冥想後，再多花 1、2 分鐘坐著，對於新的接納能力表達感激。吸一口氣並且感覺經過今天的練習之後，你擁有了更強大的磁力去吸引你渴望的人事物到來。

48. 整體生命感受冥想

我們在第一部中討論了整體生命感受（overall life feelings，OLF）的重要性，而「你的神聖願景」冥想練習（第 72 頁的冥想練習 25 ）則是幫助你釐清具體的願景是什麼。現在你可以善用這些願景來實現你所夢想的人生。我們之所以想要努力的一切，就是因為認為當這些事情實現後，就可以有特定的某些感受。在這個冥想練習中，我們將在現在的當下去體會這些感受、去體現在未來的自我，並邀請其他的具體細節出現。

⌛ 20 ～ 30 分鐘或更長時間

1. 放鬆並找到一個有支撐的坐姿，或是你也可以躺下，保持注意力然後閉上雙眼（這是可以在床上做的冥想練習，在開始新的一天之前先做這個練習會對你很有幫助）。

2. 讓呼吸連結你的內在與身體，感覺所有的壓力或緊張都消失了。花幾分鐘時間，在深度放鬆和開放的狀態下讓你的身體和呼吸逐漸同步。

3. 將意識帶到你的第三隻眼（在雙眉之間上方的空間），感覺在這裡的能量中心被活化與打開。你看到從這裡投射出未來的你，並感覺到與未來的你有關的整體生命感受。你的整體生命感受，其實就是你每天對生活的整體情緒感受，例如覺得感激、被支持著、有自信、興奮、有安全感、被愛與受到啟發。

4. 讓你所看到的這些視覺都逐漸消失，然後專注於你的感受。簡單地呼吸，讓你自己在剩下的冥想時間，將這些感受深深地融入你的存在之中。

5. 帶著感激之情深吸一口氣，然後讓這些感受就像是你的存在的一部分一樣，去過接下來的這一天。

49. 感恩清單

當我們把注意力放在特定的人事物上面，這些事情就會擴大。而這也正是感恩練習的祕密。它會讓我們的心智把注意力指向我們的富足、我們的祝福和我們當下的快樂。關鍵就在於保持真誠，真正去感受你對生活中大大小小事物的感激。這個冥想練習將幫助你轉變心態，讓你的心態調整成感恩的頻率。

⌛ 20 ～ 30 分鐘或更長時間

1. 請採取坐姿，雙手手掌朝上。閉上你的雙眼。開始做幾次緩慢且深層的呼吸，透過鼻子吸氣，然後透過嘴巴將氣吐出。

2. 首先，對你的呼吸表示感激，呼吸是你永遠的夥伴，它永遠都支持著你、維持著你的生命。接著擴展感激之情，對這一天表示感恩。我們在地球上的每一天都是多麼珍貴的禮物。

3. 接下來，想一些你真正感激的小事情。也許那是你今天早上穿的柔軟睡袍，或是煮咖啡時的咖啡香，或是窗外的鳥鳴聲。任何你想到的事情都可以。

4. 然後繼續擴展你的感激之情。在你的生命中，你特別感謝哪些人？你很感謝自己能夠擁有哪些機會或特權？你對於自己的哪些能力真切覺得感激？讓感激之情不斷湧現，順著在這天的練習中自然浮現的人事物，去表達你的感激。

5. 至少花 10 分鐘沈浸在生命中所有這些令你感激的祝福和富足，無論這些事情的大小。

6. 完成後，將雙手放在心口、低下頭表示感謝來結束這次的練習。

50. 啟動未來的頻率

你的人生的每一種可能性在宇宙的量子場中，都有著不同的代表頻率。你可以把這想像成一個龐大的手機網路：如果有人要打電話給你的話，就必須撥打特定的號碼然後發出信號，才能從他們那端連接到你的手機這端。你的號碼不會和你的朋友、母親、父親等人的號碼相同，每一個人都有一個與我們目前的生活、環境、振動等相關的頻率。這個冥想練習將幫助你改變你的頻率，讓你的人生軌道可以與你的更高願景人生軌道相符。

⌛ 10 ～ 30 分鐘或更長時間

1. 找到一個放鬆的姿勢，你可以坐著或躺著（只要你不會睡著就好）。閉上你的雙眼。開始做呼吸，讓身體跟著每一次吐氣越來越放鬆。

2. 將你的意識帶到位於你心口的中心。你與存在於這個宇宙中的心口中心合而為一，同時你也繼續呼吸，讓任何外在的刺激或干擾都消失。

3. 你感受到在你的周圍是寬廣的宇宙，而你也感覺自己融入了這個無垠的宇宙之中。你與宇宙的量子場合而為一，這是一個敞開、溫暖、充滿愛、無邊無際，且充滿潛力與可能性的場域。在這邊停留你需要的時間，直到你達到這個合而為一的狀態。

4. 現在在這個量子場中挑選你想要校準而成的新頻率。你未來的能量會是如何？實現夢想後的能量又會是如何？如果你想到的是更抽象的東西，例如某種能量的狀態或感覺，那也很好。當你設定意圖要完全校準成你未來的頻率後，就讓這些畫面在你腦中自然地出現。

5. 確認你要的是某個頻率後，就讓它融入你在整個宇宙之中的本質中。想像你在呼吸的同時也在吸收這個頻率，感覺你的能量正在調整成這個頻率並與這個頻率融合。花幾分鐘的時間讓自己校準頻率。

6. 當你感覺這個頻率完全融入你之後，將你的意識帶回身體。在這裡做幾次吸氣和吐氣，讓你的身體也校準到這個新的頻率。然後睜開雙眼，回到你的這一天。

冥想練習：顯化容光煥發的健康狀態

這個部分的冥想練習將幫助你讓身體進行自我修復。它們可以與醫生給你的任何藥物、治療或生活建議一起搭配。即使你沒有生病，這些練習也非常適合強化你在日常生活中的精力，讓你散發出容光煥發的好氣色。無論你是想強化你的免疫系統、減輕多餘的體重、讓皮疹消失，還是只是希望睡眠品質更好，在這個部分介紹的這些冥想練習都可以為你的身體注入愛，讓你的身體找回整體性的平衡，進而幫助你變得更有活力！

51. 你神奇的身體

療癒我們的身體或提升活力的第一步，是愛護和尊重我們的身體。我在我的第一本書《吃的意念》中寫下了和這段旅程有關的故事。對許多人來說，愛自己的身體都可能是一個挑戰。我也發現到，尊重身體的神奇之處可以幫助我們真正實現愛自己的身體的目標。

⌛ 10 ～ 30 分鐘或更長時間

1. 採取一個舒適的姿勢，你可以坐著或躺著，然後閉上雙眼。開始透過鼻子深吸，並透過嘴巴深吐。

2. 將你的意識帶入你的呼吸。開始帶著對呼吸的感激之情，做吸氣和吐氣。想想這些年來，你的呼吸一直支撐著你的生命，這有多神奇啊。從你離開母親子宮後第一次呼吸到空氣，到你生命結束時嚥下最後一口氣為止，你的呼吸一直都在不懈地為你工作。

3. 接下來，將注意力放在你的心跳上。這是最早可以代表你的生命的徵兆，甚至是，在你出生之前你的心臟就已經開始跳動了。你的心臟日日夜夜地將血液輸送到整個身體。請感受你對於你那美麗的心臟的感激之情。

4. 在你準備好後，將你的注意力轉移到組成你的骨骼，以及在骨骼周圍的肌肉。它們就是你的身體的框架，幫助你走路、跳舞、擁抱他人、搬運雜貨，以及做許多其他的事情。藉由呼吸將你澎湃的感激之情帶到你的肌肉和骨骼。

5. 將你的注意力帶到你的腦部和脊髓。感謝你的神經系統日復一日為你的生命所做的一切。對於你的視覺、聽覺、觸覺、記憶力，與批判性思考的能力，與其他許多的能力表達感激。你的身體如此神奇，這是多大的幸運啊。

6. 將你的注意力放到你在地球的這整個軀體。在你的細胞、器官和身體系統之中，每一天都有數百萬個奇蹟正在發生，這讓你能夠在地球生存。帶著敬畏這一切的心情做呼吸，並想到在你體內時時刻刻不停傳遞的所有訊息，這一切都是為了讓你的生命能夠順利運作並維持。這太不可思議了！在這裡花幾分鐘時間深深地感謝你的生命的這些奇蹟。

7. 當你準備好結束練習時，將一隻手放在位於肚臍的中心，另一隻手放在心口上，然後大大說一聲感謝。

52. 透過療癒光活化

在這個冥想練習中，我們將邀請神聖的光芒來清理和清除我們體內的所有毒素，以及療癒我們身體任何特別需要幫助的部位，然後讓健康的細胞再生。科學家認為，光的療法可以善用我們細胞內儲存的能量和潛能，去刺激人體本身的治療反應，讓不同的人體組織再生。

⌛ 10 ～ 30 分鐘或更長時間

1. 找到一個舒適的姿勢，你可以坐下或躺下。閉上雙眼，然後讓身體完全放鬆。開始做深呼吸，讓呼吸幫助你緩解身體的所有緊張或壓力。

2. 注意到，今天你的身體有哪些部位特別需要多一點的關心，或是有哪些部位感覺特別緊繃。透過你的呼吸，一次輪流將呼吸帶到其中一個部位，藉由呼吸來按摩這個部位並舒緩任何的緊張感或疼痛。繼續做這種「呼吸按摩」，直到你輪流將呼吸帶到每一個需要處理的部位為止。

3. 現在想像一下，在你頭頂上方約 60 公分的高度有一道光的瀑布，這是療癒的神聖之光。這道光瀑布往下傾瀉、灑滿你的全身、穿透你的身體的每個細胞。想像光進入你的身體，清理和清除任何不再為你服務的細胞，將任何可能正在你體內造成傷害的地方，全部都轉化。

4. 看到療癒的光進入你的存在的每一個粒子，並將它們恢復到完美的健康狀態。如果今天你的身體有某個部位需要更多的關心，就讓這個身體部位接收所有的這些光芒然後完全恢復到健康和活力的狀態。你看到，你所有的細胞都因為體內的動態平衡以及恢復活力而閃爍著光芒。

5. 感受一下這股療癒的光芒如何讓你體內的能量轉變。感受到你的神聖完整性。感受你對身體能夠自我療癒的感激之情，以及對於你有能力幫助身體療癒的感激。

6. 完成後，深吸一口氣、屏住呼吸，然後讓細胞的所有這些升級再好好內化。接著吐氣、睜開雙眼，以你美好的身體去過新的一天！

53. 528 Hz 頻率 DNA 修復

528 Hz 的振動是一種 solfeggio 頻率，在許多文明中都被用來顯化奇蹟、帶來祝福，並幫助身體自我修復。solfeggio 頻率可以追溯到古代的歷史，指的是有助於身心健康並且能夠針對身心的不同部分促進健康的特定音調。據說這是代表愛的頻率，而事實上研究也指出，它對我們的大腦有顯著的正面影響。我們將在這個冥想練習中使用這個頻率來釋放壓力，幫助你的身體進入進行療癒的狀態。

⌛ 20 ～ 30 分鐘或更長時間

1. 找到一首你喜歡的 528 Hz 頻率 solfeggio 曲目。你可以在 YouTube 上搜尋，你會找到許多可以免費使用的選項，或是也可以在 iTunes 或任何可以取得音源的平台購買。

2. 請戴上耳機、按下播放鍵，以舒服的姿勢躺下。閉上雙眼，開始做深呼吸，讓自己放鬆並徜徉在你所選的音樂中。

3. 一邊聆聽音樂，一邊持續釋放你身體的所有緊張感。將你的注意力放在呼吸上，感受到這個頻率在你的全身流動、調整每一個細胞、療癒任何不和諧的地方，並將愛傳播到它接觸到的每一個部位。在這邊花至少 10 分鐘的時間聽著這段頻率。隨著頻率的影響越來越深層，你也繼續感受到你的身體和能量場發生變化。如果你的身體睡著了，那也完全沒問題；請相信這是身體在療癒時所需的睡眠。

4. 當你做完後，做幾次深呼吸，注意到你的身體現在的感覺。帶著感激之情將雙手放在心口上，然後感謝你的身體在這次的冥想練習辛苦工作。

54. 身體的同步性

身體若是有同步，就可以維持良好的狀態。身體有著令人難以置信的連結網路，包括從器官系統到器官系統、從細胞到細胞等等，都讓我們能夠像是一台良好的機器一樣，維持運作。當我們生病、面對某項健康的挑戰、消化系統不好，或就是整體感覺不適時，這通常代表著身體的信號系統有點混亂。這個冥想練習可以給你的身體一些愛，並且有助於創造一個讓身體恢復同步性的空間。

⌛ 10～30 分鐘或更長時間

1. 以放鬆的姿勢平躺在地板、床上或沙發上。閉上雙眼，將雙手放在心臟與肚臍上。

2. 我們將使用被我稱為是「海洋呼吸」的方法，來進行這個冥想：透過嘴巴連續做吸氣和吐氣，就像是海浪一樣。你可以把呼吸的動作想像成是海浪打上岸邊，在吸氣時想像你所吸入的氣就像是潮水把浪帶回大海一樣。在吐氣時，想像你吐出的氣就像是海浪打向岸邊一樣。讓呼吸就如同海浪一樣，以連貫性的節奏進出你的嘴巴。這樣做的目的，是用嘴巴的呼吸來模仿海洋的流動。

3. 在你呼吸時，將你的意圖設定為要連結你體內所有的系統，並將它們調整成與你的呼吸有一致性節奏的狀態。當你繼續做這套呼吸的動作時，請留意身體有哪些地方覺得卡卡的，是否有任何的刺痛感或是能量在移動的感覺。藉著這次的調整來喚醒這些部位，並讓它們重新恢復運作。

4. 繼續做呼吸。看到每一次呼吸的能量波都穿過你的整個身體，從你的頭頂到你的腳底。你看到能量波連接起你體內的所有細胞，讓你的細胞恢復活力，並校準它們，讓它們重新為了細胞的獨特目的而運作。也就是，成為更偉大的整體的一部分。

5. 在你做最後的幾次海洋呼吸時，你感覺到整個身體就像一個龐大的粒子系統，正在和諧地一起工作。

6. 從海洋呼吸恢復到正常且放鬆的呼吸方式，並感覺到你的身體的能量發生了變化。在這邊再停留幾分鐘，讓任何在你腦中浮現的事物自然浮現，以及讓身體任何需要整合的部分去進行調整，然後再輕輕起身。

55. 重新平衡能量中心

能量中心也可以稱為是脈輪，每一個能量中心都連接到不同的器官和身體系統。當我們的身體出現某些症狀時，這些症狀通常都會與其中一個能量中心的阻塞或不平衡相關。在這個冥想練習中，我們會以在前面的冥想練習 6（第 44 頁）對能量中心的介紹為基礎，然後進一步練習重新校準你的身體和能量並恢復健康的狀態。

⌛ 10～30 分鐘或更長時間

1. 找到一個舒服的姿勢，你可以坐著或躺著，然後閉上雙眼。在進入下一個步驟之前，先藉著呼吸來讓身體進入一個放鬆與臣服的狀態。

2. 將注意力集中在位於脊椎底部的第一個能量中心，也就是你的坐骨與椅子接觸的地方。你在這裡看到一顆美麗且閃耀著紅寶石光芒的光球。你看著這顆光球隨著你的每一次呼吸而變大，同時這顆光球也把療癒的能量送到與它相連的所有身體部位，讓這些部位都調整成平衡的狀態。

3. 當你的第一個能量中心變得明亮與充滿活力後，你就可以把注意力移到第二個能量中心了。它位於你的肚臍下方約十五公分處。想像有一顆美麗的深橘色光球在這個能量中心，讓這顆光球跟著你的呼吸逐漸擴大與綻放出更明亮的光芒，並讓它所管理的所有身體部位都重新找回平衡以及恢復活力。

4. 接下來，把注意力移動到你的第三個能量中心，它就位於你的肚臍中心。你在這裡看到一顆光芒四射的黃色光球。你看著它隨著你一次次將呼吸送到這裡而變得越來越亮、越來越大。讓它的光照耀到這塊身體中間區域的所有器官和腺體。

5. 現在向上移動到位置更高的第四個能量中心，也就是位於我們胸口的能量中心。你注意到它充滿活力的翠綠色光芒越變越大，並為你的心臟、肺部以及在這團光芒範圍內的所有其他器官、腺體或細胞都注入活力。

6. 繼續讓注意力向上移動到第五個能量中心，它就位於你的喉嚨的中央，閃爍著明亮的藍寶石光芒。將呼吸帶到這個中心，然後看著這團光芒變大且更加明亮。感受到這股寶藍色的光芒療癒、滋養並重新調整整個喉嚨的區域。

7. 繼續向上移動到你的第六個能量中心，它就位於你的第三隻眼，也就是在雙眉間的區域上方大約三公分的位置。好好欣賞在這裡的這顆迷人的深紫色光球。再一次，將你的呼吸送往你的整個頭部，幫助這顆光球成長，並看到它的光芒益發明亮。

8. 最後，將你的意識帶到你的第七個能量中心，也就是你的頭頂。好好欣賞在這裡發出淺紫色光的光球。讓你的呼吸幫助這顆光球變得更大、更明亮，強化你的身體與宇宙、源頭或神聖創造能量之間的連結。

9. 現在，看到你的所有七個能量中心一起發出光芒，你的眼前閃爍著彩虹般的顏色。感受到所有能量中心的光芒一起照耀到身體的每一個細胞。吸收這些能量，深吸一口氣並屏住呼吸，好好內化這股幫助你調整成平衡狀態的能量。輕輕讓自己的意識回到你的身體，以及回到你接下來的這一天。如果做完這個練習之後你覺得需要休息一下，就尊重你的身體去小睡一下，或者簡單地在你的身體持續調整的過程中多躺一段時間。

56. 喚醒最容光煥發的狀態

在我們的能量場中，最容光煥發的身體狀態一直是其中一個可能性。我們的身體也真切渴望變成最容光煥發與最健康的版本，所以在這個冥想練習中，我們將連結到那個版本的我們，並將那個版本的自己帶入我們現在的身體。我們越是去接觸與整合最容光煥發的身體版本，我們的潛意識就越會去引導我們的行動，來幫助我們轉化成這樣的身體狀態。

⌛ 10 ～ 30 分鐘或更長時間

1. 採取一個放鬆的坐姿，脊椎挺直，身體的其他部位放鬆，自然地放下一切。開始用鼻子吸氣，並用嘴巴吐氣。

2. 將你的意識帶往位於你心口的中心，讓你的呼吸越拉越長，並讓你在這個中心的意識越來越強烈。讓任何外界的噪音或外在的思緒自然地過去並消失在遠方。

3. 讓意識在心口的中心逐漸更深入，直到你感覺自己只是在無限的太空中的一股意識，然後去感受在你週遭是一片無邊無際的空間。你可以花你所需的時間來達到這樣的感覺狀態。

4. 當你感覺像是漂浮在太空後，請呼喚代表容光煥發的身體的頻率。這個頻率帶給你什麼樣的感覺？這個頻率看起來是什麼樣子？這個頻率需要什麼樣的照顧和營養？以及運動、食物、睡眠，與紓壓的活動？注意到你自然浮現的任何想法。

5. 如果你準備好活出這個頻率，請有意識地決定要接受這個頻率及這個頻率的所有面向。感受到你最容光煥發的身體能量與你目前的能量在能量場中融合。深呼吸，讓所有的這些升級花幾分鐘的時間好好整合。

6. 完成後，再花幾分鐘去體會，你的整個身體都轉換成最容光煥發的版本，是什麼樣的感覺。你知道你的身體已活化，請聽從身體給你的指引，在實際的現實生活中和你的身體共同打造出符合此版本的身體狀態。

57. 放下多餘的體重

每個人都有不同的身形、身體尺寸，適合每個人的「幸福肥」體重數值也都不同。不要讓體重計、雜誌或社會的權威告訴你，你的體重應該是多少。而是要去傾聽你的身體，去了解最適合你的身體的體重範圍在哪裡。無論是胃脹氣、體重增加還是身體發炎，在這些我們對自己的身體感到不自在的時候，我們都可以透過這個冥想練習來放下多餘的體重。為了給我們慰藉、讓我們有安全感，與麻痺我們情緒上的痛苦，我們的身體會為了我們而因此變胖。我們可以藉由提醒身體，我們很安全且可以再次回到最容光煥發的狀態，來釋放身體所背負的多餘包袱。

⌛ 10 ～ 30 分鐘或更長時間

1. 從坐姿或躺姿開始（只要你不會睡著即可）。閉上你的雙眼。將一隻手放在你的肚臍上，另一隻手放在心口上，然後開始做深呼吸。

2. 讓你的身體放鬆，並釋放身體可能承受的任何壓力或緊張。將你的呼吸帶往任何需要額外幫助才能放鬆的部位，然後進入一個深沉與放下一切的狀態。

3. 想像愛和光從你的手掌中傾瀉而出，進入到你的身體。靜靜地對你的身體說：「謝謝你保護我的安全。謝謝你對我的照顧。謝謝你幫我度過一切。我們很安全。我們不再需要這些額外的重量、發炎或胃脹氣來保護我們。我們現在很安全。你很安全，所以你可以回到最容光煥發與最健康的狀態。我已經準備好，也希望幫助你可以比以前更自在。」你可以自由發揮，帶著愛和感激告訴身體你內心的想法。

4. 做完後，花幾分鐘時間做吸氣和吐氣，同時在心裡靜靜地重複：「你很安全。是時候放下這些多餘的重量了。」

5. 感受來自你雙手的能量進入身體的所有部位，去分解或釋放任何不再為你的身體服務的能量。

6. 在結束時，帶著愛和感激之情做幾次呼吸，感謝你神奇的身體，然後在接下來的一天之中都善加回應身體的需求。

58. 與你在地球的身體容器對話

你的心智可能會說謊，但你的身體一定會說實話。如果我們放慢速度並靜心到能夠聆聽身體的程度，身體就可以成為我們往健康邁進的重要盟友。我們的身體也希望恢復健康和平衡的狀態。身體被設計成，只要我們打開溝通的管道並開始傾聽，它們就會幫助我們、引導我們往正確的方向前進，而這個冥想練習就可以幫助你做到這一點。

⌛ 10 ～ 30 分鐘或更長時間

1. 找到一個舒適的坐姿，雙手手掌向下放在膝蓋上，閉上雙眼，將你的意識集中在呼吸上。

2. 設定意圖，想著要與你在地球的身體容器或你的靈魂所在的身體建立連結。將雙手放在身體上任何你覺得有需要的部位（我通常喜歡放在位於心口和肚臍的中心）。透過呼吸讓身體展開，並與這些身體部位建立連結。

3. 首先先靜靜地向你的身體道歉。針對你可能以任何形式虐待身體、說它的壞話或對它懷有怨恨，好好地道歉。就像任何一段良好的關係，在你開始和身體進行有效的溝通之前，你需要先與身體和解。

4. 接下來，問問你的身體，它一直試圖告訴你，但你卻聽不進去的事情是什麼。給身體一些時間來回答你。（你做這個冥想練習的次數越多，跟身體的溝通就會變得越清楚。）

5. 問問你的身體：「你希望我做哪一些事情來給你更好的照顧？我所做的事情，有什麼是對你沒有幫助的嗎？你需要我多做點什麼或是少做點什麼嗎？」主導權在你手上！你可以自由詢問身體你想到的任何問題，並給予身體回答這些問題的空間。你可能會聽到某個答案，或感覺自己出現某種理解，或甚至可能會看到某個圖像。保持開放的心胸，並相信浮現的一切答案。

6. 當你覺得做完時，請感謝你的身體與你溝通，並向你的身體保證，你會根據它今天告訴你的資訊去採取行動。

59. 消除疼痛和不適

身體會藉著疼痛和不適的感覺來提醒我們問題。不幸的是，我們有許多人在有機會聽到身體想要傳達的訊息之前，就只先想著要消除疼痛。在個冥想練習中，你將更深入地探索你所感受到的任何疼痛或不適，這讓我們可以藉由聆聽它們想告訴我們的內容，來將它們消除。

⌛ 10 ～ 30 分鐘或更長時間

1. 找到一個舒適的姿勢。請調整你的身體姿勢，你的姿勢要能夠讓你維持放鬆 10 到 20 分鐘。我們將嘗試緩解你的疼痛或不適，在過程中你也可以使用有助於忍受疼痛或不適的任何工具，例如你可以自由地使用枕頭或毯子。閉上雙眼，開始做幾次深呼吸，用鼻子吸氣，然後用嘴巴吐氣。

2. 讓你的意識集中在呼吸幾分鐘，讓任何忙碌的想法或外在的噪音都慢慢消失。

3. 當你準備好後，將你的意識帶到任何疼痛或不適的部位。一次只選擇一個部位來處理。將呼吸帶進這個部位帶給你的感覺之中，並設定意圖，透過呼吸來讓在這個部位的感覺隨著每一次的呼吸逐漸消散。

4. 讓你的意識更深入去探索這股不適和痛苦，去看看在那之中蘊藏著哪些訊息。它看起來像是什麼？它有顏色嗎？有形狀嗎？請相信任何自然浮現的答案。

5. 現在，一邊呼吸，一邊讓代表這股疼痛的色塊和形體從你的身體往上升起，懸空停在你的身體上方 30 公分左右的高度。問它：「你有什麼訊息要告訴我嗎？有什麼事情是我需要知道的嗎？我在這裡聽。」在這邊花幾分鐘時間，讓它想要告訴你的任何訊息自然浮現。你只需要觀察，不要懷疑在你心中出現的任何訊息。

6. 當你聽完所有你需要知道的訊息之後，繼續藉由呼吸讓這個代表疼痛或不適的形體與色塊越升越高、一直向上飛，直到它回歸它原本在宇宙中的頻率為止。

7. 接著，用許多的白色療癒光芒來填滿它原本在身體佔據的空間。對離開身體的疼痛和不適表達你的感激。慢慢伸展身體，直到你準備好後，再睜開你的雙眼。

60. 天使療癒

大天使拉斐爾（Archangel Raphael）是療癒天使。他會療癒人們的心智、身體和精神，讓人們能夠擁有健康，並發揮生命最大的價值。在這次冥想練習中，我們將召喚他和任何守護著我們的守護天使，來幫助我們進行療癒。

⌛ 10～30 分鐘或更長時間

1. 找到一個有支撐的坐姿，若是躺下你會更舒服的話，你也可以躺下。閉上雙眼，開始做緩慢的深呼吸。讓你的身體完全臣服與放鬆。

2. 花幾分鐘全然專注於呼吸，讓你的身心隨著你的每一次吸氣和吐氣而越來越放鬆。

3. 現在，邀請大天使拉斐爾和你的守護天使（可能是多位），你可以說例如以下的話：「我現在歡迎大天使拉斐爾，以及任何正在守護我的天使，來協助我進行療癒（你可在這裡放入你具體的症狀，或是保持開放，讓身體進行整體的升級）。謝謝您的幫助。」即使你需要逐字逐句才能說出你的請求，也不用擔心，用你自己的話說出這段邀請的話語，並邀請你想邀請的天使或你所愛的人。

4. 你感受到大天使拉斐爾翡翠般的療癒光和其他天使的紫色治療光進入你的身體、進入所有需要療癒能量的身體部位。感受這些療癒光從細胞開始發揮力量，重新讓你的整個身體回到平衡的狀態。感受到天使在你的地球容器上工作，清除任何需要被清除的東西，並重新校準所有需要恢復到常軌的地方。在這邊花 10 到 20 分鐘，來讓這一切完全完成。

5. 當天使的療癒能量完成療癒時，你在直覺上會感覺到這股能量消失了。請感謝這些天使的幫助，一邊將這次的療癒融入身體新的能量之中，一邊做幾次深呼吸。

6. 接下來，以讓你感覺舒暢的方式去伸展一下身體。喝大量的水並傾聽你的身體提出的任何需求，來進一步幫助身體療癒。

冥想練習：顯化愛的關係

本章節的冥想練習將幫助你，在無論是戀愛生活以及與朋友或家人之間，都有更多充滿愛的人際互動。在我們以完整的自我，去全心全意愛著自己並接納自己的狀態下參與一段關係時，這些關係就會展現出最良善的特質。雖然我們無法控制其他人，但當我們照顧好自己時，我們就可以對其他人產生深遠的影響，並吸引最良善的人進入我們的生活。有趣的事實：這個章節的前兩個冥想練習讓我現在的丈夫出現在我的人生中！

61. 體驗深刻的浪漫愛情

「它的感覺會讓你知道，就是它了」，這是我常對客戶重複說的一句話。我的這些客戶正在尋找浪漫的愛情，但是卻往往會把焦點放在他們認為愛情應該是什麼樣子。就像所有其他的顯化一樣，在我們的渴望的核心，都是我們想要體驗的某種感覺。浪漫的愛情也是同理。在這個冥想練習中，我們將藉由在當下體驗這股感覺，來開啟吸引浪漫伴侶的磁力，或是讓更多的愛出現在現在的生活中。

⌛ 20 ～ 30 分鐘或更長時間

1. 採取一個有支撐的坐姿，脊椎伸長然後放鬆身體。閉上雙眼，開始專注於呼吸。

2. 想像一下你所愛的某人，或是你的伴侶，就在你家裡的另一個空間。也許他們正在睡覺，或者是正在做早餐，又或是邊喝著咖啡邊看報紙。想像一下，在你冥想時，你理想的長期愛情伴侶正在做什麼事情。

3. 感受到他們在你家裡的存在，感受到單純知道他們在那裡，給你帶來的能量。

4. 接下來，更專注於你的覺知去感受你們兩人所共享的愛。你的愛帶給你什麼樣的感受？讓這股感覺像是一條溫暖的毯子一樣包裹著你，並且把你的整個存在都完全包覆在其中。在這裡停留 10 到 20 分鐘去享受這種感覺。

5. 在結束冥想練習之前，問問你自己：「以知道這份愛已經屬於我的前提去過這一天，會帶給我什麼樣的感覺？」接著睜開雙眼並依據這個前提去採取行動。

62. 呼喚你的伴侶

就像我們的其他渴望一樣，對於伴侶的渴望也同樣需要我們去誠實了解，在我們的靈魂深處真正想要的是什麼，並且相信我們可以顯化這個渴望。這個冥想練習將幫助你釐清自己想要的是什麼，並展現出理想伴侶正在等著與你相遇的信念！

⌛ 10 ～ 30 分鐘或更長時間

1. 找到一個舒適的坐姿，挺直脊椎，然後讓身體的其他部位放鬆。一開始先做幾次深呼吸，同時閉上你的雙眼，將意識帶往你的心口。

2. 在這個屬於你的心靈空間休息。讓每一次的呼吸帶領你在你的內心越來越深入。

3. 當你在內心的意識穩定下來後，敞開心扉去接受你內心真正的渴望。有哪些特質會真正打動你？你希望你們之間有什麼樣的互動？你們之間的溝通模式會是如何？不要抑制你的渴望，讓這些渴望完全被接納與被傾聽。

4. 感受當所有的這些渴望得到滿足時，你的心與你的靈魂將會有什麼樣的感受。去感受當這些渴望得到滿足時，你所出現的愛、安全感和期待感。現在，去感受這些感覺就存在於你的身體的每一個粒子之中。在你結束冥想練習之前，請在這邊花幾分鐘時間沈浸在這種感覺之中。

5. 完成後，請睜開雙眼。拿起一本日記本，寫下針對伴侶的渴望在你心中浮現的最重要的資訊——什麼樣的特質、什麼樣的互動，以及帶來什麼樣的感受。現在，即使這些感受還沒有真正實現，也請開始在你的日常生活中去體現這些感受。

63. 喚起自我價值感

建立充實與讓人滿足的關係的其中一個最大的阻礙，就是我們認為自己不配擁有這些關係。不只是浪漫關係，這也可以套用到家庭關係和友誼。過去的事件可能讓我們相信，我們不值得美好的愛情或是與人建立真誠的連結。在這個冥想練習中，我們將拋開這些舊的模式並喚醒我們與生俱來的自我價值。

⌛ 10 ～ 30 分鐘或更長時間

1. 找到一個舒適的坐姿。閉上雙眼，放鬆身體，然後專注於你的呼吸。

2. 將你的意識帶到位於你心口的中心。讓每一次的呼吸幫助你更深入你的內心，放下任何雜念或外在的干擾。

3. 持續做呼吸，直到你感覺到，放下外在的一切後，剩下的你只是一股以內心為中心的意識，存在於這個空間中。你也感受到，在你的四周都是無邊無際的空間。你可以在這裡花你所需的時間，來達到這個狀態。

4. 現在你已經回到你真正的本質，你感受到你自然就具備的自我價值。讓你自己記起這個真相：你值得擁有所有的美好事物（地球上的其他人也是如此），我們的創造者賦予我們強大的創造力量，並在我們心中種下渴望，讓我們可以在生活中實現這些渴望。光是你的存在就有其價值，而且你心中的任何渴望都不可能憑空變出任何你不值得擁有的東西。

5. 在這邊靜靜坐著，體會這個領悟。將代表自我價值的頻率，在核心本質中體現。在構成你這個人的結構的最深處，就是你是值得的，任何事件或反對者都無法改變你的自我價值。在這邊繼續呼吸，並整合這個認知。

6. 把意識帶回到你的身體內。透過呼吸將自我價值的這個頻率，帶進你的身體的每一個粒子中。將你剛剛體認到的本質整合、內化到你的身體形態中。

7. 在你覺得做完練習時，深吸幾口氣，注意到你的能量有什麼變化。帶著笑容睜開雙眼，然後活出你一直以來所具備的自我價值！

64. 打開你的通行號誌燈

每個人都會散發出某種能量。當我們走進一個房間時，我們可能會像是亮起綠色的交通號誌燈一樣，在頭上寫著「快過來跟我打招呼吧」，或者是像是紅色的號誌燈一樣，在頭上寫著「我今天不想聊天」。在吸引浪漫的伴侶或甚至是新朋友時，亮起綠色的號誌燈來迎接這股能量是很重要的。這個冥想練習將幫助你打開你的「綠色號誌燈」，然後針對你正在期盼的關係去強化你的磁力。

⌛ **10～30 分鐘或更長時間**

1. 以舒適且有支撐的位置坐著，閉上雙，然後雙手手掌朝上。開始透過鼻子深吸，並透過嘴巴吐氣。

2. 從你位於心口的中心會投射出一個能量場，並延伸到你身體的周圍。將你的注意力放到這個能量場上。在你與這個磁場連結時，持續做呼吸。

3. 針對你想要打開號誌燈的對象去設定意圖，例如這可能是愛情的伴侶、志同道合的友誼，甚至是職場上的優秀同事。

4. 打開你的心房去感受，當你願意走出去而這個人接近你並開始與你對話，會是什麼樣的感覺。透過呼吸讓不自在的感受過去，然後進入這個連結所帶來的期待感和幸福感。

5. 感覺在你的心中亮起一道明亮的光，你看著這道光向外投射，直到你的整個能量場都被這股友善、溫暖、有吸引力的能量所照亮。在這邊花幾分鐘呼吸，然後將這道光內化。

6. 當你完成練習後，將你的意識帶回到你的身體和房間內。輕輕地伸展身體，然後睜開你的雙眼。

65. 打破舊的行爲模式

對於顯化愛情關係而言，最大的阻礙往往是不斷重複上演的舊行為模式。我們都有一些陳年往事，無論是以前所經歷過的浪漫，或是久遠到可以回溯到童年時期的事件，這些點點滴滴都讓我們建立了關於自己和這個世界的一些信念，而這些信念也會破壞我們為了顯化深厚、持久、充滿愛的伴侶關係所作的努力。在這個冥想練習中，我們將會檢視，有哪些過去的行為模式應該要被打破。

⏳ 10 ～ 30 分鐘或更長時間

1. 找到一個舒適的姿勢，挺直脊椎，肩膀放鬆，然後閉上雙眼。一開始先做深呼吸，用鼻子吸氣，然後用嘴巴吐氣。

2. 隨著每一次的吐氣，讓這天的所有壓力或擔憂都隨之消散。讓你的身體跟著呼吸的引導進入一個深層的臣服與放鬆狀態。你可以花你需要的時間，來達到這個狀態。

3. 將你的意識帶到位於心口的中心。感受到你的呼吸正在喚醒這個中心，並在這裡喚起愛與被愛的情感。

4. 問問你的內心，「我有哪些舊的模式導致我在一段浪漫的關係中無法愛人與被愛？」靜靜坐著思考這個問題，並讓任何的答案自然而然浮現。不要去判斷這些答案的對錯，你只需要觀察它。你也可以更深入地探究：「這種模式或信念是源自哪裡？」然後去找出這些模式或信念的根源。

5. 最後，請你的心讓你看到事情的真相。有哪些模式或信念是真實的？哪些又是你的錯覺或誤解？讓你的邏輯思維先退到一邊，讓答案從你的內心浮現。

6. 你可以根據每一個模式或阻礙的需要，多重複幾次這個過程。如果你的感受太過強烈，那麼就在每一次的練習只處理一件事情就好，然後你可以重複做這個冥想練習來破除更多的模式或阻礙。

7. 你感覺到你的心和你的思想都放下了舊的模式，並接納了這個新的真相。讓關於這個新真相的感覺和體認蔓延到你的全身。

66. 寬恕靜坐

在對抗所有阻礙我們的渴望實現的人事物時，寬恕就是我們的祕密武器。無論你的渴望是一段戀愛關係、職涯變動、身體變得更健康或是生活上整體的改善，如果我們在這些渴望面前陷入恐懼、限制性思維或懷疑之中，那是因為我們需要先去原諒某個人。這個冥想練習將幫助你，帶著愛去原諒在你生命中的那個人，無論這是你自己，或甚至是源頭、宇宙，或是你具備的更高力量。

如果不去寬恕，我們就只會讓自己陷入一個受阻的能量模式，這反而會對我們有害。去寬恕，然後讓你的顯化順利流動吧！

⌛ 10 ～ 30 分鐘或更長時間

1. 採取坐姿，脊椎挺直，肩膀放鬆下垂。閉上雙眼，開始用鼻子吸氣，然後用嘴巴吐氣。

2. 讓呼吸幫助你釋放身心的任何緊張或壓力。當你感到放鬆後，請將注意力往下帶到位於心口的中心，並透過一次次的呼吸來喚醒這個中心。

3. 在你的心中想像你看到，你需要原諒的人就在你面前（如果你需要原諒你自己，你所面對的就會是另一個你，如果你需要原諒宇宙或源頭，也許你在心中看到的會是一顆光球或能夠與你產生共鳴的某種象徵）。你看到他們坐在你對面距離幾公尺的地方，並與他們直接以眼神進行交流。

4. 真正從你內心的觀點去看看他們。去看清楚他們真正的本質。也就是那股充滿愛與光芒，代表創造力的純粹本質。看見他們渴望快樂、渴望被愛，以及他們的盡力而為。

5. 設定願意去原諒的意圖，這將讓你能夠找回你的平靜與力量。

6. 現在，當你吸氣時，你看到他們將愛的能量從他們的心傳遞到你的心。當你吐氣時，想像你將愛從你自己的心傳遞到他們的心中。持續做這種給予和接受愛的呼吸循環幾分鐘，或是直到你真正開始感受到你們之間的愛為止。

7. 在結束練習時，再次注視他們的雙眼，微笑並互相低頭致意。透過呼吸將你的意識帶回你的身體，當你準備好時，輕輕睜開你的雙眼。

67. 對父母角色的愛與接受

誰跟父母的關係不複雜呢？人們說，父母都知道踩到哪些地雷會讓你抓狂，就是因為父母正是在孩子心裡安裝這些地雷的人，這難道不是事實嗎？這個嘛，療癒我們與父母的關係，對於吸引對我們最有益的愛和友誼帶有著深遠的影響。在這個冥想練習中，我們將試著去愛並接受父母本來的樣貌。

提醒：這個冥想練習並不需要、也不鼓勵你去見或聯繫可能在情感、心理或身體上虐待你的父母。你可以維持與某人之間所需的良性界線，同時也在能量層面上愛與接納對方。

⌛ 10～30 分鐘或更長時間

1. 如果你有一張父母角色的人年輕時的舊照片，靜坐然後凝視在照片中的他們，會是開始這個冥想練習不錯的方式（如果你手邊沒有照片也完全不用擔心，這並不是必要的條件。）

2. 找到一個舒適的坐姿，閉上你的雙眼，然後開始專注於你的呼吸。讓身體放鬆，開始將你的注意力帶往內在。

3. 想像你身處在一個位於大自然的美麗場景中，這是一個讓你可以充電與療癒的地方。深吸幾口氣，享受這個屬於你的特殊空間的能量。

4. 現在邀請你的父母角色加入你，邀請他們來到這個美麗的聖地之中。設定你的意圖去理解他們，並從一個更高的角度去觀察他們。

5. 花幾分鐘單純做呼吸，以及去真正看清楚他們。當你將他們視為如同其他的人一樣，雖然都不完美但都同樣是神聖的造物，你就會看見他們的傷口、他們的掙扎和他們的悲傷。去感受他們對於被愛的渴望，他們對於愛的努力，以及他們對幸福的嚮往。坐下來，讓自己完整且深入地觀察他們。

6. 當你開始感覺可以愛與接納他們本來的樣貌時，輪流走向其中一人，擁抱對方，然後輕輕說：「我愛且接納你本來的樣子。」而你也同樣感受到他們回饋給你的愛與接納。在這邊繼續靜坐一下，沈浸在這一刻。

7. 當你準備好後，將你的意識帶回位於心口的中心，並感受到在你體內的能量已經發生轉變。

68. 呼喚志同道合的夥伴

在我的「以神聖力量打造你的人生」的學員中，大家最常見的其中一個渴望，就是希望顯化一群很棒的朋友。隨著年紀越大，結交新朋友也越讓我們感到害怕。這個冥想練習將幫助你開啟你的磁力，進而和那些能夠給你的靈魂力量並豐富你的人生的人建立連結。

⌛ 10 ～ 30 分鐘或更長時間

1. 找到一個舒適的坐姿，背部挺直，然後肩膀自然下垂放鬆。閉上雙眼，放慢你的呼吸，讓身體平靜下來並找到身體的重心。

2. 將你的意識帶到位於你心口的中心。讓這個中心的能量場隨著呼吸擴張並敞開。在這樣做的同時，針對你希望朋友群或週遭的人給予你哪些感受的這個渴望，也越來越鮮明。你希望出現的這些靈魂伴侶般的朋友，會有什麼樣的特質、能量或氣場？你們會激發出哪些對話？你們會喜歡一起做哪些活動？

3. 隨著你位於心口的能量場擴張，你也體驗到你的渴望得到滿足時的感覺。設定意圖，吸引那些與你的人生道路以及成長最契合的人，現在出現在你的生活中。想著這個意圖，以及這個渴望被實現時的感受，在這邊靜坐幾分鐘。

4. 向你的內心詢問，該如何找到支持你的這群人，請內心給予你任何的智慧與指引。你應該要採取什麼行動？你需要做哪些調整，才能讓這些人出現在你的生命中？好好傾聽自然浮現的答案。

5. 將雙手放在心口上，體會到你有多麼感幾這些靈魂伴侶般的朋友即將出現在你的生活中。睜開雙眼，然後在接下來的這一天，都好好把握與他人建立連結的機會。

69. 給予就是獲得

形上學的《奇蹟課程》（A Course in Miracles）一書裡面說到，我們認為某段關係所缺乏的東西，其實都是我們自己未能帶到這段關係中的東西。這個論點乍看可能令人難以接受，但當我們敞開心胸去看看我們需要付出什麼時，我們就會為一段奇蹟般的關係鋪好道路。

⌛ 10～30分鐘或更長時間

1. 以舒適的姿勢坐下，閉上雙眼然後讓身體放鬆。開始將呼吸帶往位於你心口的中心。

2. 當你的意識隨著每一次呼吸而更深入到你的心靈中心時，你開始想像自己身處在你的心靈空間裡面的一座心的聖殿之中。以你自然想到的任何外觀去想像這座聖殿。這是在你的心靈中的一個神聖空間。

3. 將你希望關係有所改變的人帶到這座聖殿。對方可以是愛情伴侶、朋友、父母、某個同事，可以是任何一個你需要關係奇蹟地發生轉變的人。

4. 問問你自己，你覺得你需要從他們身上獲得什麼？你希望他們改變哪些地方？又或者是，你會希望他們有什麼樣的言行舉止？

5. 現在問問你自己：「我該如何將我在這段關係中渴望獲得的東西，也由我這邊給予對方？」保持開放並願意去傾聽任何浮現的答案。繼續將呼吸送到你位於心口的中心，然後讓任何需要浮現的資訊自然地出現。

6. 當你意識到你需要做的事情後，請告訴對方你的發現。如果可能的話，透過動作向對方示意你現在願意付出哪些東西。

7. 感受一下，如果是你收到你自己現在願意給予的禮物，會是什麼樣的感覺。

8. 將你的意識帶回你的內心、帶回你的身體，然後慢慢睜開你的雙眼。接下來在這段關係中，依據心的引導去採取行動。

70. 愛的感受

在這個冥想練習中，我們會藉由一個手印（手勢）啟動心輪，去感受我們與生俱來的愛和我們渴望從他人那裡得到的愛。當我們能夠從內在創造出被愛的感覺時，就能夠吸引到更健康的關係，因為一段健康的關係就是兩個完整的人走到一起，然後讓彼此的生活更加圓滿。

⌛ 10 ～ 30 分鐘或更長時間

1. 盤腿坐在地板上。將拇指和食指相觸，將右手放在位於心口的中心，然後將左手放在膝蓋上。

2. 開始呼吸，並將你的意識帶到你心口的中心。感受到你內心的能量被喚醒並變得更強。

3. 注意到深刻的愛、接納和同情的感覺流過你的全身。隨著每一次呼吸，你也感受到這股愛、接納和同情的變得越來越豐富。在這邊持續 10 到 20 分鐘，直到你感覺到整個身體都充滿著愛，你被愛包覆著並且也散發出愛。

4. 當你完成後，帶著感激之情做三次深吸氣。每一次呼吸時都把氣屏住幾秒鐘再吐氣，將這種感覺內化到你的體內。

冥想練習：顯化財務方面的富足

財務豐盛的顯化是要先從內在開始努力，然後才能在外在顯化。我們往往認為自己需要拚命努力才能賺錢，但事實是，如果你不相信自己配得上這些錢，那麼即使你確實有賺到錢，錢也永遠都會從你手中流失。本章的冥想練習將幫助你釋放與金錢相關的任何焦慮、限制性信念和羞恥感，並且調整成富足和財富的頻率。為了吸引金錢到來，當然，你仍會需要付出努力，而這些冥想練習將確保你會採取正確且一致的行動。

71. 你內在的 CEO

為了召喚財富，我們需要在能量上和實際的層面上，都對希望擁有的金錢的量負起責任。很多時候，雖然我們都渴望得到大筆、大筆的錢，但是我們甚至連我們目前擁有的少少的錢都無法好好地管理。我們每邁向一個新的財務富足高度，需要我們承擔的責任也會跟著變重。在這次冥想練習中，我們將利用「內在 CEO」，來找出我們在處理財務問題時的盲點。

⌛ 10 ～ 30 分鐘或更長時間

1. 採取一個舒適的坐姿，閉上雙眼，然後肩膀下垂放鬆。開始做緩慢的深呼吸，用鼻子吸氣，然後用嘴巴吐氣。

2. 將意識帶到你的身體的核心，也就是以你的肚臍為中心的能量中心，想像在那裡有一顆發出金色光芒的光球。當你吸氣和吐氣時，你看到這顆光球正在活化你身體的核心，並逐漸變得越來越亮與越來越大。

3. 隨著你與這顆光球合而為一，外在的世界以及與這天有關的任何想法，也都隨之消失了。你感受到在你周圍的空間，也感受到在你的身體中的這團光芒所帶來的溫暖。

4. 設定意圖，召喚在你內心的CEO，或是你在關於金錢和商業的事情上面最負責任和最成熟的那一部分自我。讓這個部分的自我向你展示，他們在你的生活中可能會採取哪些不同的行動。觀察他們會如何處理你的財務、如何管理大筆資金，以及如何讓你的淨資產增加。

5. 他們會告訴你，該如何踏入下一個階段的人生以及在財務上承擔起責任，放鬆並讓你自己接受這些智慧、願景或想法。

6. 如果你想要的話，你也可以針對特定的狀況向內在CEO詢問你所需的指引。當你感覺做完後，將你的意識帶回你的呼吸和你的身體。

7. 花一些時間重新在你的身體找回重心。慢慢開始伸展雙臂，然後睜開眼睛。拿起你的筆記本，寫下今天的冥想練習帶給你的收穫。

72. 召喚金錢的奇蹟

我們每個人都與金錢有著某種關係。無論這個關係是好是壞，它都存在著並且每天都在影響我們。在這次冥想練習中，我們將把這種主要是在潛意識的關係帶入我們的意識中，這樣我們就可以去檢視與金錢的關係，並改變我們的觀點，換句話說，給我們的金錢體驗帶來奇蹟般的轉變。

⌛ 10 ～ 30 分鐘或更長時間

1. 在一開始，在手裡拿著一張一美元的鈔票，並直視這張鈔票。或者你也可以使用你有的其他面額的鈔票。花幾分鐘時間單純地呼吸，並觀察你手中的這張鈔票，注意到在你心中出現了哪些感受。你有什麼樣的感覺？看著這張錢讓你想到了什麼？

2. 當你準備好後，閉上雙眼，然後拿著這張鈔票問自己：「我對金錢真正的看法是什麼？我和金錢有什麼樣的關係？」不要過度分析，也不要壓抑任何感受，你只需要去認識你在本能上對金錢的看法以及對金錢的感受。

3. 在你思考與金錢的關係時，你可能會出現一些複雜的情緒。請帶著同理心去感受這些情緒。讓自己全然去觀察你的真實感受，以及你對於與金錢的互動關係有著什麼樣的信念。

4. 當你完全理解後，你就可以開始祈求奇蹟了。對你的靈魂、源頭、宇宙或神聖的力量說：「我已經準備好以不同的方式看待金錢。我需要一個金錢奇蹟。我希望與金錢建立一種充滿愛與支持的關係。」一邊祈求一邊深吸一口氣，然後給自己空間去接受心中自然浮現的任何訊息。

5. 輕輕睜開你的雙眼，再次看向那張鈔票。但是這一次，感覺你的內心充滿了對金錢的愛與感激。你想到金錢以各種美好的方式在支持你的生活，並滿足你在食衣住行的需求。在這邊做幾分鐘的呼吸，讓自己純粹去感受你對於金錢的愛。

6. 當你完成後，將鈔票舉到位於心口的中心前方，做一次深呼吸，並承諾接下來將會與金錢建立新的關係。

73. 打破匱乏鏈

我們有許多人成長的家庭都有著貧困、辛苦和金錢匱乏的過去。雖然我們的父母和祖父母都竭盡全力，努力讓我們不用過上他們所經歷的辛苦生活，但我們仍然從他們身上繼承了許多關於金錢的信念。在這次的冥想練習中，我們將探討從家庭世代相傳而來且對我們不再適用的金錢信念。

⌛ 10～30 分鐘或更長時間

1. 以一個放鬆的姿勢坐下，閉上你的雙眼，透過呼吸將你的注意力往內心集中。

2. 將意識集中在呼吸上的同時，也繼續放鬆你的身體，讓身體進入一個深度放鬆與臣服的狀態時，讓這一天的種種思緒都飄散。繼續做呼吸與放鬆，直到你感覺外在的一切都逐漸消失了，而你只是漂浮在廣大的太空中的一縷呼吸。

3. 召喚你祖先的能量，這包括你的母親、父親，以及向上回溯到他們的父母親等等的家族能量。透過你的心靈之眼去了解他們與工作或金錢的關係。去感受一下，他們對金錢有什麼樣的感覺。帶著惻隱之心去觀察這一切。

4. 當你準備好時，請告訴他們，你已經準備好要打破這個鎖鏈。告訴他們，你很感謝他們為了讓你有現在的生活所做的一切，現在，你將把你們家的家族劇本改寫成一套富足的劇本。設定意圖，將你身上任何能量匱乏或內建的特質都送回它們的源頭。你感覺到，你的匱乏鏈被解開了。

5. 當完成後，感受祖先的祝福，並讓這些祝福支持你去開拓一條全新的富足道路。你感受到他們也為你感到高興，感受到你對於自己的努力的感激之情，以及感受到對於自己張開雙手接納這股工作與金錢的新能量的感激。在這裡停留幾分鐘，好好吸取這次練習的成果。

74. 釋放對金錢的焦慮、壓力和負面情緒

我們排斥金錢最常見的方式，就是展現出與金錢相關的負面情緒。如果你有一位朋友，每次碰面都只會讓你感覺很糟，你可能也不想花太多時間和對方相處，對吧？和金錢的關係也是如此。我們需要破除與金錢的負面關聯，這樣我們才能吸引到我們渴望的財富與應得的富足。

⌛ 10 ～ 30 分鐘或更長時間

1. 採取坐姿，如果你坐在椅子上，請讓雙腳踏在地板上。閉上你的雙眼，將雙手以掌心向下放在膝蓋上。做幾次緩慢的深呼吸。

2. 讓你目前和金錢有關的任何負面情緒自然浮現。注意到這些情緒存在於你身體的哪個部位、有哪些和它們相關記憶，以及它們觸發了哪些想法。一邊觀察這些情緒，一邊開始交替用雙手輕拍膝蓋（先用右手輕拍右膝蓋，接著換用左手輕拍左

膝蓋，在接下來一直重複兩側交替輕拍膝蓋的動作）。

3. 注意到當你繼續做呼吸與輕拍膝蓋幾分鐘後，你的想法、感受和記憶可能有哪些的變化或改變。當你感覺到自己對於金錢的感覺趨於平靜時，就停下拍膝蓋的動作幾分鐘，只單純做呼吸。

4. 現在誠實地問自己：「我對於變得富有有任何的恐懼、羞恥或焦慮嗎？」（例如，如果每個人都向我借錢怎麼辦，或者如果我必須繳高額的稅怎麼辦，抑或是如果我投資失敗怎麼辦……？）讓你的任何負面情緒自然出現，並感受這一切。

5. 然後再次開始輪流拍打兩側的膝蓋。讓你關於富足的憂慮想法、感受和景象開始流動，同時繼續做深呼吸並試著穿過它們，把它們留在背後。

6. 當你發現自己達到一個更平靜的狀態並且感覺做完練習時，請停止拍打膝蓋，單純做呼吸，並將呼吸帶往你的心口。隨著每一次吐氣，將你已經轉化的舊能量都釋放。持續做幾分鐘的呼吸，然後輕輕睜開雙眼並喚醒你的身體。

75. 連接到代表富足的頻率

在談到富足時，我們總是會將富足連結到物質上的生活或是金錢。然而，富足其實只是在量子場的一個頻率，也是我們所有人都可以取用的頻率。富足對你來說是什麼樣的感覺？是不是覺得你可以自由自在做任何想做的事情？是不是讓你覺得有足夠的餘裕，讓你可以好好充電與照顧自己？在這個冥想練習中，我們將連結到富足的頻率，以及連結到這股振動帶給我們的具體感受。

⌛ 20 ～ 30 分鐘或更長時間

1. 找到一個舒適的坐姿，放鬆身體並閉上雙眼。讓呼吸幫助你釋放身體的所有緊張，並清理你的思緒。

2. 將你的意識帶到位於心口的中心，讓其他的一切都從你的意識逐漸消失，直到你只剩下存在於你內心空間的一縷呼吸。你逐漸臣服與放下，在這個空間裡感覺越來越往下沉。

3. 注意到在你兩側以及上方與下方，有著無限大的空間。你感覺自己就像是在無邊無際的空間中漂浮的一塊本質。在這裡呼吸並停留幾分鐘，讓自己越來越深陷到虛無之中。

4. 喚醒你內在富足的能量和頻率。富足對你來說是什麼樣的感覺？是自由嗎？是創意嗎？是充滿力量嗎？觀察你所渴望的富足，在本質上是什麼。當你找到自己所渴望的富足的真正本質時，就在你的生命的每一個粒子去感受這股富足的感受，並在你的腦中看到相關的畫面。在這裡停留 10 到 15 分鐘，讓這個頻率變得具體並整合到你的生命之中。

5. 完成後，將呼吸帶回你的身體。你的意識回到房間，然後慢慢地睜開雙眼。請帶著這股富足的能量度過接下來的這一天。

76. 讓金錢流動

金錢不該是一灘死水，金錢應該是一股流動的能量。當我們讓金錢自然流向我們，並經由我們再流向讓我們的生活更豐富的商品和服務時，金錢流動的動能就會增加。當我們因為陷入匱乏和不足的狀態而停下金錢的流動的同時也阻礙了金錢的流入。這個冥想練習將幫助你放開緊緊抓著金錢不放的手，讓你的金錢開始流動以接納更多的金錢流。

⌛ 20 ～ 30 分鐘或更長時間

1. 採取一個舒適的坐姿，將你的右手掌朝上放在膝蓋上，這是代表接受的姿勢。舉起左手（就像是舉起一個停止標誌或是把手舉一半高度一樣），然後手掌朝外，這是代表給予的姿勢。閉上你的雙眼。

2. 在你開始吸氣時，想像能量透過你的右手手掌進入你的身體。當你吐氣時，想樣看到能量穿過你的左手，從你的手掌流出並回到宇宙。持續做幾分鐘，讓能量流入和流出的節奏越來越穩定。

3. 當你開始可以掌握這股流動後，接著把這股能量就代表金錢的感覺，附加到這股流動中，或是你也可以將這股流動設定為其他你想要的富足感受。感覺你用自己的右手完整的接收到這股流動，體驗到這股能量在你的體內，然後感覺到自己喜悅地從左手給出這股能量。也許你的左手是在支付一棟漂亮的房子的貸款、在旋風般的假期後付清帳單，或者是向你最支持的慈善機構捐款。

4. 繼續做呼吸並體驗金錢的流入、流出 10 到 15 分鐘。挑戰自己，去感覺你的身體因為接受更多以及給予更多，而越來越放鬆和快樂。突破你在接受與給予時，讓你感覺到自在的極限。

5. 當你準備好後，將雙手放在心口上，做幾次呼吸來結束這次的練習，感受到在你心中，對於金錢在你生命中流動的愛和感激。

77. 神奇的財富＋成功的想像

當我們一直沈浸在舊有的金錢故事時，去真正想像自己擁有龐大的財富可能會讓人感到痛苦。但是如果我們不允許自己去感覺這些感受、去看到富足之於我們代表什麼樣的生活或成功時，我們又怎麼能期望自己走上通往這些願景的道路？在這個冥想練習中，你將讓自己有機會一探究竟，以及沉浸在你最富有的自我版本的景象、感受和想法之中！

⌛ 20 ～ 30 分鐘或更長時間

1. 你可以放鬆坐著或是躺著。閉上雙眼，跟著呼吸，將意識從外在世界轉向內在的世界。

2. 讓你的意識在你內心的空間裡沉沉地放鬆。當你在內心這個無限的空間放鬆時，你感覺到身體和外在的世界正在逐漸消失。

3. 當你在這個空間穩定下來後，請你的內心向你展示，對你的靈魂來說真正的財富和成功是什麼樣子。你的內心跟你分享的真相，可能會以想法、景象和文字的形式出現，請敞開心房去接受這些訊息。

4. 去觀察你可能會做哪些令人期待的事情：在你的生活中有哪些部分會變得更好；你對工作、金錢和你自己的感受又是如何……好好去理解全部的這些訊息。在接下來的 10 到 15 分鐘內，沈浸在代表財富和成功的這個可能的現實之中，好好享受每一刻。

5. 在完成後，做幾次吸氣和吐氣。將這次體驗所看到的和感覺到的，都內化到你身體的每一個粒子中。在你睜開眼睛後，寫下關於你需要做的實際行動的靈感。

78. 顯化特定金額的金錢

在這個冥想練習中，我們將做簡單版的情緒釋放技巧（emotional freedom technique，EFT）練習。你可以把 EFT 想成是為心理上的穴位按摩。我們將輕敲其中一個 ETF 的敲擊點，並藉此改變我們的能量並呼喚特定金額的金錢。

⌛ 10 ～ 30 分鐘或更長時間

1. 決定你想要顯化的金額，以及你希望這筆錢如何在你的生活中出現。例如「我想要在我的儲蓄帳戶中存入 50,000 美元」，或者是「我想要收到一張 5,000 美元的支票」。

2. 將左手擺成類似空手道的斬擊姿勢，左手手指朝上放在距離心口前方約 15 公分的位置。用右手指尖沿著位於左手小指下方的側面區域輕敲。

3. 大聲說出這些話，並在全程都維持呼吸與輕敲的動作：

- 「雖然我還沒有在／從 Y（特定地方）獲得 X（金額），但我仍然愛我自己並接納我自己。」
- 「我知道我還沒有獲得 XY 的唯一原因，一定是我自己在阻止它出現。」
- 「在我的能量、我的能量場或我的信念體系中，一定有什麼在把它推開。」
- 「但我現在已經準備好要釋放所有的阻礙，因為我已經完全準備好要接受 XY 了。」
- 「我釋放出在我的 DNA 和細胞記憶中阻礙我顯化 XY 的任何東西。」
- 「我正在打開我的能量場，以便快速地的接受 XY。」
- 「我完全有能力顯化 XY。」
- 「我是我的現實的神聖創造者。金錢也是我可以同步的另一種形式的能量。」

- 「我正在重新校準我的身體、心智和靈魂，以便與接收XY 的能量同步。」
- 「我很高興能夠獲得 XY，我也相信它正在實現的路上。而它也確實是！」

4. 你可以自由加入任何與你的感受相符的訊息，並把這些句子改成你自己的話。你的整體感覺應該是，你接受自己對於現實的掌控權並因此選擇要改變它。完成練習後，做幾次深呼吸，然後多喝一些水，繼續去過這一天。你所推動的金錢能量也可能比你所想的還要多！

79. 無邊無際的富足之海

生命的富足在我們的生活中處處可見，這是我們的世界的真實本質。你可以在草地上、在海灘上、在天空中，或是在海洋中看到這個世界的富足，只要你改變你的觀點，你就會看到孕育萬物的地球充滿了富足的生機與資源。在這個冥想練習中，你將會看到，富足就存在於你的生活中，並在富足走向你的同時體驗到更多的富足！

⌛ 20～30分鐘或更長時間

1. 採取一個放鬆的姿勢，你可以坐著或躺著。完全鬆開對身體的控制，並閉上雙眼。做幾次緩慢的深呼吸。

2. 在每一次呼吸時，都讓身體的緊繃感越來越釋放。隨著你逐漸深入到內在的自我，你也讓你的思緒逐漸消散。

3. 你彷彿在腦中看到自己站在海灘上，你的眼前是一片美麗的海洋。在這邊花一些時間，去感受在你雙腳下的沙粒、徐徐吹來的海風，和你眼前的海浪拍打岸邊的海浪響。你凝視著海洋在遠方的地平線，接收海洋所帶來的富足能量，然後在這裡停留幾分鐘。

4. 接下來，你開始走進海中。這是你最喜歡的水溫。你看到海水在陽光下閃閃發光，當你穿過打向岸邊的浪潮往前走一陣子後，你向後仰躺到海水中，讓自己漂浮在帶有鹹味的海洋之中，沈浸在海洋所帶來的療癒與美好之中。你感受到海水支撐著你，你也看到海水沒有邊界、一直向地平線的方向延伸過去。請在這裡好好接受你所漂浮在其中的這片富足的汪洋。

5. 隨著你繼續漂浮，你將你對這片海洋的富足意識拓展到世上所有的富足。你感受到內心所有的渴望，以及這些渴望在你所處的生活環境中顯化的方式，也有著無限的可能性。想像你自己漂浮在金錢、機會和祝福的汪洋之中。在這裡再漂浮 10 分鐘，讓自己真正放鬆並沉浸在你的富足之海中。

6. 當你感覺做完這次練習時，將你的意識帶回身體。在睜開雙眼之前，先花幾分鐘時間好好感受一下，在你生命中的所有富足和機會。

80. 往財富邁進

現在你已經知道坐下來冥想，並把自己的振動頻率調整成與財務富足一致會是什麼感覺了。我們的下一步，其實是要將這種能量整合到你的日常生活中。在這個步行的冥想練習中，你將起身走向世界，同時也繼續進行內在的修煉，這可以讓你穩穩地往下一個階段的人生財富邁進。

⌛ 20 ～ 30 分鐘或更長時間

1. 為你的這趟步行找到一條安全的路徑。一開始先站立不動，將雙手放在位於心口的中心。閉上雙眼，做幾次深吸與深吐，讓自己的重心越來越穩定。

2. 將意識維持集中在你的內心空間，讓你自己待在這裡幾分鐘，同時讓外在的世界消失。隨著你的吸氣和吐氣，喚醒你心中關於財富和繁榮的真正的願景與感受。

3. 讓這個願景及其喚醒的感受在你的心中湧現，這也讓你的內心充滿喜悅和期待感。當你準備好後，稍微睜開雙眼，將注意力集中在地平線上，然後往前走，彷彿你正在邁向你在未來的財富。

4. 在向前走的時候，你也可以自行播放一些能夠觸動你的音樂，並透過音樂來強化你對於富足、成功、財富、快樂或愛的感受。一邊往前走，一邊體現出你最富有的自我的能量。去感受你的姿勢、你的能量，甚至是你腦中的想法，為了與富足的振動頻率一致而發生了哪些變化。繼續步行 10 到 20 分鐘，或是你想繼續走多久也都可以。

5. 當你完成後，恢復到站立不動的姿勢。閉上雙眼，將你的雙手放在你的心口上。在這裡做幾次呼吸，讓自己充滿對即將到來的財富的感激之情。

冥想練習：顯化職涯目標與產生影響力

我們每個人在這個世界上的生命，都有自己存在的目的，而我們也希望我們的生命可以為這個世界帶來些許的影響力。正如我們的渴望，都是為了我們此生最崇高的靈魂體驗而神聖設計出的人生目標，我們從事的職業也是如此。關於我們在這個世界上所做的工作與能夠為這個世界帶來哪些改變的人生夢想，都並非偶然。

這些夢想之所以存在，就是為了透過我們的雙手來將它們實現。本章節的冥想練習，將可以幫助你做到這一點。

81. 連結到你的神聖人生目標

我們所有人都帶著一個神聖的目標來到這個世界：被愛與給予愛。然而，我們為了這個目標去努力的方式，以及這個目標在職涯上呈現出來的方式，對每一個人來說又都是不同的。這個冥想練習將幫助你，連結到你的人收目標在你的生命中開花結果的獨特方法。

⌛ 10 ～ 30 分鐘或更長時間

1. 找到一個有支撐的坐姿，閉上雙眼然後將雙手手掌朝上。在開始時，先用鼻子做深吸，然後用嘴巴深吐。

2. 透過每一次的呼吸將身體的任何壓力或緊張釋放。當有任何想法在腦海中浮現時，就讓這些想法如浮雲般自然飄過去，然後重新在內心找到重心、恢復到平靜的狀態。

3. 將你的意識帶到你的太陽神經叢脈輪，也就是位於肚臍的能量中心。你在這裡看到一顆明亮的金黃色光球，這顆光球會隨著你的每一次呼吸而發光與變大。

4. 在啟動與你的個人力量和目標感相關的這個第三能量中心或脈輪時，也請留意到，在這個能量中心被啟動後自然浮現出哪些想法。你在這裡是否出現了和某種職業、活動或研究領域相關的圖像、文字或想法？

5. 問問你的靈魂：「我覺得自己真正的使命是什麼？我真正想要與世界分享的是什麼？我有哪些可以運用的天賦？」請尊重所浮現的一切答案，先試著把你的理性思維和邏輯放到一邊，讓你自己對所有的答案都保持開放的態度。在這邊靜坐 10 到 15 分鐘的時間，好好接納所有出現在你腦中的答案。

6. 當你感覺完成練習時，將呼吸帶回你的身體，並讓自己的意識回到房間內。睜開雙眼後，拿起一本日記本寫下在這次冥想練習浮現的一切體悟。定期做這個冥想練習可以讓你的人生目標變得越來越清楚。

82. 呼喚你在靈魂深處渴望的職業

也許你已經知道自己在靈魂深處渴望做的職業是什麼，或者至少知道開始做靈魂渴望的工作會是什麼樣的感覺（這兩者都有效果），但是你對於如何從現在的道路轉換到夢想的職涯可能有點迷惘。這個冥想將幫助你踏上你渴望的職涯道路，並讓你調整成與任何機會或需採取的下一個步驟頻率一致。

⌛ 10 ～ 30 分鐘或更長時間

1. 以舒適的姿勢坐下。閉上雙眼，專注於呼吸並讓身體放鬆。

2. 將你的意識帶到位於心口的中心。讓其他的一切事情都消散，當你繼續把注意力放在你的內心空間和呼吸時，讓外在的世界、你的身體和忙碌的思緒都逐漸退去。

3. 喚起靈魂所渴望的職涯道路會帶給你的感覺。去感受一下，當它成為你的現實時，你會有什麼樣的感覺。

你看到與此相關的圖像或聽見與此相關的任何想法。讓自己沉浸在這股能量之中 10 到 15 分鐘。

4. 當你做完後，將雙手放在你的心口上。對於即將實現靈魂渴望的新職涯，表示你的感激並懷著感激之情在這邊靜靜坐著幾分鐘。

5. 睜開雙眼，拿起你的日記本寫下在這次冥想練習時，在你腦中浮現的任何引導或與靈魂一致的行動。

83. 職涯道路的升級

你現在正在閱讀這本書的原因，是因為你希望能夠成長。在這個唯一一次、既瘋狂又珍貴的人生中，你會不斷想要突破你的能力的極限。自我的提升，是靈魂在成長的過程中自然會想要去發展的一個部分，而這個冥想練習將幫助你顯化職涯發展的下一步。

⌛ **10 ～ 30 分鐘或更長時間**

1. 找到一個舒適的坐姿，然後閉上雙眼。透過緩慢且深度地呼吸，將你的意識轉向內心。

2. 將你的注意力集中到你的心靈之眼，也就是你的第六個能量中心，它就在你雙眉之間的空間上方大約三公分處。讓你的吸氣和吐氣活化並拓展這個能量中心。你看到在這個能量中心有著一顆深紫色的光球，不停旋轉且發出光芒。

3. 你看著在第六個能量中心的這團美麗的紫色光芒變大，並擴展到讓你的整個身體都籠罩在這團光芒之中。

4. 問問這個最直覺導向的能量中心，請它向你展示，你的職涯的下一個階段是什麼樣子。放鬆，然後接受並尊重浮現的一切。請留意到，你的職涯的下一階段轉變存在哪些感受，這包括你在下一階段會進行哪些計畫，以及其他任何明顯的細節。

5. 花幾分鐘時間，好好內化與吸收你的生命的下一個階段。你感受到它在你的細胞和 DNA 中結晶，然後逐漸變得具體。你的整個生命都已經準備好要進行這次升級了，讓你自己敞開心房接受它吧。

6. 請求你的直覺給予你智慧或方向的指引。有什麼事情是你應該自己去做的嗎？宇宙是否希望你放下或是放棄某些東西？

7. 做完後，將呼吸帶回到你的身體，然後睜開雙眼。請相信你的下一個階段的人生即將到來，並依據直覺的引導去行動。

84. 掌握你的影響力

我們每個人來到這個世界，都是為了對這個世界產生影響。有時這種影響力會展現在我們的職涯中，有時則會出現在我們正職工作以外的計畫或是志工工作中。但是大多數情況下，我們的影響力會源自於我們在日常互動中如何表現出我們自己這一個人。這個冥想練習將幫助你聚焦於你可以產生的影響力。

⌛ 10 ～ 30 分鐘或更長時間

1. 採取一個舒適的坐姿。閉上雙眼，開始用鼻子吸氣，然後用嘴巴吐氣。

2. 將你的意識帶到位於心口的中心。你感覺到這個中心隨著你每一次的呼吸逐漸拓展和成長。讓內心的感受浮現到意識的層面，這包括愛、真實、接納，以及我們所有人之間的相互連結。給自己幾分鐘的時間，好好沉浸在這些感受之中。

3. 讓外在的世界都逐漸消失。你的思緒也逐漸退去，讓你的整個存在都安歇在你的心靈空間裡，在這裡，充滿著無限的愛以及與靈魂深刻一致的真理。

4. 設定意圖去感受、去看見、去聽見你希望在這裡創造出的影響力。你的能量、你的存在和你的行為會對這個世界產生什麼影響？在這裡靜坐幾分鐘，觀察有什麼答案浮現。

5. 如果你需要進一步的釐清，你可以提出你有的任何問題，並接受因此浮現的答案。

6. 最後，讓你融入於因為自己在生活中的表現而對這個世界帶來影響的這股能量之中。這是我們能夠發揮的最大的影響力，我們對這個世界帶來的其他所有影響都源自於這股能量。在這邊花幾分鐘時間，讓自己全身上下充飽這股能量。

7. 完成後，輕輕伸展四肢或移動一下身體，來喚醒你的身體。睜開你的雙眼，在你的日記中寫下你希望記下來的重點。

85. 孕育新的計劃

無論是某個新的事業、寫一本書，還是你在工作上被交辦負責的一份新簡報，這個冥想練習都將幫助你，打開你的創意能量中心，並孕育出你的靈魂也會深深期待的新計畫。這個練習還將幫助釐清，或是獲得你在過程中可能會需要的方向。

⌛ 10 ～ 30 分鐘或更長時間

1. 以舒適的姿勢坐下，脊椎挺直，肩膀向後和向下放鬆。

閉上雙眼，開始用鼻子吸氣、用嘴巴吐氣。

2. 觀察身體隨著每一次的呼吸變得越來越放鬆。讓腦海中出現的任何想法就如同天空中的雲朵一樣，輕輕地飄過，然後輕柔地將自己的注意力帶回到呼吸之中。

3. 將意識集中在薦骨輪或第二能量中心，這個能量中心就位於肚臍下方約 15 公分處。將呼吸送往這個區域。你在這裡看到一顆夕陽般的美麗橘色水球，這顆水球隨著你的每一次呼吸而逐漸變大並發出光芒。

4. 讓你的意識潛入到這片代表創造能量的壯麗橙色海洋。在這個空間裡，持續在意識中想著你準備孕育新計畫的意圖，並自然地留意有哪些事情浮現出來。

5. 請你的創意能量中心向你展示，有關讓這個計畫付諸實現所需的一切資訊，以及它可能想與你分享的任何方向。在這裡靜坐 10 到 15 分鐘，讓自己充分接收創意能量中心想要傳達給你的所有事情。

6. 當你覺得做時，將你的意識帶回你的身體，做幾次呼吸，並感謝你所獲得的智慧。在你準備好後，睜開你的雙眼，拿起日記本，寫下你所接收到的一切資訊。

86. 將緊張化爲服務他人的力量

在我以內心的力量為主的商管課程「照耀他人（Spread Your Light）」中，學員最常問我的其中一個問題是：「我如何克服向他人演說的緊張？」大家對於在社群媒體上分享自己的故事、開始做 podcast 節目、向老闆要求更多的職責、進行簡報等等的狀況，都有著如何控制緊張情緒的類似疑問。我的回答總是：「當你緊張時，這就代表你需要開始把注意力放在你如何能夠為他人服務。」當我們把注意力放在如何透過行動來幫助他人時，我們就可以放下自己的情緒，而能夠專注於眼前的任務。這個冥想練習將幫助你做到這一點！

⏳ 10 ～ 30 分鐘或更長時間

1. 這個練習只需要大概 5 到 15 分鐘的空檔，而且在任何地方都可以做這個冥想練習。在大型演講、簡報或任何讓你感到緊張的事情之前做這個練習，可以幫助你放下焦慮的情緒並讓你的心主導一切。一開始時先閉上雙眼，將你的雙手放在心口上，然後做幾次緩慢且深長的呼吸。

2. 想著你所面對的事件或情況。讓這件事帶來的所有感受都浮現出來。輕柔且帶著同理心去做呼吸，讓呼吸穿越這些情緒，同時持續意識到你自己就是一切的中心。

3. 現在問問你的內心：「我今天在這裡是為了幫助誰？我今天能夠帶來什麼樣的影響？」花幾分鐘時間去觀察在你心中浮現的答案。

4. 然後更深入詢問：「我今天在這裡要做的工作，如何能夠真正幫助他人？我如何確保真正需要聽到這些訊息的人能夠理解我？關於我正要分享或需要分享的內容，還有什麼我需要知道的資訊嗎？」呼吸，然後靜待，接受任何浮現的答案。

5. 最後，請想像自己成功進行了簡報，或是處理好你所面對的狀況。然後真正去看清楚，你的行動如何影響了那些你的行動所幫助的人。花幾分鐘時間好好享受這種感覺，然後再睜開雙眼。接下來請讓心去主導，採取以服務他人為目標的行動！

87. 勇於追求讓你快樂的事物

我們的人生的神聖目標，會引導我們往成功前進，但我們之中的許多人卻屈服於現狀而反而阻礙了自己的人生道路。那些讓我們發自內心快樂與讓我們內心澎湃的事物，都不是隨機的。它們正是我們此生的人生道路方向，它們正是我們擁有的天賦，以及我們在這個世界上可以帶給他人的影響力。這個冥想練習將幫助你，鼓起勇氣去傾聽那些讓你綻放出光芒的事物。

⌛ 10 ～ 30 分鐘或更長時間

1. 找到一個舒適的坐姿，閉上雙眼，讓身體放鬆。開始透過鼻子吸氣、透過嘴巴吐氣來讓身體更進一步放鬆。將你的注意力轉向內心。

2. 將你的意識帶到位於你心口的中心。讓位於心口的中心隨著你的每一次的呼吸而敞開和拓展，感受到在你的這個靈魂空間之中充滿著的愛和光芒。

3. 詢問你的內心：「哪些事情真正讓我感到快樂？哪些活動反而讓我迷失了自我？有哪些主題是我一直都很有興趣，不停想要閱讀更多或多跟別人討論的？我在哪些領域之中感覺到自己是處在最好的狀態？哪些事情會激發我的創造力、我的快樂，甚至會讓我投入到忘了時間流逝？」在這邊靜坐 10 到 15 分鐘，讓任何浮出表面的事物自然浮現。靜靜坐著，好好觀察它們，不要去批判或過度思考。

4. 在接下來的幾分鐘裡，單純地將呼吸送往你的內心，一邊靜坐一邊感受你所體驗到的一切。也留意到你是否出現任何的恐懼或質疑。坐著靜待這些恐懼或質疑出現，以旁觀者的角度去觀察它們，但不需要去區辨它們。

5. 去感受這些恐懼，然後在每一次呼吸時，都透過你心中的愛和熱情讓這些恐懼一點一滴逐漸消失。在這邊花一點時間停留，將你的恐懼轉化為勇氣，這些勇氣將讓你可以去追求讓你感到快樂的事物。

6. 做完後，將你的意識帶回身體與帶回房間內。睜開你的雙眼，拿起日記本記下你在這次冥想練習所觀察到的事情。

88. 與你在這個世上要幫助的人建立連結

無論我們的職涯道路是什麼，我們在這個世界上都是為了給予彼此愛。正如拉姆・達斯（Ram Das）的名言：「我們的這一生只是在陪伴彼此回家。」與我們此生來幫助的對象建立連結，可以重新活化我們停滯不前的職涯現況，或是帶來一股強大的創造力量去推動我們走上我們希望的新職涯。

這個冥想練習將有助於強化你與你所影響的對象之間的連結。

⌛ 10 ～ 30 分鐘或更長時間

1. 找到一個舒適的坐姿，閉上雙眼，脊椎挺直。開始呼吸，將呼吸送到你位於心口的中心。

2. 讓任何想法就像海浪一樣回到大海。隨著你的每一次呼吸，外在的干擾也逐漸安靜下來。讓你的意識在你的心靈空間深深地放鬆。

3. 在你的腦中喚起你此生要幫助的那些人的形象。它可能是由某個人來代表這個群體，或者你可能會看到整個群體，兩者都可以。觀察有哪一個人或哪一群人出現，然後和他們一起靜坐。在呼吸時汲取他們的能量、他們的環境、他們的處境，以及他們內心的渴望。

4. 感受到有一條光束連結你的心與他們的心。感受到他們內心的需求，以及你能提供什麼幫助，或是你可以如何改善你提供的幫助。從你的心向他們傳遞光，讓他們知道你的心想告訴他們的一切。

5. 當你感覺做完時，打開你的心去接受他們傳來的回饋。他們的內心想告訴你什麼？靜靜坐著，接受這些回饋。

6. 最後，看向你此生所服務的這些人們的雙眼，並感謝他們參與你此生的旅程。將你的意識帶回你的身體。慢慢睜開雙眼，根據你新獲得的體悟去採取行動。

89. 神奇的一致性

一致性是顯化的催化劑！在我 20 歲出頭的時候，有一位瑜伽老師在課堂上問我們：「如果你表現得像世界上最有影響力的人，你的言行舉止會有什麼不同？」一開始我覺得這個問題很荒謬，但這個問題確實讓我不停在思考。所以我開始假裝自己正在參加 24 小時全天拍攝的真人實境節目。我展現出符合我的價值觀的行為，然後言行舉止都裝成我最好版本的自我。當我徹底調整成與最好版本的自己一致時，我的生活有了很大的變化。這個冥想練習也將幫助你同樣達到這樣一致性的狀態，並讓你的渴望如同火箭升空一樣加速顯化！

⌛ 10 ～ 30 分鐘或更長時間

1. 找到一個有支撐的坐姿或躺姿。放鬆你的身體並閉上雙眼。在你的身體開始放鬆並感覺逐漸放下一切掌控時，也讓每一次的呼吸幫助你越來越進入臣服的放鬆狀態。

2. 感覺你自己彷彿漂浮在無限的空間之中。注意到在你前面、後面和兩側的廣闊空間。讓自己陷入這個無限大的深海中。你可以在這邊裡花你需要的時間來達到這個狀態。

3. 設定意圖，去看到如果你的生活完全符合你的真實面、價值觀和你想傳達給他人的訊息，你的生活會是什麼樣子。在這裡花幾分鐘的時間去觀察在你腦中浮現的畫面。

4. 當你好好看清楚浮現的畫面後，問問自己：「我現在的生活在哪些方面與最高版本的自我不一致？」在這邊靜坐，然後帶著同理心去觀察有哪些事情浮現在你腦中。

5. 當你準備好後，再次回到你的心靈空間。你希望努力去調整、改變哪些人事物，或是將哪些人事物融合到你的生活中來讓生活與你最高版本的自我更一致？把呼吸送到這些你即將在生活中推動改變的地方。

6. 帶著感激之情做幾次深呼吸，感謝這次的頻率調整讓更崇高的一致性能夠幫助你，將你所夢想的生活變成現實。

90. 打開你的磁力

你有沒有想過，為什麼有些人自然就會因為他們的思想、努力和出色的工作而受到注目？這就是磁力的本質，這是一股源自於自信、自我價值以及相信自己的才華和能力的力量。具備磁力是這些人能夠因為工作而獲得認可、能夠被注意到，並能夠吸引到客戶的關鍵。在這次的冥想練習中，我們將會打開你在職場的磁力。

⌛ 10 ～ 30 分鐘或更長時間

1. 找到一個舒適的坐姿，閉上雙眼，然後開始用嘴巴做吸氣和吐氣。透過呼吸來清理與清除你的緊張或壓力，並讓你的整個身體放鬆。

2. 清理你的思緒，在呼吸深度地轉化你體內的能量時，你只需要專注於呼吸。注意到當你漂浮在這個廣闊的空間時，你的身體如何臣服並放下一切。

3. 你感覺到自己彷彿只是單純漂浮在這個廣大的空間中，而你周圍的世界都逐漸消失了。想像你的生命的本質是一顆巨大的光球，在這顆光球內有一塊強大的磁鐵。隨著你的呼吸讓這顆光球變得越來越亮，這顆光球所蘊涵的磁力也越來越強。

4. 感受你與生俱來的磁力從這顆代表生命本質的光球中向外投射。你感覺到它吸引了與你的目標一致的機會、認可、讚賞，以及吸引到那些會因為你的工作而受益的人。讓自己沉浸在自己像是一塊磁鐵的感覺中，將和你的事業有關的一切都吸引到你的身邊。有哪些事情會改變？這會帶來什麼樣的感覺？對於你自己和你的能力，你有哪些地方是你有自信的？

5. 花幾分鐘時間調整成與這股擴展的磁力頻率相同，並且調整成與它從你的生命核心喚醒的力量一致。讓它在你的生命的每一個粒子中結晶且變得具體。

6. 當你完成後，恢復到自然透過鼻子和嘴巴呼吸。重新找回身體的重心，然後緩緩睜開你的雙眼。

冥想練習：顯化奇蹟、共時性與神奇的契機

本章節的練習適合那些在冥想的路上希望更進步，並準備在生活中運用更多全面性提升與發揮創造力工具的人。無論你正在努力的顯化是什麼，本章的所有冥想練習都能給你很大的幫助。它們可能會是你在克服人生道路的障礙時的祕密武器。

91. 祈求奇蹟

正如形而上學的文本《奇蹟課程》一書所定義的，奇蹟是從感覺恐懼轉變為感覺到愛。當我們覺得自己陷入恐懼、限制

性思維或沮喪時，這就是我們該祈求奇蹟發生來幫助我們看清楚現況的時候了。能夠透過愛的角度去看事情，也會讓我們再次回到與我們的顯化力量一致的狀態，因為當我們陷入恐懼或匱乏的狀態時，我們就無法在現實生活中發揮創造的力量。這個冥想練習將幫助你創造你的奇蹟，並讓你的心智回到有助於顯化的最佳狀態。

⌛ 10 ～ 30 分鐘或更長時間

1. 以舒適的姿勢坐下，閉上雙眼，開始把呼吸送往位於心口的中心。

2. 針對你需要奇蹟的狀況去設定你的意圖，

你可以說：「親愛的宇宙（或上帝／源頭／神聖力量／等等），我需要一個奇蹟。我無法看清楚和 XYZ 有關的狀況，但我願意以不同的觀點去看它。」

3. 在你的腦中輕柔地審視你眼前的狀況，讓愛、同情、富足和無限的可能性就像是海浪一樣湧向你。透過呼吸將這股能量吸入，看看這股新的能量和你整合後，你對於眼前狀況的看法會有什麼樣的改變。

4. 在這裡靜坐大約 10 分鐘。持續將呼吸送往你心口的中心。繼續想著你眼前的狀況，同時帶著你更高智慧的愛與廣闊的視野，去看看有哪些事情浮現。

5. 當你接收到奇蹟，也就是你的感受改變的時候，將你的雙手放到你的心口上，以感恩的心做幾次呼吸，感謝你回到了真實的觀點。如果你在冥想期間沒有出現感受的轉變，請仍然把雙手放在你的心口上，對於這個轉變心存感激並相信它會在這一天發生。

92. 臣服於共時性

共時性是指有意義的事件以巧合的形式在我們的生命中發生。這些事件往往會讓我們意識到，神聖的力量或宇宙的力量以神祕的方式在運作並引導我們往我們最崇高的意圖邁進。當我們臣服於共時性時，我們就會讓自己敞開心扉去接受事物以神奇和非傳統的方式出現在生活中的可能性。在這個冥想練習中，我們將打破我們對於顯化在實際生活中應該以何種方式實現的既定框架，並敞開心胸去接納超然的事件發生的可能性。

⏳ 10 ～ 30 分鐘或更長時間

1. 找到一個有支撐的姿勢，坐著或躺著都可以。閉上你的雙眼，開始用鼻子深吸，然後用嘴巴深吐。將你的注意力放在你的內在世界。

2. 讓任何壓力或緊張都離開你的身體，並在每一次吸氣和吐氣時清除腦中忙碌的思緒，讓自己進入更深層的臣服狀態。

3. 你感覺到你的肉體逐漸消失，你感覺自己彷彿只是在虛無與無盡的空間中漂浮著的一個生命本質。在這邊花一點時間放鬆，讓自己進入這種感覺的狀態中。

4. 你看到你的渴望彷彿是一顆金色的小光球，漂浮在這個無邊無盡的空間中。你感覺到它的能量，也感覺到這個渴望所蘊涵的能量在你的生命中顯化出來。

5. 現在，你親眼看到到微小如閃電般的各個星系從不同的方向通往這顆光球。你看到有一條金色的細線將其他和這顆小金球相關的事件都串在一起，且最終這些細線都通往你的渴望。看看這些可能性所形成的美麗幾何圖形，這些都是神聖的力量可能安排你的渴望顯化的方式。在這邊靜坐 10 到 15 分鐘。

6. 讓自己在巨大的信任感中找到重心，這股信任讓你相信一切事物都在按其應有的方式展開，也讓你對於事物可能在你生活中顯化的所有神奇方式都抱持開放的態度。再做幾次呼吸來結束這次的冥想練習，然後睜開你的雙眼。

93. 活化環形能量場

環形能量場是從我們位於心口的空間所發出的電磁場。從包括人類到樹木的一切事物的四周都有電磁場，因為萬物的創造都是源自電磁場中。我們的電磁場包含兩個環形圓，一個的方向是向上螺旋，另一個是向下螺旋，且這兩個環形圓會不斷自我更新。當我們啟動這個代表創造力的中心時，我們就可以大幅提升我們的顯化力量。

⌛ 10 ～ 30 分鐘或更長時間

1. 找到一個舒適的坐姿，閉上你的雙眼。

2. 將意識放在你的呼吸上面。如果有任何想法或外在的干擾出現，請慢慢讓它們消失並試著持續讓意識回到呼吸上面。

3. 想像你自己的環形場。你可以把它想像成一顆蘋果或是一個甜甜圈的形狀，然後想像能量從你的根部中心向上移動到你的頭頂，然後順著環形場一遍又一遍地重複層層堆疊。感受你的能量場從無限的空間中汲取力量，並將你的渴望帶入你個人的這個能量場。這些能量從你的根部流到你的頭頂，從你的頭頂上方溢出後再次回到你的根部，如此不停地循環。

4. 持續做這個練習，去感受你的渴望以及富足不停進入你的能量場，去感受你的環形場不斷再生循環的力量。在這邊繼續花幾分鐘去想像你的環形場。

5. 當你完成後，把注意力帶回到呼吸上，以及讓意識回到你的身體。在你睜開雙眼之前，先花幾分鐘時間讓這股全新擴展的力量和富足，整合到你的生命之中。

94. 遇見你的守護天使

我們每個人都有一位守護天使。祂們是我們的心靈支持小組的一員，但除非我們主動請祂們幫助，否則祂們無法介入我們的人生。如果你也相信每個人都有自己的守護天使，這個冥想練習將幫助你了解你的守護天使，並邀請祂們來協助你進行顯化。

⌛ **10 ～ 30 分鐘或更長時間**

1. 採取一個舒適的坐姿，閉上你的雙眼，開始專注於呼吸。在你越來越臣服於呼吸的同時，也讓你的身體放鬆，讓你的思緒逐漸安靜下來。

2. 設定希望召喚你的守護天使的意圖。將你的意識帶到位於心口的能量中心，你在那裡看到一顆綻放光芒的金色光球，隨著你每一次吸氣和吐氣，這顆光球也變得越來越大。

3. 繼續呼吸，直到你內心的光芒大到能夠包圍住你的整個生命。你感覺自己被神聖的愛圍繞著，在這裡靜靜停留幾分鐘。

4. 邀請你的守護天使來到你面前然後向你自我介紹。不要去揣測或過度分析。無論在你腦中浮現的名字或是形象是什麼，你只需要去相信你所接收到的訊息，即使它可能只是一道彩色的光芒。

5. 在你的內心空間裡，請求你的守護天使協助你目前正在努力顯化的渴望。如果你覺得自己在特定的領域受阻，或是需要幫助，也不要害怕與祂們分享這些問題。

6. 當你完成提出你的請求後，在這裡花點時間靜坐，你感覺到自己身處於祂們的能量之中。詢問祂們，是否有什麼事情是祂們希望你知道的。放鬆並讓自己敞開心扉去接受祂們的智慧和指引。

7. 完成後，感謝祂們所花的時間和給予的幫助。將你的意識帶回你的內心，對於天使的協助感到充滿愛和感激。當你準備好後，睜開你的雙眼。

95. 與你的神聖支持小組連結

如果你正在努力的顯化能夠得到一些超然力量的幫助，那會如何呢？如果有一股意識，只知曉富足、愛和無限可能性的思維，並且可以輕鬆地從更高層次的有利觀點去引導你顯化你夢想的生活，那會如何呢？我親切地稱這股力量為一個人的「神聖支持小組」團隊。無論這個小組是由天使、指導靈、祖先和已故的至親組成，還是你只是簡單將其視為與你的生命連結的一股更高振動頻率的意識，這個冥想練習都將幫助你，在顯化的路上獲得存在於這個世界之外的幫助和指引。

⌛ 10 ～ 30 分鐘或更長時間

1. 讓身體找到一個舒適的姿勢，你可以坐著或是躺著都可以。閉上你的雙眼，開始用鼻子吸氣，然後用嘴巴吐氣。你感覺整個人都深深地放鬆了。

2. 將意識帶入你的心靈空間。你看到在這裡有一顆金色的光球，你看著它隨著你的每次呼吸而閃耀著明亮的光芒，並且不斷擴張，直到它包覆住你的整個身體。

3. 你感覺到除了你在這個光球裡的存在，其他的一切都逐漸消失了。你感覺到自己飄浮到了房間的天花板，接著再往上飄到你家上方的天空，然後你繼續往上飄，來到更高的位置。你飄浮在地球的外圍，接著你甚至繼續往上飄，進入到宇宙之中。你讓自己繼續往上來到一個更高處，進入了一個明亮的場景，這裡充滿著一朵朵的白雲，你彷彿身處在天堂。

4. 當你來到這個美麗的地方時，你注意到有一張長長的白色大理石桌，沿著桌子的四週放了好幾張椅子。桌子最前方的主位區有一張椅子是保留給你的。你坐下來，然後召喚你的神聖支持小組。

5. 多位天使、指導靈、祖先、已故的至親以及來為你的這趟地球之旅提供協助的其他更高層次的存在，都飛來這個房間。也許你甚至會看到你更高層次的自我，或是更進化版本的自我也來了。你歡迎任何一位出現在長桌上的人，並請祂們介紹自己。

6. 現在，與你的神聖支持小組分享你希望顯化的意圖，並請求他們就此給予你指引或是與你分享智慧。在這裡靜坐幾分鐘，單純地接收浮現的一切。

7. 當你覺得完成後，感謝祂們和你分享的一切。你感覺自己開始往下降，回到地球的大氣層，然後繼續下降到你的城市、你的家、你的房間，最後回到你的身體。在這裡做幾次呼吸，重新整合你所接收到的一切。在你準備好後，睜開雙眼，在日記本中寫下任何你想記住的資訊。

96. 打開你的阿卡西紀錄

你可以將阿卡西紀錄（Akashic records）想成是整個宇宙的圖書館，我們所經歷的每一個想法、每一次互動和每一世都被記錄和分類後，存放在這個圖書館中。存取阿卡西紀錄可以幫助我們更能夠理解，為什麼我們在某些領域會碰到挑戰或是覺得受阻，然後在我們意識到這些障礙時幫助我們破除這些阻礙。當你的某一項顯化感覺卡住了、難以企及，或在某種程度上變得很複雜時，存取阿卡西紀錄會有助於你釐清問題以及找到推進的動力。

⌛ 10 ～ 30 分鐘或更長時間

1. 以放鬆的姿勢坐下，閉上雙眼，然後開始做深呼吸。讓任何的緊張或壓力都隨著每一次的吐氣一併從身體釋放。

2. 在每一次吸氣時，都想像有一道亮白的神聖光芒進入你的生命，然後清裡、清除和復原你體內的每一個細胞。每一次吐氣時，繼續把任何不再為你服務的事物都釋放。持續做幾分鐘這樣的呼吸練習，或直到你感覺你的整個生命都充滿了光芒。

3. 現在，請求打開阿卡西紀錄：「阿卡西紀錄的保管者，我謙卑地尋求指導、方向，以及知道真相，這個揭示是為了我的至善和所有人的至善。請幫助我透過阿卡西紀錄的光來了解我自己，以及透過阿卡西紀錄的眼來看見我自己。請允許我透過阿卡西所記錄的知識來接收我的指導靈、心靈導師和至親給予我的智慧和愛。紀錄現在將會打開。」

4. 在你的腦海中，你彷彿看到座落於魔法世界的一棟美麗圖書館。無論你一開始看到的圖書館是什麼樣子，你看到的一切都是完美的，然後你繼續前進，直直走進這棟圖書館。你在圖書館正中央的一張桌子上，看到了有一本大書翻開、攤放在桌上。你甚至可能會看到有幾位紀錄保管者就站在這本書的旁邊。你走過去後，將你的雙手放在書上。

5. 請設定意圖，要看到紀錄向你揭示任何對你目前的狀況最有幫助的資訊。信任紀錄引導你的意識去的地方，允許你自己跟著紀錄的引導展開一段旅程。如果你在過程中看到，過去的某一個前世的誓言、契約或信念可能在這一世對你造成阻礙，你可以請求紀錄保管者協助你將它們解開。

6. 在你完成這趟旅程後，請念出這段結束語：「感謝阿卡西紀錄的保管者以及我所有的指導靈、心靈導師和至親，感謝祂們與我分享阿卡西紀錄的智慧和真理。紀錄現在已經關上。紀錄現在已經關上。紀錄現在已經關上。」

7. 輕輕地將你的意識帶回到你的呼吸上。在你睜開雙眼、繼續過新的一天之前，先花幾分鐘的時間好好消化與整合這些資訊。

97. 請求指引的徵兆

在顯現你夢想的生活的這一路上，你會需要有很強大的信念。在我們看到事情實際達成之前，我們必須先相信它們正在實現。當我們請求一個徵兆時，就可以給宇宙、我們的精神導師或已故的至親一個向我們示意的機會，藉此讓我們知道，一切都正在以對我們有益的方向發展，這也可以讓我們對於自己走在正確的道路上更有把握。如果你的信念正受到考驗，或者你只是想體驗看看收到指引的徵兆有多麼神奇，那麼你正適合做這個冥想練習。

⌛ 10 ～ 30 分鐘或更長時間

1. 從坐姿開始。閉上你的雙眼，開始把注意力放在呼吸上。在你吸氣和吐氣時，你感覺到呼吸讓你的整個身體都放鬆了。

2. 將你的注意力集中到位於心口的中心。在你把呼吸送到這個神聖的空間時，也持續想著你在人生道路上希望獲得指引徵兆來確認的事情。也許是你為了吸引富足來到生命中而投入了大量的心力、也許是你在職涯方面做了正確的抉擇、或是你已逝的至親其實正在另一個世界看顧著你，又或者，也許你只是想要獲得一個普遍性的贊同，來肯定你為了顯化所做的努力正在發揮推動的力量。

3. 無論是什麼事情，你只需要事情開始浮現在你的心中時，設定意圖去請求徵兆出現。請留意到在你心中是否有你希望收到徵兆的某種圖像或形式。接收在你心中出現的任何畫面，並默默地請求：「如果 XYZ 已經來到我眼前，那麼請在接下來的 48 個小時內，發送給我這個『特定的徵兆』。」

4. 在我們開啟這個溝通管道時，通常宇宙、我們的指導靈、我們的至親，或是簡單如引導我們的直覺，會想要出聲並給我們某則訊息。在你提出請求後，花幾分鐘時間把呼吸送往你內心的空間，允許任何可能出現的訊息自然出現在你腦中，並接受它們。

5. 當你完成後，感謝宇宙、你的天使、指導靈、至親、神聖的力量等等，感謝祂們發送了這個徵兆給你。睜開你的雙眼，開始你的這一天，準備好要迎接來自宇宙的肯定徵兆吧！

98. 量子跳躍

如果你確實已經準備好要開始過你內心所渴望的人生，那麼你很可能會碰到某個「量子跳躍」的時刻（或是好幾個）。「量子跳躍」有時是用來比喻我們需要跳脫當前的心態、環境和安全感，然後跳入一個通往夢想的未知世界，這時我們只能仰賴我們的信念和對自己的信任作為降落傘。這個冥想練習將協助你完成你的量子跳躍。

⌛ 10 ～ 30 分鐘或更長時間

1. 在地板上、椅子或沙發上找到一個舒適的姿勢。你可以坐著也可以躺著，只要你不會睡著即可。閉上雙眼，開始專注於呼吸。

2. 讓你眼前的跳躍展現出它所有令人感到恐懼的榮耀。你只需要觀察，去留意出現的恐懼以及與這些恐懼相關的想法，去觀察出現的任何事情與每一件事情。

3. 現在，允許這些感受、想法和概念存在，同時啟動位於你的心口的能量中心，這裡也是代表你的真諦的空間。藉由每一次呼吸，將你的呼吸和意識帶入心口的這個中心。你只需要觀察，相同的那些恐懼想法和恐怖的故事因此有了什麼樣的改變。

4. 當它們開始消散與力量變弱時，想像你在量子跳躍之後的願景和感受，你就站在成功跳躍過去的另一邊，生活在這個新的現實之中。讓這個願景的情緒、感覺和頻率，蓋過你的恐怖故事剩下的任何餘燼。

5. 讓自己沉浸在你已經量子跳躍後的振動頻率中。在這裡做幾分鐘的呼吸。感受從你內心湧上的信任感，並放鬆、迎接即將到來的未來。

6. 在你結束練習之前，問問你的心，是否有哪些你需要知道的事情，以便為量子跳躍做好準備，然後安靜地接受在你腦中浮現的資訊。

7. 當你完成後，將意識帶回你的身體。將你的雙手放在心口，然後做幾次吸飽氣的呼吸，透過呼吸對於在你生活中發生的量子跳躍表示感激。

99. 活化松果體

許多神祕學和靈性的傳統文化，都將松果體視為是連接精神世界和塵世生活的抽象通道。它是一個松果大小的腺體，位於我們腦部的中心並與我們身體對光的感知有關。活化你的身體的這個精神中心，可以幫助我們喚醒在我們的存在中已然知曉我們是神聖創造者的那個部分。

⏳ 10 ～ 30 分鐘或更長時間

1. 在開始時，請找到一個舒適的坐姿，閉上雙眼，讓你的呼吸越來越緩慢與越來越長。放鬆你的身體，讓你的心安靜下來。

2. 將你的意識帶到脊椎的尾端，想像有一座金色的光之泉從這裡湧出。透過你的呼吸和身體，將這池金光或靈丹藉由你的脊髓向上傳輸，直到它傳輸到你的腦部的中心，也就是松果體所在的地方。你看到松果體有著微小的松果狀外型，就位於一個小聖杯中。你讓金色的光的湧泉持續充滿這個聖杯，松果體也因此完全浸在光的湧泉之中。

3. 在每一次吸氣時，都想像這道光沿著你的脊髓往上移動，然後澆淋在松果體上。當你想像的光之泉已經倒滿聖杯時，在這邊屏住呼吸，讓金色的光的液體淹過松果體一陣子。

4. 當你再也無法屏住呼吸時，請吐氣然後讓你的整個身體放鬆。

5. 再依此重複進行 10 到 15 次的呼吸，或可以依據你覺得舒服的次數去做這個呼吸練習。在你持續做這個冥想練習的時候，你也可以逐漸拉長活化松果體的時間。

6. 當你完成後，讓身體以一個完全臣服並躺臥的姿勢躺下。在接下來的 10 分鐘，靜靜躺著並閉上雙眼，專注於呼吸，並歡迎任何自然浮現的願景、感受或經驗。

100. 與另一個世界的至親連結

有時候，我們最強大的靈性幫助者是那些我們在人生中深愛但已經過世的至親。這些我們緬懷的靈魂也渴望從靈性的世界給予我們支持，也喜歡積極參與我們的顯化。我的祖母與我的關係非常密切，她在我簽約並開始寫這本書的一個月前去世了。我堅信正是她在另一個世界給我的幫助，讓寫書這件事在大約我生日的時候顯化！

⌛ 10 ～ 30 分鐘或更長時間

1. 找到一個舒適的坐姿，閉上你的雙眼。從位於你心口的心靈空間做吸氣和吐氣。

2. 感受在你的心中湧起對已逝至親的愛。你可以大聲說出他們的名字，或是對自己默念，然後歡迎他們與你一起進入這個空間。

3. 花一點時間去感受祂們的存在、祂們的能量或祂們的本質。你甚至可能會看到他們的輪廓或是某道光的印記。請相信你所看到的一切。

4. 接下來，你只需與你的至親交談即可。你可以告訴祂們，你有多想念祂們，傾訴你心中的一切。記得一定要告訴祂們你的人生願景，或你目前正在努力顯化的目標。請求祂們幫助你顯化！

5. 現在身體稍微往後靠著，讓自己的內心安靜下來以接收你的至親想要發送給你的任何智慧或訊息。

6. 當你感覺這次練習到一段落時，感謝你的至親陪在你的身邊。如果你願意的話，你可以邀請祂們在接下來的一週內給你一些徵兆來提醒你祂們的存在。做幾次深呼吸，好好沉浸在你所接受到的指引中，並感受到你的至親給你的支持。

最後幾句話

恭喜你！你讀完這本書了！如果你已經讀到這裡，但都還沒有開始練習冥想，那麼現在是時候開始做書中的練習，並為你的顯化之路採取行動了。不要敷衍自己，讓自己錯過猶如是黃金鑰匙的這些冥想練習，這些練習可以幫助你解鎖此生擁有的無限創造潛能。如果你在閱讀這本書的同時也一邊持續在做冥想練習，那麼我要給你大大的恭喜！我相信，你已經開始在生活中看到重大的轉變。持續進行冥想的練習可能會讓那些並不有趣的信念與恐懼浮上檯面，並讓你察覺到自己的限制性思維，但你仍面對它們並克服它們，我為你感到驕傲，而且我也希望你為自己感到自豪。如果你覺得自己在做冥想練習時都沒有完全做到位，也請不要擔心。在你開始看到你的顯化目標實現之前，你需要先去感受它們，並對自己有耐心與愛心。

你的冥想練習之旅才剛開始。請一遍又一遍地持續使用這本書並且做書中的冥想練習，直到它們已經成為你的生活習慣。你每再讀一次這本書，以及每一次重做某個冥想練習，都會帶給你不同的收穫和能量傳遞。只要你持續投入，你的顯化和冥想練習只會變得更豐富、更神奇，以及更輕鬆。這是我們一生的功課，而我們來到這個世界上正是為了做這些深刻的靈魂探索。

為我們的人生顯化各種美好的事物確實很有趣，看到自己的夢想和渴望終於能在現實中扎根，也是很振奮人心的一件事。但真正的收穫，是你在這趟旅程中轉化成為的你，你變得更快樂、更踏實，且對於自己無限的力量和潛能有更深刻的認識。這就是這一切的目的，不是嗎？展現出一直以來隱藏在你內心深處的那個你，並成為你瘋狂且珍貴的人生的神聖共同創造者。

我們保持聯繫！歡迎在 Instagram 或 Facebook 上分享你使用這本書來做冥想練習並顯化的心路歷程與照片，並標註我：@cassandrabodzak。我也想為你所邁出的每一步鼓掌！關於更多的資訊，請翻到後面的〈資源〉章節，我在這裡整理了資源的清單，讓你知道在哪裡可以取得本書免費的額外資源、深入探索顯化與冥想的不同方法，以及如果你在實作方面需要我的更多幫助的話，該如何加入我的「以神聖力量打造你的人生」小組課程。

資源

《顯化冥想的力量》的資源頁

- CassandraBodzak.com/manifesting

請務必前往 CassandraBodzak.com 網站的書籍額外資源頁面。你在這裡會找到各種可以幫助你深化練習的額外資源。這些資訊將有助於你的顯化，也可以讓你找到也在從事這項練習的人的社群。這裡還有這本書第一部的更詳細的內容版本，網站上的詳細版深入探討了顯化的流程，並為你的顯化之旅提供了重要的工具！

免費的引導冥組合

- DivinelyDesignYourLife.com/meditation-bundle

你需要有人幫助你開始做冥想練習嗎？這個免費的組合裡面有上午、下午和步行時的冥想，可以幫助你真正開始冥想的練習。這裡面還包括了額外的神聖願景冥想。

專注冥想（Unplug Meditation）應用程式

如果你正在尋找更多的引導冥想資源，希望藉此學到一些日常冥想練習的訣竅，那麼這個應用程式會對你很有幫助。在 Unplug 應用程式上面也有好幾段我引導的冥想練習，這個應用程式可以在所有應用程式商店下載，應該對於希望開始做冥想練習的新手會有所幫助。

免費的顯化高級班（Manifesting Master Class）

- DivinelyDesignYourLife.com/manifesting-masterclass

你手邊的顯化資訊已經不能滿足你了嗎？這個高級班正適合你！在這個免費的線上工作坊中，我會親自與你分享四個阻礙顯化的最常見錯誤，以及分享我的四個最有效的技巧來強化你在做顯化練習時的成效。

以神聖力量打造你的人生（Divinely Design Your Life）

- DivinelyDesignYourLife.com

準備好要更進一步了嗎？加入我的代表性的靈性團體輔導課程，你將獲得指導、冥想、社群和每兩週一次的即時通話，來幫助你實現人生的願景。

- 意識清晰、奇蹟與動能線上靜修營（Clarity, Miracles, and Momentum Virtual Retreat）CassandraBodzak.teachable.com/p/clarity-miracles -and-momentum-virtual-retreat

你想要花一個週末在家裡深入探索、確認自己的願景，並做一些強大的練習來消除那些阻礙你相信自己能夠實現願景的恐懼嗎？請參考我的意識清晰、奇蹟與動能（Clarity, Miracles, and Momentum）虛擬靜修營，這是按需求提供的服務，你可以透過這個線上服務度過一個改變人生的週末。

• 《吃的意念：照亮人生的食譜和冥想練習》（*Eat with Intention: Recipes and Meditations for a Life That Lights You Up*）

你的顯化之旅是否有一部分與你的身體和／或自愛有關？如果是的話，你會喜歡我的第一本書。這本書談到了冥想、智慧以及能夠滋養心靈的食譜。

• 《水晶 365 天：日常生活的水晶與如何通往健康、財富和身心平衡》（*CRYSTAL365: Crystals for Everyday Life and Your Guide to Health, Wealth, and Balance*）

作者：海瑟．阿斯奇諾西（Heather Askinosie）

對於想要更深入使用水晶來進行冥想練習的人來說，這本精美的書讓你可以輕鬆了解不同種類的水晶，以及使用它們的方法。

• 《狂熱芳療師：精油調配研究室》（*The Beginner's Guide to Essential Oils: Everything You Need to Know to Get Started*）

作者：克莉絲汀娜．安西斯（Christina Anthis）

如果你準備好更深入精油的世界，但不知道從哪裡著手，這本書詳細介紹了 30 種精油、說明它們的特性，以及示範該最佳的使用方法。

• 《內維爾．戈達德文集》（*Neville Goddard: The Complete Reader*）

美國神祕主義者內維爾．戈達德（Neville Goddard）的這本作品集，是關於顯化最有力的文本之一。如果你想在越來越熟悉顯化的冥想時也更了解這個領域，這類經典的文本會是無價的學習資源。

• 《佛羅倫斯．斯科維爾． 希恩全集》（*Florence Scovel Shinn: The*

Complete Works）

如果你想更深入了解語言的力量如何影響你創造現實，佛羅倫斯・斯科維爾・希恩（Florence Scovel Shinn）的相關著作資訊豐富，而她也以「你的語言就是你的魔杖（Your words are your wands）」這句話聞名。

- 《每一天，都是全新的時刻》（*Creative Visualization*）
  作者：夏克蒂・高文（Shakti Gawain）

無論你是在練習中遇到難以將想像視覺化的問題，還是你只是想讓冥想練習提升到一個新的境界，這都會是一本很棒的書。夏克蒂・高文（Shakti Gawain）提供視覺化力量的分解與說明，並在書中提供了大量的視覺化練習來讓你嘗試。

- 《開啟你的驚人天賦》（*Becoming Supernatural*）
  作者：喬・迪斯本札博士（Dr. Joe Dispenza）

如果你的身體出現一些狀況，並計劃利用顯化來達到療癒或良好的身心狀態，這本書將為你提供更深入的工具，書中也收錄了一些神奇療癒的故事，讓你知道自己在這一路上並不孤單。

高寶書版集團
gobooks.com.tw

AM 007
顯化冥想的力量：100 個引導練習，啟動宇宙中最強大的願景實現
Manifesting Through Meditation：100 GUIDED PRACTICES TO HARNESS THE POWER OF YOUR THOUGHTS AND CREATE THE LIFE YOU WANT

作　　者　卡珊卓．波札克 Cassandra Bodzak
譯　　者　曾琳之
責任編輯　吳珮旻
封面設計　林政嘉
內頁排版　賴姵均
企　　劃　陳玟璇
版　　權　劉昱昕

發 行 人　朱凱蕾
出　　版　英屬維京群島商高寶國際有限公司台灣分公司
　　　　　Global Group Holdings, Ltd.
地　　址　台北市內湖區洲子街 88 號 3 樓
網　　址　gobooks.com.tw
電　　話　(02) 27992788
電　　郵　readers@gobooks.com.tw（讀者服務部）
傳　　真　出版部 (02) 27990909　行銷部 (02) 27993088
郵政劃撥　19394552
戶　　名　英屬維京群島商高寶國際有限公司台灣分公司
發　　行　英屬維京群島商高寶國際有限公司台灣分公司
法律顧問　永然聯合法律事務所
初版日期　2025 年 01 月

國家圖書館出版品預行編目 (CIP) 資料

顯化冥想的力量：100 個引導練習，啟動宇宙中最強大的願景實現 / 卡珊卓．波札克 (Cassandra Bodzak) 著；曾琳之譯．-- 初版．-- 臺北市：英屬維京群島商高寶國際有限公司臺灣分公司，2025.01
　面；　公分．--

譯自：Manifesting through meditation：100 guided practices to harness the power of your thoughts and create the life you want.
ISBN 978-626-402-153-1(平裝)

1.CST: 靈修　2.CST: 自我實現　3.CST: 成功法

192.1　　113018978

認知症の取扱説明書

失智行為說明書

到底是失智？還是老化？

改善問題行為同時改善生理現象，讓照顧變輕鬆！

平松類 著　**內野勝行** 審訂　吳怡文 譯

醫師／醫學博士　醫師

前言

這些問題行為真的是失智症引起的嗎？

提到失智症，大家會想到什麼？

- 「對新事物完全不感興趣？」、「同樣的話說了好幾遍」等，令人困擾的行為。
- 「動不動就生氣」、「衣著邋遢」等，讓人不舒服的感覺。
- 「有強烈的被害妄想，會懷疑人家偷了他的錢」、「生活日夜顛倒，讓照顧的家人半夜也無法安眠」等，讓全家人都感到非常困擾的行為。
- 「徘徊」、「將大便塗在牆上」等，影響眾人的不當行為。
- 「引發火災」、「忽略交通號誌隨意駕駛，造成交通事故」等，危及性命的災難。

……

每一件都是讓身邊的人深感困擾的行為。的確，這些行為都是失智症所引發的。

就算大家都說要「忍耐一下」或要「多陪伴失智症患者」，在失智者身邊的人還是會非常痛苦。

針對以上這些問題行為，我發現很多人都想：

「如果不把失智症醫好，問題就無法解決。」

「但是，失智症無法痊癒，所以如果患了失智症就只能放棄。」

不過，我並不認同這種說法。因為，

「那些行為有可能是失智症之外的原因造成的。」

而且，「即使真的罹患失智症也不能放棄。有很多時候，症狀是可以改善的，也能因此延緩病情發展。」

只要了解原因，就能找到解決方法，減少不安的情緒！

首先，請從「哪些行為有可能是失智症之外的原因所造成的」著手。

罹患失智症後，記憶力和判斷力會跟著衰退。另一方面，就算沒有罹患失智症，如果身體因上了年紀而開始老化，記憶力和判斷力也一樣會變差。然後，因為記憶力和判斷力衰退，開始引發許多問題行為。

換句話說，我們無法馬上斷定，高齡者的問題行為是「由失智症造成」或「因為**身體老化而引起**」，抑或是「**兩種原因一起造成**」（若要說得更精細一點，還有「輕度認知障礙」〔mild cognitive impairment, MCI〕這種介於老化和失智症之間的狀態）。

曾有研究針對年輕時就罹患阿茲海默症的人，以及因為年紀增長而患病的人，兩者的症狀進行調查。（1）研究顯示，在「憂鬱傾向」這一點，兩者沒有差別。但是，妄想、幻覺、異常行為等諸多症狀，高齡者發生的機率較高。根據這個研究，我們可以知道，不能用失智症認知功能退化的原因來說明一切。

因此，就算無法治癒失智症，**若能預防、改善身體的老化現象，就可以解決許多問題行為**。

身體老化有許多各種不同的症狀，其中包括視力和聽力衰退等五感症狀，也有因為肌力衰退而造成的腰腿無力。不過，若能採取適當的對應措施，大部分因身體老化造成的影響都可以減輕。

其次是，「很多時候，失智症的病情發展是可以延緩的」。當然，並非所有失智症都可以控制，但確實有些失智症的惡化是可以減緩的。

大家應該都想盡可能減少失智症引發的問題行為吧。除了失智症，本書也列出了老化等所有可能引發問題行為的原因。

知道引發問題行為的原因非常重要。

因為，如果可以預防、改善這些原因，就能減少問題行為。

即使無法預防、改善，了解之後也比較能夠冷靜面對。因為，我們會很清楚地知道「他們做那些事並沒有惡意」，也可以接受「因為那些原因，所以會出現這些症狀也是沒辦法的」。若能保持冷靜，不僅可以積極思考是否還有其他的事可做，也能減少心中的焦慮不安。

而且，知道原因之後，照顧者以外的人也很容易了解狀況，比較可能提供協助。

我接觸過十萬名以上的高齡者，參考大量國內外論文

我是醫師，也是醫學博士，所以具備醫學知識。此外，我也長期在醫療現場工

作，看過許多罹患失智症等疾病的患者。

目前我是一名眼科醫師，或許有人會疑惑「眼科醫師寫有關失智症的書？」說到失智症，很多人都會聯想到精神科、身心醫學科（Psychosomatic Medicine）、神經外科或是腦外科。當然，這些科別診治失智症患者的機會會愈來愈多。

但我也認為，**就因為我是眼科醫師，有一些重要訊息只有眼科醫師能告訴你**，因此提筆寫了這本書。

眼科會接觸到許多高齡者。在我擔任眼科醫師的十多年間，**接觸過十萬名以上的高齡者**，我想，應該只有眼科會接觸到這麼多高齡者吧。

然而，**就因為眼科的專精領域並不是失智症，所以我們接觸到了從輕度到重症等各種不同程度的失智症患者**。在這些高齡患者中，有人已經罹患失智症，有人即將罹患，也有人只是老化，但沒有失智。換句話說，身為眼科醫師的我所接觸到的高齡**者，不僅數量多，也包含各種不同類型**。

此外，我也是醫學博士，為了撰寫本書，**閱讀了大量國內外醫學論文。也就是說，我運用了許多醫學專門知識**。

這樣說可能有點老王賣瓜，但事實上，不管是我具備的醫學專門知識，還是接觸過的包含失智症患者在內的高齡者，在種類和數量上都非常驚人。

不從大腦，從眼睛和耳朵進行保健，也可以預防失智症！

實際上，眼科和失智症密切相關。因為，如果視力不好，就容易罹患失智症；反之，失智症有時也會讓視力更加惡化。確實有些人就因視力很好，延緩了失智症病情的發展。

有位男性，有不認得家人的症狀，也不看電視，一整天都在發呆。家人以為他得了失智症，開始協助他上廁所和更衣。某天，他因為眼睛看不清楚而到眼科就診，結果發現自己得了白內障。

動過白內障手術後，從隔天開始，他就可以像往常一樣地走路，無論是用餐或更衣，都可以一個人進行。順帶一提，他的耳朵一直都聽得非常清楚，就只因為看不見，才老是在發呆。

除了眼睛（視覺）以外，耳朵（聽覺）和鼻子（嗅覺）也和失智症有關。一提到預防失智症，大家總是會想到「大腦訓練」，事實上，若能抑制眼睛和耳朵的老化，**也可預防失智症或延緩病情的發展**。

而且，只要對眼睛施以適當治療、改善視力，光是觀看電視和風景，也可以對大腦帶來刺激，就算不特別透過智力測驗來訓練大腦，也能預防失智症的發生。

失智症確實是由大腦引起，但正如前面所說，很多時候也和耳朵及眼睛有關聯，但大家卻只將注意力放在大腦上。

因此，就算是大量閱讀失智症專書或一般書籍，也找不到從眼睛或耳朵等身體老化的角度來分析討論的內容。

這本書是針對出現問題行為的人、他們的家人，和所有相關人士

本書以老化為核心，盡可能介紹過去失智症書籍沒有提到的內容。當然，也會深入探討其他失智症書籍所提到的大腦問題。

此外，一如前面所說，為了分析是不是因為失智症「引發」問題行為，本書除了大腦，也會針對身體的老化進行檢測，藉由徹底研究失智症和老化等所有原因，思考

如何減少問題行為。

這些方法包括「家人等身邊的人應該採取的正確行動」、「出現問題行為者該做的事」，以及「身邊的人容易犯的錯誤」。

依照這個邏輯，我寫了這本說明如何面對各種失智症狀的《失智行為說明書》。本書以最簡明易懂的方式來說明專業知識，讓每個人都可以輕鬆理解，請放心閱讀。

本書是為了以下三種人而寫：

（1）有家人因為失智症出現問題行為（包含沒有罹患失智症，只是身體有老化現象），或是即將出現問題行為。

也就是對有家人已經出現問題行為，或是，在不久的將來，家人可能會出現問題行為的人。

對應重點是要盡量讓出現問題行為（或是在不久的將來即將出現問題行為）的人自己解決。不過，若過於放任當事人，可能會引發火災或交通事故，對家人以外的人造成困擾。

因此，我將告訴大家不對周遭人造成困擾，並且盡可能讓當事人過著一般日常生活的方法。

〔2〕不想出現因為失智症而引發的問題行為，想維持目前生活的人（包含已罹患輕度失智症者）。

因此，我將介紹避免罹患失智症的有效方法，以及延緩引發問題行為的失智症和老化的方法。

罹患失智症後，為了不對家人等身邊的人造成困擾，我將介紹該如何進行購物、飲食、睡眠等日常生活。當然，不是支付昂貴的費用入住安養院，而是可以靠自己力量做到的方法。

〔3〕與失智症有問題行為者有關的業界人士（應該是照護或醫療界代表，但因為也包含服務業和高齡者專用商品的開發業者等，結果變成社會上的多數人）

說到與出現問題行為的高齡者有關的工作，大部分只會想到照護和醫療，但事實並非如此。出現問題行為的人會像平常人一樣過生活，他們會去超市或家電量販店，也會搭乘公車、捷運或計程車。

如果不了解出現問題行為的人，不僅會被抱怨，也可能被捲入事故當中。現在，日本有些大型超市已經開始積極舉辦如何與失智客人應對的講習會。

若本書可以助上述諸位一臂之力，身為作者的我將備感榮幸。

那麼，首先就讓我們來看看最讓人感到困擾的五種問題行為。

平松類

*在本書中，「因失智症而出現的問題行為」，指的是出現在高齡者身上的問題行為。也因此，本書中指的失智者皆為高齡者。

目次

Column
失智症和五感、運動功能的關聯性　106

失智症經常出現的惱人行為　之九

對服裝儀容毫不在意

——六成以上的高齡者都希望可以好好打扮！但是，有許多理由讓他們無法做到

第三章　可能演變成牽連多人悲慘事件的高危險問題行為

失智症經常出現的惱人行為　之十三　245

引發火災

——特別是火災，除了失智症之外，還有許多其他原因

第一章

特別讓人困擾的失智症五大問題行為

失智症經常出現的惱人行為　之一

易怒／使用暴力／性騷擾

——除了失智症的影響，重聽、記憶力衰退、憂鬱、妄想、幻覺、便祕等多種原因，都會造成這些行為

A小姐長期照顧自己的公公。患有失智症的公公記憶力很差，再加上原本就不好相處，所以A小姐一直都感到非常困擾。

這是發生在某天晚餐時的事。

A小姐：「您吃飽了嗎？」

公公：「嗯。」

說完，公公便開始看電視。最近，公公吃得很少，不知道是不喜歡料理的口味，

還是單純因為沒有食欲。

A小姐：「那我要把碗筷收掉囉。」

公公：「混帳，妳要幹什麼！」

說完，就跑來打A小姐。

這麼辛苦的花時間照顧，卻突然挨揍，A小姐受到非常大的驚嚇。丈夫回家後，她跟丈夫說：「你爸今天又打我了，你倒是說句話啊！」

丈夫：「他偶爾會心情不好，這也是沒辦法的事。」

丈夫今天一樣只用「這也是沒辦法的事」來敷衍帶過，根本不打算想辦法解決。

因為罹患失智症，誤以為自己被對方欺負

上了年紀之後，會變得比以前更加固執或容易生氣，偶爾也會怒吼：「你要幹什麼！」之類的。結果，讓家人也忍不住回說：「你不要發火！」

比方說，想帶他去上廁所，對方卻怒斥：「你要幹什麼，混帳！」所以，家人也一樣用強硬的語氣回說：「去上廁所。走吧！」

但是，如果企圖壓制對方的情緒，也可能會讓他變得更生氣，最後甚至出現暴力行為。

因為罹患失智症可能會無法理解眼前發生的事情，會誤以為「自己被欺負」或「別人對自己懷有惡意」，因而感到生氣。甚至，還會因為難以控制自己的情緒，讓情況變得無法收拾。

如果罹患失智症，就算用完餐，甚至肚子已經很脹、再也吃不下，當事人還是有可能以為自己還在用餐，結果誤以為在他還在吃飯時別人就要來收拾碗筷，因此怒吼：「為什麼擅自把我的飯菜收掉！」

這種情況下，或許大家會覺得「只是把飯菜收掉而已，幹麼這麼生氣？」但是，因認知功能衰退而無法控制自己的情感時，**即使是芝麻大的小事也會讓當事人提高攻擊性**，（1）原本攻擊性就高的人很容易會因此出現暴力行為。不過，即使是溫和的人有時也會使用暴力，這個時候，家人受到的驚嚇就會更大了。

在我工作的眼科，有時也會有易怒的失智症患者來就診。

患者會很生氣地說：「我不要點眼藥！」護理師聽了就會很著急，說：「失明就糟了，還是要點眼藥啊。」但患者還是不為所動。仔細詢問他們之後才知道，原來他們不記得自己生了什麼病。

如果向患者說明，有些時候他們可以理解並配合治療，但有時會依然故我。特別是生氣的時候，就算要說明也完全不被理睬。不過，我曾經有幾次嘗試在診療時和他們溝通，雖然無法說服所有人，但多數患者都會說：「這樣嗎？那就點吧。」跟他們說話時，必須擺脫焦躁的情緒。

此外，也可能因為耳朵不好，根本沒聽到別人在跟他說話

也就是，會變得容易生氣，可能是失智症以外的原因所造成的。

首先，是耳朵聽不清楚。比方說，照顧者說「吃飯吧」，一邊把食物送到當事人嘴邊。但因為高齡者聽不到，對他而言，感覺就像對方什麼都沒說就突然把東西塞入自己的嘴巴。所以，高齡者才會很生氣的說：「你要幹什麼！」

或者，照顧者一邊說「來洗澡吧」，一邊把高齡者的衣服脫掉，因為高齡者聽不到，只會覺得對方什麼都沒講就突然把自己的衣服脫了，所以才會抵抗。

因此，如果身邊的人知道高齡者聽不到，**就可以減少「不知道他為什麼生氣」的情況。**

該怎麼做才好呢？**通常降低音調，用低音面對面跟高齡者說話，對方都可以聽得到。**因為高齡者不容易聽到高音，但低音對他們來說就比較容易聽到。

此外，**高齡者也可能是因為耳朵聽不清楚，聽不到自己發出的聲音，所以會提高音量說話。**

這種情況下，就應該先去耳鼻喉科檢查。如果當事人很遺憾的有重聽，**可以裝上助聽器。**

不過，容易生氣的人可能會馬上就把助聽器拔下來。（2）因為他們無法立刻學會使用助聽器，必須經過多次調整，才能慢慢習慣。所以，必須讓他們理解「要能聽得到，必須有耐心地學會使用助聽器」，或是在失智症惡化之前，先調整好助聽器。

認定照顧者是壞人，拒絕接受照護

記憶力衰退也和容易發怒有關。記憶力會因為失智症而衰退，也容易隨著年齡的增長變差。

短期記憶比長期記憶更容易忘記。以剛剛的例子來說，當事人馬上就會忘記有人曾經跟他說「來洗澡吧」，因此，在衣服快被脫掉時，會覺得照顧者是「會突然把別人衣服脫掉的壞人」，因而怒斥對方「你要幹什麼？混帳！」。

而且，**上了年紀之後，憤怒的情緒也比較容易持續**，所以，「我好像因為某個原因在生這個照顧者的氣」，這樣的記憶或仇恨會牢記在心。最後，便會拒絕接受那位照顧者的照護。很快的，讓他抱持這種恨意的照顧者愈來愈多，有時甚至會演變成完全無法接受照護。

那麼，有多少人帶有會出現暴力行為的攻擊性呢？據說是六．九％。特別是**有憂鬱傾向之後，會上升到一般的三．三倍**。（3）

有憂鬱傾向卻有攻擊性？或許大家會覺得不可思議。事實上，就是因為有憂鬱傾向，所以只要有一點小事就會誤以為自己被否定，進而過度反應。

此外，容易出現妄想的人的易怒程度是一般的兩倍，有幻覺的人的易怒程度是一・四倍。

便祕的人的易怒程度是一・三倍。乍看之下，便祕似乎與易怒沒有關聯，但事實上，出現便祕症狀後，容易感到焦躁，所以攻擊性也會變高。

首先，可以等他平靜下來。若無法平靜，可以「採取緊急安置措施」或「強制住院治療」

這個時候該怎麼辦呢？首先，可以稍微離他遠一點，保持距離，等他平靜下來。如果因為沐浴時間快到了而催促他「不要說了，去洗澡吧！」，對方反而會不想洗。

不過，如果是試圖自殺，或是拿著刀子亂揮，說要把小孩殺了這種殘害自己、傷害他人的嚴重個案，就不能只是等他恢復冷靜。

有時必須和精神科醫師商量，看是否需要採取「緊急安置措施」，透過住院來處理。

另外一種方法，是讓當事人「強制住院」[1]，就算情況沒有這麼嚴重，還是可以和家人商量決定。和一般住院不同的是，強制住院不需要本人同意。一般來說，住院需要本人同意，但這種方法可以預防嚴重事件發生。照顧者只要事先知道「如果情況真的無法收拾時，還是有方法可以處理」，就大致可以安心，也可以保護全家人的生命安全。

人是一種到死都很好色的動物

與性有關的紛爭永遠不會消失。除了言語暴力，也有實際碰觸臀部或胸部的肢體

1 在台灣，如果失智者的狀況已符合《精神衛生法》「嚴重病人」的定義（病人呈現出與現實脫節之怪異思想及奇特行為，致不能處理自己事務，經專科醫師診斷認定者），且有自傷傷人的危險，就可由兩位精神科專科醫師進行鑑定，並向「審查會」申請許可強制住院。

暴力。

很多人以為，上了年紀之後就不會再有性欲，事實絕非如此。不管是男性還是女性，對性都很感興趣。男性中有二九％，女性有二一％曾經遇過與性有關的糾紛。（4）在我工作的眼科，便有住院的高齡者因為摸護理師的臀部而引發糾紛，也有七十幾歲的女性坦白跟我說她陷入「不倫戀」。

因為多數人都不知道高齡者也有性需求，所以性騷擾事件常會發生在眾人看不見的地方。比方說，妻子在照顧公公時被揉捏胸部，卻一直不敢說。就算鼓起勇氣告訴丈夫，丈夫也只是認為「老人已經沒有性欲了，應該只是個誤會」。因此，**知道高齡者也有性需求這件事非常重要**。

面對失智症患者時，基本原則是「不要否定」、「不要指責」。但是，若牽扯到性或暴力，則每一次都必須加以否定或指責。

因此，即使自己不是失智症患者的家人或照顧者，只要周遭有辛苦照顧失智症患者的人，請給他們支持，因為他們經常被夾在中間，非常辛苦。

隨著自己喜歡的樂曲哼唱，可以壓抑怒氣，也能減緩失智症病情的發展

另一方面，患者本人也可以做一些事，讓自己盡量不要出現暴力行為。觸摸或手部按摩都有讓心情平靜的效果。（5）

音樂療法也非常有效。（6）不過，偶爾在照護機構會看到的一邊播放音樂，一邊玩遊戲的效果未必是最好的。與其讓別人決定樂曲，不如選擇患者本人自己懷念的歌曲，**跟著樂曲哼唱的效果尤其顯著**。去卡拉ＯＫ也不錯，只要在自己家裡一天唱一次就很夠了。心情可以藉此恢復平靜。此外，因為這麼做也能維持認知功能，**可以有效防止失智症病情持續發展**。

播放音樂時，千萬不要戴著耳機、放大音量。把音量降低對耳朵比較不會造成負擔，這對耳朵來說也是一種訓練。

「缺乏耐心」、「暴力」、「性騷擾」的真相

- ▼勉強壓抑怒氣，會變得更生氣，有時還會發展成暴力行為
- ▼因為患了失智症，誤以為「自己被欺負」或「別人對自己懷有惡意」，所以變得容易發怒
- ▼失智症患者不善控制自己的情感
- ▼除了失智症，易怒的原因還包括重聽、記憶力衰退、憂鬱、妄想、幻覺、便祕等多種
- ▼上了年紀之後，生氣的記憶會比較容易殘留
- ▼高齡者也會有性欲

身邊的人容易犯的錯誤

- 勉強壓制當事人的怒氣。

身邊的人應該採取的正確行動

- 如果對方沒有馬上聽自己說話，要心平氣和地慢慢說，不要急躁。
- 在對方發怒時，可以稍微離開、保持距離，等他心情恢復平靜。
- 如果症狀惡化，必須和醫師討論，看是否需要採取緊急安置措施或強制住院治療。
- 了解高齡者也會有性欲。
- 如果有人因為暴力感到困擾，要給予支持。

如何預防自己出現同樣症狀

- 聽喜歡的音樂。

・跟著樂曲哼唱。

・針對造成憤怒原因的症狀進行治療（重聽、記憶力衰退、憂鬱、妄想、幻覺、便祕等）。

・戴助聽器，並理解調整的過程需要時間。

*在「身邊的人應該採取的正確行動」與「如何預防自己出現同樣症狀」的個別細項中，有些項目兩邊會是相同的（以下同）。

失智症經常出現的惱人行為　之二

漏尿／大便失禁

——漏尿的原因不光只是因為失智症。有時，失智症藥物也會導致漏尿……

B小姐的丈夫原本就有一些肢體障礙，但一直到最近，都還可以自己處理日常生活所需。

然而，隨著失智症病情的發展，這些事對他來說愈來愈困難。以小便來說，因為現在很難自己去廁所，所以漏尿的情況不斷出現，已經開始用尿布了。

丈夫：「喂，我尿尿了。」

B小姐：「咦，什麼？你是說尿布嗎？」

丈夫：「就跟你說尿尿了，妳在囉嗦什麼！」

現在丈夫說話的方式比以前更粗魯，經常將自己的情緒發洩在妻子B小姐身上。即使如此，B小姐還是會幫他換尿布，費盡心力照顧丈夫的生活。

但是，有一天……

丈夫：「喂，我拉了一點出來。」

B小姐：「好，那我幫你換（尿布）。嗯!?啊……」

丈夫：「妳啊什麼啊，混帳！」

因為丈夫大便在褲子上，太太不禁叫了一聲，讓丈夫非常生氣。

➡並非穿上尿布就了事……

罹患失智症之後，一定會有大小便的問題，**失智症患者九成都有漏尿的現象。**

因為路易氏體這種異常蛋白大量囤積在大腦後，會導致大腦的神經細胞慢慢減少。平均來說，罹患路易氏體失智症（Dementia with Lewy bodies, DLB）後三．二年，罹患阿茲海默症後六．五年，就會開始出現漏尿現象。（1）

而且，**有些當事人並不會發現自己漏尿。**即使家人已經聞到尿騷味並為此感到困擾，但當事人可能有嗅覺障礙，或是已經很習慣這個味道，所以不容易聞到尿騷味。

這個時候照顧者經常犯的錯誤是，以為「包上尿布就沒事了」，所以不管三七二十一就先包上尿布。可是漏尿真的可以預防，而且包上尿布後，八五．五％都會引發感染。（2）

再者，包上尿布後不舒適的感覺會讓當事人開始到處遊走、因為皮膚發癢而焦躁不安，或是因為自尊心受傷害而拒絕接受照護等，引發許多問題。所以，不能有「無論如何，先包上尿布吧」這種想法。

而且，他們也會只因為在尿布上漏個一、兩次尿，就覺得「已經無法自己上廁所了」。

不管是大便還是排尿，長大之後就再也不曾拉在褲子上的人，**或許可以試試穿上尿布排尿或是大便**。我想應該會覺得無法使力，且無法全部拉乾淨吧。也可能會有一點罪惡感或羞恥心，感覺很不舒服。

我也曾實際進行過嘗試。剛開始，不管是排尿還是大便都沒辦法。要在一段時間後，實在忍不住了，才終於能拉出來。但即使穿著尿布，我還是會擔心「這樣會不會把長褲弄髒？」因此，剛開始時，我是在廁所穿著尿布排尿或大便。尿布有輕薄型和長時間專用的分別，長時間專用的尿布感覺比較刺癢，而且，外出時或有旁人在身邊的時候，也會比較無法直接拉在尿布上。

之所以要提到這個經驗，主要是希望大家可以知道包上尿布後是什麼感覺。這樣才能了解包上尿布的人是什麼心情，進而仔細思考是否要讓人使用尿布。然後，也可以實際感受為什麼包上尿布後，有時反而會讓當事人開始否定自己，變得容易生氣或拒絕照護，使事情更難處理。

將「不知道」變成「知道」，才能徹底解決漏尿問題

為什麼罹患失智症後，就會出現漏尿症狀？原因就在排尿功能障礙。所謂排尿功能障礙，包括以下幾種狀況：「不知道廁所在哪裡」、「不知道廁所的使用方式」、「無法脫下長褲或裙子（不知道如何脫下）」、「不知道自己有尿意」等。它們的共通點是

「不知道」，也就是說「因為不知道，所以漏尿」。

因此，**對應方法就是將「不知道」變成「知道」**。

如果不知道廁所在哪裡，**就讓廁所的所在位置變得容易了解**。比方說，貼上大大寫著「廁所」二字的海報、讓電燈一直開著、讓門一直開著等，可以想出各種方法。

如果不知道廁所的使用方式，可以**利用簡單的圖片或插畫，盡量減少文字量，來說明使用方式，讓當事人理解、回想起來**。如果因為不知道沖水按鈕在哪裡而沒有沖水時，**可以帶著他一起沖水，讓他養成習慣**。

如果不知道如何脫下長褲或裙子，可以換成不用解開鈕釦或拉開拉鍊的款式。長褲可換成運動褲等有鬆緊帶、**可以輕鬆穿脫的款式**。

如果是不知道自己有尿意，有兩種處理方式。（3）

第一種是「排尿自覺刺激行為療法」（prompted voiding，提醒適時解尿），也就是定時確認是否有尿意。**定時詢問當事人「想尿尿嗎？」**之後，有時雖然對方沒有說

「想尿尿」，卻會透過以手觸摸自己的下體來表示。

事實上，有四成的人不知道「玩弄或顯露下體的行為，就是尿意的展現」。（4）光是知道這一點，就可以察覺對方「是不是想上廁所」。若能察覺尿意的訊號，帶他們去廁所，自己排尿的比例就會提高。唯一的問題是，該名患者必須多少能感受到尿意，並且要能夠表現出來。

第二個方法是，「定時排尿引導」。也就是**不管有沒有尿意，每隔二到四個小時就去一次廁所**。去過一次廁所後，就能確定兩個小時內不會漏尿。如果很難「定時」前往，在漏尿較多的時段帶他們去廁所，也是一個有效的方法。

有研究指出，透過這些方法，八〇%以上的人在排尿時都可以不用依賴尿布。

有些失智症藥物會造成漏尿

失智症也與膀胱過動的情況有關聯。若膀胱過動，就會有難以排尿的情況。非失智症的高齡者中，十二·四%的人有膀胱過動問題，罹患阿茲海默症的人約有三〇%至六〇%，罹患巴金森氏症或路易氏體失智症者則約六〇%至九〇%有這個問題。

若膀胱過動，訓練膀胱或骨盆底肌肉就可以有效改善。

所謂訓練膀胱，就是讓膀胱練習儲存尿液。如果不斷讓尿液排出，不儲存尿液，一旦膀胱有一點點尿液，就會覺得「必須馬上尿出來」，所以，必須讓膀胱練習儲存。一開始，即使有尿意，也要忍耐五至十分鐘後再排出，然後慢慢延長時間，目標是延長到三十分鐘。不過，如果膀胱已經感染，就必須避免儲存太多尿液。

骨盆底肌肉訓練主要是鍛鍊位於骨盆中的肌肉，以練習改善排尿控制，練習時要不斷夾緊、放鬆肛門和陰道。首先，採取仰躺姿勢（無法仰躺的人，也可以坐著）。接著，輕輕彎曲膝蓋、放鬆。就好像往腹部方向抬提般，夾緊肛門和陰道約十秒鐘。剛開始做時會比較困難，習慣之後就會變得很簡單。維持夾緊的姿勢三十秒，重複十次。

此外，**失智症藥物有時也會引發漏尿**。失智症藥物多奈哌齊（donepezil），有引發漏尿的副作用，有七%的用藥者會出現漏尿現象。

因此，若是「開始吃藥後，漏尿情況增加」，有可能不是因為「引發漏尿的疾病惡化」，而是「藥物造成」，必須和主治醫師討論。

即使不是失智症，也很容易因為咳嗽或打噴嚏而漏尿

非失智症的高齡者中，女性有十二%，男性有五%有漏尿的問題。也就是說，除了失智症以外，還有其他原因會引發漏尿。建議前往泌尿科接受診察，看看是否有失智症以外的原因。

失智症以外的漏尿原因，包括以下幾項。

首先是因為**腹壓**，也就是對腹部施壓。打噴嚏、咳嗽、抬起重物時，都會產生腹壓。**罹患因腹壓而引發的「應力性尿失禁」**的人，**以女性居多**。若想確認有沒有這個問題，可以用衛生紙貼在尿道口，站著用力咳嗽幾次。如果衛生紙變溼，很可能就是應力性尿失禁。這個情況，進行剛剛介紹的**骨盆底肌肉訓練**，就能有效控制壓力。

此外，如果會突然出現無法抑制的強烈尿意，並進而造成漏尿，這也是有原因的。這和膀胱的肌肉過動，或收縮力變差有關。因為這些原因所引發的尿失禁稱為**「急迫性尿失禁」**。**習慣頻繁上廁所也會提高急迫性尿失禁的發生機率，如果因為失智**

症，對上廁所這件事有強烈堅持，也會引發急迫性尿失禁。若想解決，可以藉由鍛鍊骨盆底肌肉和膀胱來改善。

還有一種漏尿的原因是膀胱累積了大量尿液，結果從尿道中滿了出來。這種情況的尿失禁稱為「滿溢型尿失禁」，會出現想自己排尿卻尿不出來，但尿液會一點一點慢慢漏出的現象，這特別容易在攝護腺肥大的男性身上看到。如果把它解釋成無法控制尿液排出，或許會比較容易了解。男性上了年紀之後，五人中有一人會出現攝護腺肥大的症狀。罹患滿溢型尿失禁時，與其自我護理，更重要的是要接受治療。可以請醫師開立藥方，有需要時，也可以進行導尿，以便自行排尿。此外，這也有可能是因為藥物造成的，必須和主治醫師討論。

睡前兩小時先躺一下，為什麼可以預防漏尿？

除此之外，還有其他解決漏尿的方法。

睡前約兩小時先躺一下，可以預防夜間漏尿、頻尿。

清醒時，因為重力的關係，水分容易囤積在足部，也因此，傍晚時偶爾會有腳浮腫的狀況。但入夜後就寢躺下時，腳尖到頭頂是呈現水平的，腳尖的水分開始流向全身。結果，這些水分變成尿液，很容易就會造成頻尿。

因此，除了避免在睡覺前攝取過多水分，如果能在就寢前先躺一下，讓水分流向全身，夜間就比較不會頻尿。

另外，也可以寫排尿日誌。**連續幾天記錄下「什麼時候攝取了多少水分」、「什麼時候上了廁所」**。如此，就可看出攝取水分的時間和排尿時間的關係。也可以知道什麼時候攝取多少水分，可以降低漏尿的機率。

事實上，有很多高齡者都因為怕尿褲子而很少喝水，若能寫下排尿日誌，就可以恰當地攝取水分了。

攝取的水分過少，會嚴重危害健康。水分不足除了會導致腦梗塞等血管堵塞疾病外，也容易便祕。

入住照護機構的人，有半數都會漏尿

高齡者不只有排尿問題，也有排便問題。一般而言，七%的高齡者有大便失禁的

現象，但入住照護機構之後，有五〇％都會大便失禁。（5）

因失智症而導致大便失禁的原因，包括「不知道廁所在哪裡」、「不知道如何把糞便排出來」、「不知道自己有便意」等，和剛才提到的尿失禁一樣，**都是因為「不知道」**。

一如尿失禁，應對方法之一，就是讓廁所的所在位置變得清楚易懂。不過，很遺憾的，面對大便失禁的問題，定時去廁所或詢問當事人有無便意，並沒有什麼效果。

定時去廁所之所以沒有效，是因為需要去廁所大便的次數，並不像去廁所小便那麼多。

不過，進行剛剛介紹的**骨盆底肌肉的訓練**，可以強化肛門括約肌，完整將大便擠出，請務必嘗試看看。

便祕經常成為大便失禁的原因，若想消除便祕，可以進行骨盆底肌肉鍛鍊。根據調查，若能以「生物回饋」（biofeedback）的方法，一邊確實測量，一邊進行肛門括約肌鍛鍊（將壓力計放在肛門），四三％的人都可以改善大便失禁的狀況。（6）

關於便意，只要確認排便時段或時間點（早餐後等），便可以解決。很多人都會在固定的時段或時間點排便，因為早中晚三餐多半以相同的節奏來進行，所以就算無法掌握便意，也可以因此獲得解決。

針對大便失禁的主要原因——便祕，身邊的人也有責任

一如先前所提，**便祕是大便失禁的主要原因**。若糞便囤積在體內，將來很可能在某個無法預期的時間點排出。所以，如果能解決便祕問題，便極有可能解決大便失禁的問題。讓我們針對便祕深入思考，一起思考大便失禁問題的因應對策。

便祕是**水分攝取不足**造成的。高齡者因為害怕漏尿，所以不願攝取水分，最後，大便在腸內變硬，形成便祕。

但有的時候，高齡者的水分攝取不足是身邊的人造成的。如果用餐時缺乏水分，

就不易進食；但若提供茶或水，打翻時又很麻煩，所以有些時候身邊的人並不會提供茶或果汁。

還有其他原因也會造成便祕，例如運動量減少或食量減少。

上了年紀之後，肌力會開始衰退，不僅外出的機會減少，運動量也會變少。但是，運動非常重要，因為運動可以讓腸道好好蠕動。還有，排便時需要肌力，若要鍛鍊肌力，就需要運動。在眼科，偶爾也會有二十幾歲的病患需要動手術，但因突然住院、缺乏運動，雖然只有二十幾歲，也是會便祕。

此外，運動不足也容易造成失智症惡化。換句話說，**運動對預防便祕與失智症的病情發展都有效果**。不是劇烈運動也無妨，光只走路或動動手腳也可以，只要活動身體就會產生效果。

食量變少也是造成便祕的原因之一，但高齡者的食量本來就會變小。上了年紀之後，味覺便會開始衰退，罹患失智症後，味覺又會變得更加遲鈍，因為用餐的樂趣減少了，食量也跟著變小。路易氏體失智症經常發生的自律神經失調，也會造成食欲不振。

不過，**攝取日式飲食可以促進食欲。**（7）根據一份以二萬三千零九十一人為對象的研究，充分攝取日式飲食者可延緩約二〇%的失智症惡化。

膳食纖維和失智症藥物也可能是大便失禁的元凶

說到便祕，很多人都以為只要攝取膳食纖維就可以解決。事實上，**如果攝取方法錯誤，說不定還會讓便祕變得更嚴重。**膳食纖維有水溶性和非水溶性之分，水溶性膳食纖維會幫我們把糞便變軟，非水溶性膳食纖維則會幫我們將糞便擠壓出來。

一提到膳食纖維，很多人都只攝取蔬菜等含非水溶性纖維的食物。但是，不管再怎麼擠壓，如果質地很硬，糞便也不會向前移動，反而更容易讓膳食纖維囤積，導致便祕。因此，含有豐富水溶性纖維的海藻類也要充分攝取。

便祕時，要特別注意藥物使用的狀況。**失智症藥物有時會讓便祕更加惡化，**因此，如果開始吃藥後便祕的情況變得更加嚴重，就需要和主治醫師討論。

此外，有的時候，只要便祕一次，醫院就會一直開出軟便藥，患者也因而持續服用藥物，不會多加注意該注意的事，但如果瀉藥吃太多，就可能會腹瀉。經常服用瀉藥，會突然大量排便，排便時間點就很難掌握。此外，如果毫不在意地持續服用瀉藥，體內會囤積許多鎂這種瀉藥成分，有可能會造成暈眩，影響意識。所以，請立即確認吃了哪一種瀉藥，又吃了多少。

不過，並非一定要停止服用瀉藥不可，正確服用還是可以改善便祕的。

特別是失智症，照護人員很多時候會忽略病患的排便。但大便失禁是個嚴重的問題，如果症狀不斷持續，最好可以和消化內科的醫師討論。

此外，坐上馬桶時，也要確定是否有平穩坐好。如果坐得太淺，腹部就很難施壓。腹壓必須到達一定程度以上，糞便才能排出。如果膝蓋疼痛無法坐深一點，建議使用馬桶增高器，坐起來會比較舒服。大家可以試著坐淺一點排便看看，應該會發現無法排得很順暢。

圖1　往馬桶的深處坐

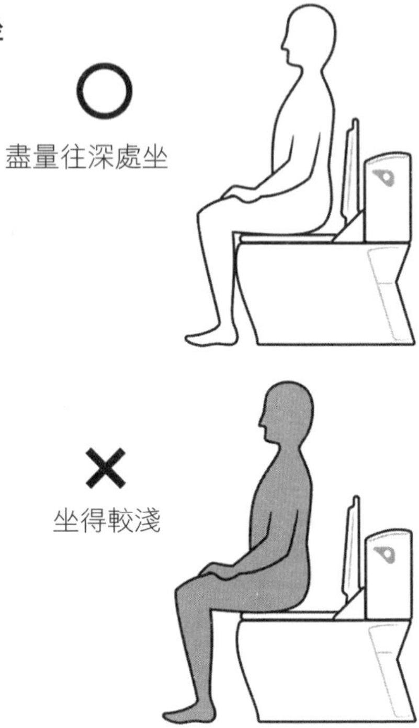

圖2　腹部按摩

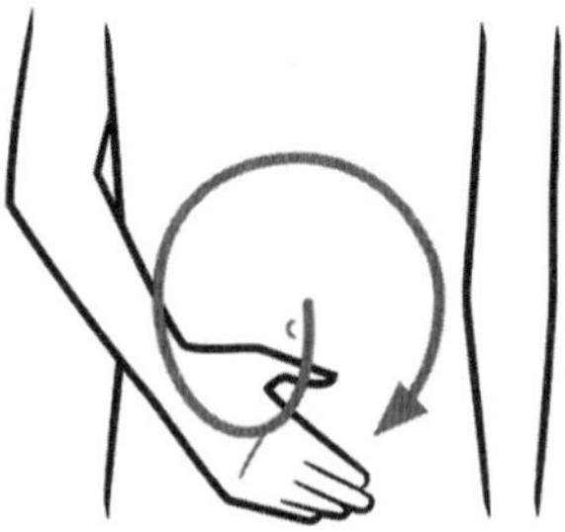

總之，如果可以盡量往後好好坐在馬桶上，排便就會變得更順暢。

腹部按摩也可幫助排便。如果可以像畫出「の」形般在腹部按摩，就可以促進腸道蠕動，消除便祕。

順帶一提，除了大便失禁之外，便祕也會引發徘徊（漫無目的地四處遊走）、沒耐心、暴力、壓力過大、睡眠障礙等，各種經常出現在失智症患者身上的症狀，這在醫學界，便祕也頗為人知。

將大便塗在牆上的老人，並不認為自己塗的是大便

有人說，罹患失智症後，偶爾會出現將大便塗在牆上的行為。沒錯，確實會出現這種行為。有時會在廁所塗，有時會在客廳或寢室，用手指塗抹拉在尿布上的大便。

例如在某家醫院，就有位高齡者每天早上起來就會把大便塗在牆上。除了牆壁之外，其他地方也要一起擦拭、殺菌、除臭……就算範圍很小，也還是有很多事情需要

處理，真的非常麻煩。

但為什麼他們會把大便塗在牆上呢？主要是因為，他們不知道「大便」是「大便」。高齡者可能是因為有東西黏在褲子上，感覺有點怪怪的，所以很想知道那是什麼，才會把手伸進尿布中。結果，看到咖啡色的東西，手也因此弄髒了。因為覺得手弄髒了很麻煩，所以才會把大便擦在牆上，想把手弄乾淨。

大概的過程就是這樣，他們並不覺得大便是什麼髒東西，感覺就像沾到泥巴一樣，所以沒有去洗手，只是把它擦在眼前的牆壁上。而且，他們也不記得「曾經排便」這件事。雖然我們沒辦法因此就認為把大便塗在牆上也無所謂，但知道原因之後，多少就能理解他們的行為。

「大小便失禁」的真相

▼九成的失智症患者都有漏尿的問題

▼可能會因為嗅覺障礙，而沒發現自己漏尿

▼尿布也會造成徘徊、感染和壓力

▼如果不知道廁所的所在位置、廁所的使用方法、脫衣服的方法、尿意、便意等，就容易失禁

▼膀胱過動會引發尿意

▼就算不是失智症，有五%的男性、十二%的女性都會漏尿

▼咳嗽、打噴嚏、抬起重物等，腹部用力時就容易漏尿

▼每五名高齡男性中，就有一人罹患攝護腺肥大，成為漏尿的主因

▼上廁所的次數太過頻繁，會引發漏尿

▼高齡者中有七％、入住照護機構者有大約一半的人，都有大便失禁的問題

▼水分不足會引起大便失禁

▼運動不足、食量過小也是大便失禁的原因

▼膳食纖維可能引發便祕

▼失智症藥物也是尿失禁的原因

▼有時候，瀉藥是尿失禁的元凶

▼會將大便塗在牆上的人，並不知道大便就是大便

● 身邊的人容易犯的錯誤

- 以為「只要穿上尿布，所有問題都解決了」。
- 只要是失智症藥物，都可以治好失禁問題。

身邊的人應該採取的正確行動

- 理解穿尿布者的心情。
- （只是一個建議）穿上尿布，試著在尿布上大便或小便，並牢牢記住當時的感覺。
- 讓廁所的所在位置變得容易理解。為此，可以在廁所前貼上寫了「廁所」二字的海報、讓廁所的門一直開著、讓廁所的電燈一直開著。
- 定時向當事人確認「想不想去上廁所？」。
- 不管是否有尿意，每隔二至四小時就帶他去上一次廁所。
- 調查排便的時段和時間點。

如何預防自己出現同樣症狀

- 穿著鬆緊帶式等容易脫下的長褲或裙子。
- 鍛鍊膀胱和骨盆底肌肉。

- 就寢前約兩小時先躺一下。
- 寫排尿日誌。
- 積極攝取日式飲食。
- 水溶性與非水溶性膳食纖維都要攝取。
- 上廁所時，要往馬桶深處坐好。
- 進行腹部按摩。

失智症經常出現的惱人行為　之三

徘徊

——便祕或視野狹窄等也會引發徘徊

C小姐的母親近日言行舉止有點怪異，因為有點擔心，帶她去看了醫師，結果被告知是「失智症」。目前還可以正常對話，記憶力的衰退也不是太嚴重，算是輕度失智。

父親已經離世，母親一個人偶爾會感到不安，因此C小姐決定和母親同住。但因丈夫必須工作，無法搬家，所以他們將母親接到C小姐和丈夫的家一起住。最初母親的心情有點緊張，手腳顯得有些笨拙，但慢慢習慣之後，便很享受和女兒一起住的感覺。

星期天，丈夫去加班，孩子也去參加社團活動，家裡就只有C小姐和母親。吃完午餐後，C小姐打算早一點出門買晚餐食材，因此在下午兩點出門，三點左右回到家裡。但是，理應在家的母親不見人影，C小姐很著急的在家中尋找。

C小姐喊著：「媽，妳在哪裡？」

但沒有聽到回答。C小姐心想，會不會是去常去的河邊散步了？她心中有股不祥的預感，姑且還是先去河邊尋找。但是，母親並不在平常散步的路線上，在四周找了一陣，還是沒發現。C小姐猜想，母親可能回家去了，但母親並不在家。打了手機，結果母親的手機放在家裡。C小姐著急地打電話給丈夫。

C小姐：「媽媽不見了，怎麼辦……？」

丈夫說：「什麼怎麼辦，今天不是妳在照顧她嗎？」

丈夫的語氣雖然很差，但還是建議C小姐報警，請他們進行地區廣播。

幸好，鄰居發現媽媽坐在附近的路邊，沒有發生什麼重大意外。

即使罹患失智症，也很少有人會沒有目的地來回行走

大家有看過徘徊的高齡者嗎？平常散步時應該很少看到吧，但在日本因徘徊而失蹤的人卻有多達一萬人，（1）阿茲海默症患者十人中有六人會出現徘徊現象。（2）

我們之所以平常很少看到這樣的高齡者，是因為雖說是徘徊，但外表看起來跟「一般行走沒什麼兩樣」，所以周圍的人很難發現。

且有時也會因為徘徊、失蹤，而發生性命危險，所以徘徊真的是個嚴重的問題。

為什麼失智症會有徘徊的現象？很多人以為，罹患失智症之後就會莫名想四處走動，但事實並非如此。

失智症患者即使徘徊也依舊是有目的地外出，但因為認知功能衰退、記憶力減弱，所以可能忘記來時的道路，進而迷路，或是因為忘記外出的目的，所以開始四處遊走。

此外，說到徘徊，很多人都認為「只有重度失智症患者才會發生」，但其實並非如此，即使是輕度失智症也會發生徘徊。**失智症的失蹤者中，有兩成是「家人沒有發現罹患了失智症」的輕度患者**。

再者，失智症患者也不一定會有徘徊的症狀。徘徊必須是有**失智的狀況，再加上心理和環境因素才會發生的**。而這些因素因人而異，大概可以分為以下幾種。（3）

首先，是「**期待回家**」。這種現象會以為了同住而搬家，或是入住醫院或照護機構時最為顯著。而且，有時就算現在的家已經住得很習慣了，但也會想回到孩提時代的家。

第二種，是「**勤奮**」。也就是認為「必須去工作」或「得做家事」等等。例如，雖然已經退休，但還是無法改掉工作習慣想去公司，或明明已經沒有在做菜，卻會想到超市去買菜。

第三種，是「**親密**」。有時會因為想和沒有住在一起的家人或朋友碰面而外出，或是深信自己在家裡會造成別人的困擾，所以跑出去。

第四種，是「生理因素」。想去上廁所或刷牙，卻弄錯目的地而直接跑到外面去。

最後，是「無目的」。換言之，就是沒有特別的目的。

就因為有各種不同的因素，如果不知道徘徊的原因而勉強把人帶回家，高齡者就會抵抗。雖然也可以勉強把他們帶回去，但在這種狀況下，當事人會覺得「想回自己的家卻被勉強帶回去」，認為身邊的人在欺負自己，讓症狀或情況更形惡化。

首先，從徘徊的目的開始尋找

更麻煩的是，字典中記載的一般用語「徘徊」指的是「沒有目的地漫步」，但失智症所引發的徘徊幾乎都是「有目的地行走」，只不過，雖然有目的，卻忘記了目的是什麼，或是無法達成的目的（已經住院卻想要回家）。所以，請不要誤以為「因為是徘徊，所以應該沒有目的」，必須用正確的態度來應對。

比方說在眼科，有罹患失智症的住院患者。雖然已經跟對方說明了很多次，因為需要治療，所以必須住院，當下他也了解，但卻馬上又忘了。突然醒來之後，不知道自己身在何處，覺得必須回家，於是開始整理，拿著行李打算回家，然後也真的就這樣離開醫院，讓大家忙著到處找。

家裡的高齡者有時也會出現「只是想去附近的便利商店買杯咖啡，走到一半卻忘記要做什麼」或「走錯路，後來迷路」等情形。旁觀者也分不清他們究竟是「單純只是來買杯咖啡的高齡者」，還是「想來買咖啡，後來卻忘了來做什麼的高齡者」。所以，一般人並不知道自己看見的是「徘徊中的人」。

思考對應方法時，**很重要的一點是，要弄清楚徘徊的人是帶著什麼目的在徘徊。**知道目的，就可以配合那個目的來和當事人對話。比方說，如果有人覺得「必須去工作」，就不能跟他說「沒有工作要做啊」，因為徘徊的人深信有工作。正確的處理方式是，跟他說「要工作啊，真辛苦，讓我陪你一起去吧」，然後先陪他一陣，等對方恢**復平靜後，再對他說「今天就先這樣吧，差不多該回家囉」。**

不過，很多時候並沒有辦法這麼順利，所以必須要有「若能知道徘徊的目的，算是運氣好」這樣的心理準備，因為徘徊的人未必會老實說出他們的理由。**即使是照護機構的專業人士，也有五三・三%的人會以錯誤的方式應對。**（4）

比方說，詢問徘徊中的高齡者「你要去哪裡？」，但高齡者卻回答「今天好熱啊」。這個時候我們很難判斷，這個回答的意思是因為想要涼快一點，所以打算到外面去，還是只是在打招呼，他其實是想去以前上班的地方。

如果以錯誤的方式應對，有時會讓高齡者更加亢奮，真的是一件非常困難的事。

為了減少徘徊的行為，在出入口的地板使用格紋讓患者誤以為有段差，也是一種方法。（5）

徘徊也可能是便祕和視野問題所引起

如果只是因為身體的症狀引發徘徊，只要改善症狀就可以減少徘徊現象。

便祕也會引起徘徊，高齡者會因為便祕造成的不舒服而到處走動、尋找廁所，結果就形成徘徊。

如果是這種情況，身邊的人可以事前多加注意，看看高齡者是不是經常便祕。

視野狹窄有時也會引起徘徊。視野廣闊的人，會知道自己要去哪裡、位於何處，如果視野變得狹窄，就比較不容易知道。此外，因為高齡者走路時經常會看向腳邊，所以更容易不知道自己身在何處。

所以，有時也會因為不知道廁所的位置，而搖搖擺擺地跑了出去。因此，必須讓廁所所在的位置容易了解，例如**在廁所附近裝設聚光燈**就是方法之一。只要有光線，就算視野狹窄也很容易就能找到目的地。有些老人會因為怕麻煩而在黑暗中摸黑上廁所，如果可以把去廁所途中的電燈打開，眼睛會看得比較清楚，是種有效的方法。上了年紀之後，在黑暗的地方看東西所需要的光線是年輕人的兩倍，所以，特別是晚上，一定要讓往廁所的路變得非常清楚。

如果覺得裝設聚光燈很麻煩，或者因為是租的房子，沒有辦法在牆壁或天花板裝設電燈，**讓廁所的燈一直開著，同時把門打開**，也是個簡單的方法。

也可以將**寫了大大地「廁所」二字的海報**貼在廁所門上，或是從廁所附近的天花板垂吊下來。關鍵是要在白紙上寫上大大的字。家具賣場也有販售在木板等咖啡底色上用白色寫著「廁所」二字的板子，這樣的配色雖然看起來很漂亮，但若以文字的識別度來說，還是以白底黑字最佳。

如果視力不好，**治療眼睛或調整眼鏡也非常有效**。

此外，也可以訓練視野，讓看到的風景更加寬廣。可以透過窗戶來觀看風景，比方說，看到大樓之後，接著看看周圍的風景，然後再從天空到地面，看看整片風景，以這樣的順序來觀看。

失智症初期的患者，如果能自己進行，就自己進行。有困難時，可以一邊和照顧者對話，一邊進行。「看到什麼了？大樓嗎？是什麼顏色呢？旁邊有什麼東西？」像這樣讓當事人擴大觀看的範圍。

不可能「把他們鎖在房間裡」或「二十四小時監視」

一旦有徘徊的現象，就有可能受傷，最糟糕時甚至還會死亡。聽到這樣的意外和故事，愈是很少陪伴失智者的人，就愈容易以為「只要讓他們無法徘徊就好」或是

「只要二十四小時監視就好」。

但是，如果為了不讓他們徘徊把每一個地方都上鎖，又會怎麼樣呢？那感覺就像你一早醒來就被關進一個全然陌生的空間，而且每一個出入口都被上了鎖一樣。如何？你應該會試著尋找其他出口，或是把門弄壞吧。即使站在家人的立場，在心理上也會抗拒「整天都把他們關起來」吧。

就算不上鎖，事實上也無法進行二十四小時監視。或許有人認為「只要利用器材或工具就可以了」。就像在醫院使用的監測墊，在患者晚上離開床鋪跑到外面去時，就會發出聲響。但是，高齡者有時會在無意識的狀況下，讓身體離開監測墊、挪到床鋪外。明明沒事，但因為身體離開監測墊，所以警報器發出聲音，這可能會讓身邊的人陷入「狼來了」的心情，以為這次也只是不小心挪開身體，進而失去警覺。

如果無法像醫院一樣輪班，每次警報器發出聲響就得前去確認。而且不只晚上，白天也會出現徘徊，換句話說，**就是二十四小時都無法離開**。但身邊的人也必須去購買食材、煮飯、洗澡、上廁所，以現實來說，執行起來非常困難。

還有一個簡單的方法是，為了不讓當事人徘徊，不要讓他們離開椅子。這乍看之下是個好方法，但坐在椅子上對高齡者來說並不是一個自然的狀態，他們有時會顯得坐立難安。根據研究指出，如果強迫他們坐下，他們經常會再度起身。（6）因為對某些高齡者而言，站立比坐著輕鬆，就算強制要求他們坐下，他們多半也還是會比較想站著。

所以，勉強讓他們坐著並不是一個正確的做法。

還有一個方法是，在家裡的出入口安裝監測器，透過鈴聲或警報器的聲響，告知身邊的人高齡者已經外出。這對及早發現當事人出現徘徊行為時非常有用。

但是，這個方法也有它的問題。因為家人未必能夠一直在家，一旦警報器發出聲響家人卻不在時，就會非常麻煩。

預防徘徊這種高再發性症狀的方法就是運動，其中以散步最為有效，因為會徘徊的高齡者通常運動都不足。特別是入住照護機構之後，運動量會變少。**為了彌補運動量的不足，高齡者會想要去哪裡走走**。如果能和當事人一起散步，就可預防徘徊。

此外，與單純的散步相比，透過同時進行兩種任務（dual-task），可以進一步鍛鍊認知功能。比方說，一邊走路一邊散步，或是一邊唱歌一邊散步等。

為了預防將來出現徘徊行為，很重要的是養成散步，或是在家中運動的習慣，愈早開始效果愈好。

讓他戴著GPS，失蹤時可在半徑五百公尺內搜尋

但即使想盡辦法避免徘徊的症狀，也不可能保證百分之百不發生。因此，最好可以先學會「及早發現徘徊」，與「盡量不造成死亡」的方法。

能及早發現的方法之一，就是使用GPS。許多行動電話都有內建GPS，可以鎖定配戴者的位置。這方法雖然好用，但必須隨身帶著內建GPS的機器，如果沒有隨身攜帶行動電話的習慣，可能就不適用。如果是這種情況，**就可以在鞋裡裝上GPS**。

另一種可以更及早發現的方法是，「**在家中與半徑五百公尺內徹底搜尋**」。說到徘徊，我們偶爾會看到高齡者搭電車前往其他縣市的新聞或事件，但這樣的例子非常少

見。即使是致死意外，**十一人中有八人都是在半徑五百公尺內被發現的**。（7）換句話說，幾乎所有個案都是在住家附近找到的。

如果尋找三十分鐘後還是找不到，就要馬上報警。或許有人會覺得，不管找多久，都要「盡可能自己尋找，不要麻煩別人」。但是，有很多個案就是因延緩通報，而導致死亡的意外。所以，如果覺得會造成別人困擾，那麼找到人之後，再好好道歉就可以了。

為了「避免致死意外發生」，及早發現、及早對應就很重要。**一旦失蹤，有三成的人都會死亡**，死亡意外絕不罕見。

而且，為求救命，必須盡可能在隔天，最晚也要在後天把人找到。**事實上，能存活的人當中，有七成是在隔天找到，剩下的兩成後天就會發現**。（8）若再更晚找到，發現時還存活的機率就會大幅下降。

因為失蹤而導致死亡的原因中，以溺死和凍死居多。尤其凍死是因為找尋花費太長時間造成的，所以最好是能及早發現。因此，為了讓當事人即使以平日的穿著出門也能保持溫暖，平常在家裡時，最好可以「穿著較暖的服裝」，而不是「穿少一點，再把房間弄暖」。

徘徊ＳＯＳ、在所有物上寫上姓名都是預防方法！

為了及早發現徘徊的高齡者，常和附近鄰居碰面也很有效。一旦罹患失智症，不管是高齡者本人或他身邊的人，可能都不太想和鄰居碰面。但是，如果是曾經見過的人出現徘徊行為，鄰居是可以幫上忙的。因此，只要不造成太大負擔，建議大家在路上碰到鄰居時，可以盡量打聲招呼。

此外，還可以仰賴徘徊ＳＯＳ網絡[2]。可以先調查自己居住的縣市鄉鎮是否有建立徘徊ＳＯＳ網絡，若有，可以先登錄。登錄姓名、年齡、地址、身體特徵、照片等當事人的資料，若因徘徊而失蹤時，資訊馬上就會開始串聯、流傳，可以及早發現。

若能經常拍照，也可馬上鎖定徘徊時所穿的服裝。會每天都穿上不同服飾的高齡

者並不是那麼多，**他們所穿的衣服多半都是相近的款式**，如果可以經常幫他們拍照，很容易就可以知道失蹤當時所穿的衣服。

另外，也可以**在衣服或包包上寫上姓名或地址**。我的父親沒有罹患失智症，但是他經常因為喝醉酒而弄丟自己的東西，之前甚至弄丟過西裝外套，但因為有寫上名字，後來還是找到了。如果像這樣「經常喝醉酒」，或許更需要及早進行準備。

如果發現「彷彿是在徘徊」的人，可以嘗試搭訕問他：「你還好嗎？」**若回答得非常模糊，看起來像是在徘徊，請撥打一一〇與警察聯絡**。徘徊SOS網絡未必每一個地方縣市都有，但一一〇確定是全國各地都可以使用的。

如果能夠打造一個一旦有人在徘徊，大家就會提供援助的社區，即使是失智症患者也可以安心生活。有些國家會提供專門讓失智症患者居住的小鎮環境，環境中設有

2在台灣則是可以跟區公所申請「預防走失手鍊」，也可以跟失蹤老人協尋中心申請防走失智慧手環，以降低走失風險。

疑似出現徘徊現象時，四周的人就會提供支援的機制，所以失智者可以在那裡購物或四處漫步，這樣就可以更進一步地預防失智症惡化。

重要的是，大家要記得，不管再怎麼努力都無法百分之百預防徘徊，就算失蹤了，身邊的人也不要過分自責，而是要趕快做該做的事。此外，也必須理解，即使讓失智者入住照護機構，也無法百分之百預防徘徊。當然，如果是因為機構照顧不慎而發生徘徊，的確是不太好，但也請務必了解，不管再怎麼留意，失智者也還是有可能發生徘徊症狀。

「徘徊」的真相

▼四周的人很不容易發現徘徊症狀，因為很難與正常走路加以區別
▼即使是輕度失智也會出現徘徊症狀
▼即使罹患失智症，也不一定會沒有目的地隨意走動，那其實是非常少

見的症狀

▼即使沒有失智症，便祕或視線狹窄也會引發徘徊現象

● 身邊的人容易犯的錯誤

- 想勉強把當事人帶回家。
- 把家裡的門鎖起來。
- 二十四小時監視。
- 把當事人固定在椅子上，不讓他活動。
- 以為在出入口裝設監測器就可以解決所有問題。

● 身邊的人應該採取的正確行動

- 找出徘徊的目的，等當事人情緒穩定後再帶他回家。

- 了解高齡者容易便祕。
- 在廁所附近裝設聚光燈，或是讓廁所的電燈一直開著，並把門打開。
- 在廁所附近，貼上白紙黑字大大寫上「廁所」二字的海報。
- 讓當事人帶著GPS，在鞋子上裝設GPS。
- 失蹤時，以半徑五百公尺內的範圍為尋找重點。
- 若找了三十分鐘還找不到，就要馬上報警。
- 為了預防因失蹤而凍死，平常就要穿溫暖一點。
- 要經常和附近鄰居碰面。
- 在徘徊SOS網絡上登錄。
- 經常為當事人拍照。
- 在衣服或包包等所有物寫上姓名和地址。
- 了解徘徊無法百分之百預防。
- 可以一邊說話、唱歌，一邊和當事人一起散步。

如何預防自己出現同樣症狀

- 治療眼睛並調整眼鏡。
- 進行擴大視野的訓練。
- 散步。

失智症經常出現的惱人行為　之四

睡眠不足／日夜顛倒

——在夜半照料排泄、阻止徘徊，讓家人徹夜無法安眠……

Ｄ小姐的婆婆罹患了失智症。剛開始時只是有點健忘，但情況逐漸惡化，變得很少吃飯，肌力衰退，體力也變得很差。過沒多久，因為她晚上睡得不好，所以白天總是昏昏沉沉的。

就算Ｄ小姐跟婆婆說「媽，白天最好不要睡覺喔」，婆婆還是會睡，然後半夜起來四處遊走，讓人非常困擾。

除此之外，幫婆婆換衣服也變得非常辛苦。

Ｄ小姐：「我們來換衣服吧。」

婆婆：「不要……」不讓人家幫她換衣服。

D小姐：「老公，媽的情況變得很嚴重，必須找照護人員來幫忙了。」

丈夫：「咦，妳會不會想太多了，媽媽還很健康吧。」

丈夫之所以會這麼說，是因為他在家的時候，婆婆都很老實。偶爾丈夫早點下班，或許是因為可以和自己的兒子相處很開心，只有那個時候，婆婆會把D小姐的話聽進去，換衣服時也很配合。丈夫這時就會向D小姐點頭示意要她看看婆婆的反應，D小姐就只能低頭嘆氣。

最近，婆婆半夜每隔一小時就會爬起來到處遊走，所以D小姐根本沒時間睡覺。這麼痛苦的日子要持續到什麼時候……？

因為睡眠不足，所以很想回家、半夜四處徘徊……

罹患失智症後，很容易就會睡眠不足。失智症患者中，有二五%至三五%的人睡眠會出現問題。（1）

「如果只是睡覺時間變少，應該沒什麼大不了吧，而且白天也只是稍微想睡覺而已，高齡者在白天也不用做什麼事，不要緊的。」如果這麼想，可就大錯特錯，因為睡眠不足會引發各種問題。

首先，是**精神不安定**。睡眠不足很容易引發不安、孤獨、焦慮的情緒。只要一出門，就會開始想念家裡或家人，**想馬上回家。就算待在家裡，除了對自己的兒子可以敞開心房，其他時候都無精打采，有時也會拒絕照護**。

最嚴重的問題就屬日夜顛倒。不管是徘徊，還是換尿布，都是半夜時比較麻煩，必須照顧失智者的**家人半夜也不得安眠**。而且，如果還必須去上班，也無法好好完成工作。之所以無法安眠，是因為照顧者不論在精神上還是體力上都不斷被侵蝕著。

此外，失智症患者半夜經常會發出奇怪的聲音，這是因為他們會有不安或幻覺，不是因為想發出怪聲而發怪聲。

因此，即使家人想讓他們睡覺，他們也很難入眠。就算吃了安眠藥，也會馬上爬起來，因為藥效有用的時間多半只有短短兩到四小時。

上了年紀後出現的肌力衰退，是造成睡眠不足和失智症的原因

不過，如果是和失智症無關，是上了年紀造成的睡眠不足，就有方法可以對應。

首先，上了年紀的人較難調節體溫。若體溫調節出現混亂，就很容易早起，大約會提早一至兩小時起床。（2）因為睡眠不足，很多人會睡午覺，很容易就造成日夜顛倒。就寢時使用空調，會讓人睡得比較好。（3）

上了年紀之後，肌力便會衰退，這也是睡眠不足的原因之一。因為肌力衰退後慢慢的就不會再運動，就算做了什麼活動，也很難被刺激，沒有適度的疲勞感，晚上就會睡不著。

上了年紀之後，有些人食量會變小，這會讓肌力更加衰退。

不過，想增加食量，也不是太容易。因為，上了年紀之後，很容易因為將細菌和食物、唾液、胃液等一併吞下、吸入氣管，造成吸入性肺炎，很難積極進食。

此外，有些高齡者會節食，這也會讓肌力衰退。可以節食的高齡者大部分都還算健康，但也不需要變得更瘦。健康意識愈高的人，愈容易犯這種錯誤。為了將來，**最好要攝取足夠的蛋白質，以維持肌肉**。

再者，**為了可以輕鬆進食，必須確實進行口腔保健，也要照顧牙周組織**。

年輕時，或許只會在乎蛀牙，但上了年紀之後，牙齦發炎和牙周病更容易造成問題，若牙床萎縮，牙齒就無法使用。為了預防，除了刷牙，還必須用牙線等工具進入牙齒和牙齦間的縫隙，將殘渣去除。

肌力衰退也會造成認知功能衰退，最好是可以多多鍛鍊肌力。

話雖如此，可能有人會問，若已成為臥床老人該怎麼辦？這種情況還是有方法改善的。不要一直躺著，要讓當事人坐在椅背傾斜的椅子上，然後稍微讓頭抬高，調整成能夠看電視的姿勢。**只要可以看電視，就能減緩認知能力的衰退，效果和走路相去不遠**。（4）

白天一定要維持光亮，即使開燈也沒關係

睡眠與體內生理時鐘密切相關。

我們的體內時鐘，本來是設定成以一天二十五小時為週期。但人們藉由晒早上的太陽，讓一天的週期變成二十四小時。無法晒到充足的陽光時，麥拉寧色素（melanin）或體溫調節系統就會開始混亂，無法將生理時鐘調整成一天二十四小時。

因此，若想改善睡眠不足或日夜顛倒等生活節奏的混亂，**晒太陽是一個有效的方法**。有進行日光浴的失智高齡者一天的平均睡眠時間為四百八十五分鐘，沒有進行日光浴的人為四百三十七．八分鐘。（5）

換句話說，藉由日光浴，可以得到多出近一小時的睡眠時間。若要進行日光浴，建議在上午進行，如果是下午，只要進行的時間能早一點應該也沒太大問題。

但是，如果高齡者長期臥床，外出應該會非常不方便，這時該怎麼辦呢？當然，最好的方法是把窗簾打開，讓太陽晒進房間。但是，也可能會因為天氣不好，或是因

為房間的構造或床鋪位置，不容易晒到太陽。

這種情況下，**可以利用人工光線來進行日光浴，但必須是較明亮的光線**。相較於三千燭光，照射八千燭光的光線可以得到比較好的睡眠，照射三千燭光的日光浴發揮不了什麼作用。（6）

因為上了年紀的人瞳孔會變小，進入眼睛的光線也跟著變少。此外，如果有罹患白內障，進入眼睛的光線又更少了。所以，如果光線不夠強，就不會有很好的效果。**也可以透過治療讓進入眼睛的光線增加**。有人會因為這樣而讓睡眠節奏變好，覺得「睡得很好」。

有些人為了換尿布時方便，即使晚上也讓高齡者睡在很亮的地方，然後說：「我家奶奶晚上都不好好睡覺，讓我們非常困擾」。但是，晚上當然應該要讓光線變暗。

「生活節奏混亂」的真相

▼睡眠不足會引起許多症狀，包括精神不安定、日夜顛倒等

▼若精神不安定，就會想回家，只對極少數的人打開心房。有人甚至會拒絕接受照護

▼因為日夜顛倒，家人半夜也要起來照顧

▼失智症和老化都可能是睡眠不足的原因

▼上了年紀↓食量變小↓肌力衰退↓無法累積適當的疲勞感↓睡眠不足

▼如果是肌力衰退造成的睡眠不足，也可能造成認知功能衰退

▼睡眠與體內生理時鐘密切相關

▼經常做日光浴，即使罹患失智症，睡眠時間也可以延長一小時

身邊的人容易犯的錯誤

- 臥床的年長者只需要協助他用餐和排泄，其他事都可以不用做。

身邊的人應該採取的正確行動

- 即使臥床，也應該讓他看看電視。
- 在白天時晒晒太陽。若有困難，至少要讓房間保持明亮。

如何預防自己出現同樣症狀

- 上了年紀後節食，很容易造成肌力衰退，必須多加斟酌。
- 勤做口腔保健。
- 充分攝取蛋白質。
- 治療眼睛，讓更多的光線進入眼睛。

失智症經常出現的惱人行為　之五

出現「被偷妄想症」等被害妄想

——全心全意提供照顧的家人，更容易成為被懷疑的對象

主婦E小姐最近開始照顧罹患失智症的婆婆。剛開始的時候，E小姐的丈夫還說「會幫忙」，結果卻是什麼也沒做。

話雖如此，因為失智症還不是太嚴重，婆婆可以自己吃飯，也可以和他人交談，目前還沒有太大問題。

正當E小姐覺得「如果只是這樣那倒還好，我擔心的是將來」時，就發生了下面這件事。

婆婆：「妳偷了我的錢包，對吧？」

E小姐：「我沒有偷——」

婆婆：「怎麼可能沒偷，我明明就放在架子上。」

因為婆婆這麼說，所以E小姐就幫著找了一會，卻沒看到錢包。我花這麼多心血照顧她，卻被當成小偷，E小姐心想。

隔天，E小姐大伯的太太剛好到婆婆家。「我錢包不見了，」婆婆指著E小姐說：「是她偷的。」

➡就算眼睛沒問題，只要大腦有狀況，也會看到不存在的東西

被偷妄想症是因失智症而出現的妄想。比方說，如果被對方懷疑：「我明明有錢包，但被偷走了，是你偷的對吧？」身為家人的照顧者一定會感到非常悲傷：「我這麼辛苦照顧你，你卻說我偷了你的錢……完全不信任我」，有時甚至會因此生氣、發怒。

如果高齡者是入住照護機構或醫院，謠言有時會在照護機構或醫院不斷擴散，讓其他家屬也認為「這個人偷了錢包呢」，讓人非常困擾。

原本，照顧者就已承受巨大的壓力，很容易罹患心臟疾病或高血壓，三四％至四四％的人甚至還有憂鬱傾向。（1）沒想到還被懷疑，這真的是非常痛苦。

除了被偷妄想，還有「嫉妒妄想」。比方說，懷疑丈夫或妻子有外遇。

有時，失智症也會引發「幻覺」。這是一種和沒有根據地胡思亂想的「妄想」表面相同、實則不同的現象。所謂「幻覺」，**指的是看見實際上不存在的東西的症狀**，比方說，看到已經去世的父親一起坐在餐桌旁。我雖是眼科醫師，但也有病人是因為看到「住家前面站著不認識的人」而前來求診。

更讓人困擾的是，有人會因為似乎看到「廁所裡有一隻獅子」，所以不敢去上廁所，結果造成漏尿。

因為「看」是眼睛的工作，所以大部分人都認為這些是眼睛發生了問題，但事實並非如此。視神經是將眼睛識別出的影像傳達到大腦，大腦再針對是否看見進行最終判斷，因此，**就算眼睛沒有問題，也會因為大腦出現狀況，發生看見原本沒有的東西**

這種現象。

這個時候，如果對高齡者說「沒有這種東西」，馬上否定，會讓他們感到壓力。不過雖然如此，也不能假裝真的有這東西存在。所以，可以先說一句「這樣啊」，然後試著轉換話題。**如果讓高齡者的心情恢復平靜，幻覺比較容易消失。**

⬇光是對他們說出感謝的話，就可以減少妄想

被偷妄想等妄想症狀，會因為失智症而變得更嚴重，這些是失智症的周邊症狀，**容易因為各種狀況或心理狀態而引起。**

經常發生的心理狀態是，很珍惜的東西或金錢不見了，或是認為配偶外遇等，「失去重要東西」的恐懼。

而且，比起過去，覺得不安的高齡者愈來愈多。有報告指出（2）對將來的生活感到不安的高齡者，從一九九九年的六三・六％，增加到二〇〇九年的七一・九％。

造成不安的其中一個原因，**是與高齡者覺得自己「不再被社會需要」的心情密切相關。**之前在職場上非常活躍、為養育子女而忙碌，每天都過著充實的人生，卻因為

上了年紀而突然停止，讓他們不禁覺得「沒有我也無所謂……」。這種失落感，讓他們不再相信別人。

因此，**透過每天跟他們打招呼，營造良好的氣氛，或是只要他們為你做一點小事，就跟他們說聲「謝謝」，都可以抑制症狀發生。**如果可以請高齡者幫忙做些替植物澆水這種即使做不好也不會造成太大傷害的工作（3），不僅容易持續，也可以增加向他們道謝的機會。除了照顧植物，如編織、木工等，只要是高齡者擅長的工作都可以。

不過，當被偷妄想的症狀很嚴重時，有可能需要投藥，需要跟主治醫師討論。

長期記憶與短期記憶不一致，會產生被害妄想

因失智症引起妄想的機率，以阿茲海默症來說是四二%（4），路易氏體失智症是稍微偏高的六〇%。

失智症引起的妄想有幾種起因，一是因失智症造成大腦受損，另一個代表性的原因則是，因失智症造成的巨大環境改變，為了面對環境的變化，出現了妄想。特別是

容易興奮、攻擊性高，和容易產生幻覺的人，都比較容易產生妄想。

此外，就算罹患失智症，高齡者也並不是所有的記憶都會變差。數秒之前的超短期記憶和幾年前的過去記憶很難消失，但幾個小時前或幾天前等較近期的記憶卻很容易忘記，這和日常生活中「忘記鑰匙放在哪裡」的情況有點類似，但五年前的旅行卻還可以記得。

失智症患者這種傾向非常強烈，這就是造成妄想的原因。比方說，認為錢包被偷的情況就和「留有自己本來有錢包的長期記憶」以及「忘記最近放錢包的位置的短期記憶」這兩件事有關，只要滿足這兩個條件，就會產生被偷妄想。

「嫉妒妄想」又是如何形成的呢？有「自己有妻子」的長期記憶，卻忘記「昨天妻子還和自己在一起」這個短期記憶，因此產生「妻子昨天背著我去哪裡了？」的懷疑，而陷入嫉妒的情緒。

而且，諷刺的是，高齡者身邊的人比較容易成為這些妄想懷疑的對象，**配偶等家**

人很容易就會成為被懷疑的目標。

造成這種現象的其中一個原因是，家人比較容易對高齡者產生情緒。比方說，當高齡者尿在褲子上時，家人會比較容易不耐煩地說「又來了」；（5）雖然沒有惡意，卻用很強烈的語氣對高齡者說出「快點過來」等話語的，也多半是家人。

另一方面，提供照顧者也幾乎都是家人，但照顧通常是不帶情緒地默默進行。

結果，帶有情緒的指責比不容易帶有情緒的照顧，更容易留在高齡者的記憶中，因為人類比較容易記住帶有情緒的行為。「被照顧」的記憶沒有留下來，留下來的只有「被抱怨」的記憶，所以讓高齡者產生了負面的情緒，這就是讓失智者身邊的人更容易被懷疑的原因。

⬇ 當面否認「我沒有偷！」並不正確

這個時候，最容易犯的錯誤就是衝口說出：「我沒有偷錢包，你為什麼這麼說！」當面否認。因為如果被對方正面否認，高齡者更會認為他就是「隱瞞的人」或「不承認的人」。而且，愈是辯解，和失智症患者的距離就愈遙遠，被指責的地方也愈多。

建議大家可以說：「是這樣嗎？錢包不見了嗎？」同時一起幫忙尋找。然後，讓高齡者自己發現錢包，而不是由身邊的照顧者發現。因為如果是身邊的人找到錢包，高齡者就會認為「是你偷了錢包、藏了起來」。

我周圍也曾多次發生到眼科就診的患者入院時「錢包遺失」的事件。因為後來都找到了，所以沒有引起任何糾紛。這些人的失智症都還不算嚴重，之所以會發生這種狀況，有可能是因為住院時產生的壓力，但最主要的原因還是，他們把錢包放在「跟平常不一樣的地方」。

放置場所的記憶一不小心就會忘記，我自己偶爾也會忘記鑰匙放在哪裡，而在家中不斷尋找。若能養成習慣，把東西放在相同的地方，就可以避免這一類問題。

可能的話，最好可以在失智症惡化之前，**每次都把錢包等貴重物品放在相同的地方。這麼一來，放置場所就會形成長期記憶**，很容易就會發現。

此外，**我建議最好可以一併有視線的接觸**（6）。比方說，如果錢包很容易變成被偷妄想的對象，就要把錢包放進抽屜等固定的位置。默默放進抽屜是最沒有效果的，但是即使一邊說「放進抽屜裡喔」，一邊放進去，高齡者也很難記住。最好是可以看著高齡者的眼睛，一起把錢包放進抽屜，透過視線接觸，會比較容易留在記憶裡。

另外，還有一個可能比較麻煩的方法，就是把幾個錢包先放好。這樣就算錢包不見了，因為其他地方還有錢包，很容易就可以找到。如果能讓錢包很容易被找到，就可以減少因為被偷妄想而被懷疑的機會。不過，這麼一來就會有很多錢包，記得不要在錢包裡放太多錢。

最重要的是，**身邊的人要事先知道當事人會出現被害妄想的症狀**。這樣如果出現被偷妄想時，**就可以冷靜判斷**：「啊，這是因為被害妄想才出現的現象。」知道這件事之後再參與照顧，多少都可以減輕照顧的負擔。

反之，如果不知道這是因為妄想而出現的症狀，很容易就會認為：「我一直在照顧你，卻被你懷疑」，因此而非常傷心。此外，當住在照護機構或醫院等的高齡者出現被偷妄想時，可能也會懷疑「那裡好像有人會擅自拿取老人家的東西」。

圖3　阿茲海默症的發展過程

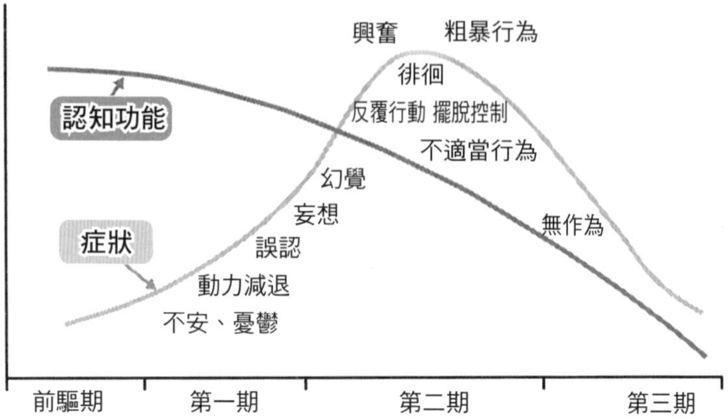

資料來源：西川隆：神經內科 .72(Suppl.6) ・277-283,2010.

開始出現妄想時，上述症狀會變得很明顯，很快妄想會變得更加嚴重，也開始出現徘徊的現象。（8）逐漸惡化的病情會讓身邊的人開始擔心，「這會持續到什麼時候？」、「會一直這樣繼續下去嗎？」、「會變得更嚴重嗎？」。

平均而言，開始出現徘徊症狀時最辛苦，在那之後，大部分患者的症狀都會趨於安定。

當然，這個時候會更需要照護支援。就因為狀況時時都在改變，希望大家知道，事情並不會「就這樣持續一輩子」。若不了解這一點，身邊的人應該會覺得壓力大得喘不過氣來。

「被害妄想」的真相

- ▼因失智症而引發的被害妄想，包括「被偷妄想」、「嫉妒妄想」
- ▼嫉妒妄想有時會懷疑配偶有外遇
- ▼失智症的症狀中，也包括看到原本不存在的「幻覺」
- ▼就算眼睛沒有問題，也會因為大腦狀況變差而出現幻覺
- ▼被害妄想會因為不安等心理狀態而經常出現
- ▼容易興奮或攻擊性高的人，比較容易產生被害妄想
- ▼被害妄想的主要原因是長期記憶和短期記憶不一致
- ▼接觸機會較多的家人很容易變成「被偷妄想」的懷疑對象
- ▼無法記得不辭辛勞的照顧，但稍嚴厲一點的說話方式卻會被牢牢記住

身邊的人容易犯的錯誤

- 辯稱「我沒有偷」或「我沒有外遇」，採取正面否認的態度。
- 責怪自己「明明就已經這麼辛苦地照顧了，我到底是做錯了什麼？」

身邊的人應該採取的正確行動

- 不要馬上否認被害妄想或幻覺，可以說「這樣啊」，先接受他們的說法。
- 努力讓高齡者恢復平靜。
- 經常和他們打招呼。
- 即使只是一點小事，也要跟他們道謝。
- 請他們做為植物澆水等即使失敗也不會造成傷害的工作，也可以拜託高齡者做他們擅長的事。
- 錢包等貴重物品要擺在固定的地方。
- 做重要的事情時，要有視線接觸。

- 事先知道會出現被害妄想或幻覺等症狀。

如何預防自己出現同樣症狀

- 不要太容易出現興奮、憤怒等激動的情緒。
- 多做容易被感謝的事。
- 多跟別人打招呼。
- 把貴重物品放在固定的地方。

Column

失智症和五感、運動功能的關聯性

失智症是大腦引起的，但如果只在意大腦那就錯了。

比方說，有失智症、眼睛又看不到的人，很難自己走路。但是，只要把眼睛弄好，還是有可能可以自己走路。即使罹患失智症，如果能夠改善身體其他部位的衰退，還是可以提升生活品質。

因此，**罹患失智症後，除了大腦，也要檢查眼睛、鼻子、手、腳等其他部位的狀況**，而最確實的方法是到醫院接受診斷。

另一方面，**也有本來以為是失智症，但事實上只是眼睛和耳朵不好，大腦並沒有問題的情況**。以這層意義來說，確認眼睛和耳朵的狀況就非常重要。

此外，大家要知道，**視覺和聽覺的衰退也容易引發失智症**。在一份以二十五萬零七百五十二人為對象的研究中發現，若視覺、聽覺沒有特別的問題，失智症的罹患率是〇・四一%，若有聽覺障礙，罹患率為〇・六一%，約前者的一・五倍，若有視覺障礙，罹患的機率為〇・八三%，增加為兩倍。再者，若同時有視覺障礙和聽覺障礙，罹患失智症的機率會增加到大約三倍的一・二七%。（1）

因此，最好可以盡早接受眼睛和耳朵診斷，努力恢復視覺和聽覺。

這個專欄將針對視覺、聽覺、觸覺、嗅覺、味覺等五感，與運動功能和失智症的關係進行解說。除了它們彼此之間如何互相影響，也會針對乍看之下以為是失智症造成的，但事實並非如此的症狀進行說明。

首先，讓我們從視覺開始吧。

視覺

與失智症關係最密切的就是視覺。如果看不見，就無法透過眼睛得到訊息，因為透過眼睛進來的訊息量非常多，當龐大的訊息量被隔絕時，認知功能就會大幅衰退，進而引發失智症。

而且，有時我們並不知道眼睛失明是失智症造成的，還是眼睛疾病造成的。因為雖然訊息是透過眼睛進入，但使用這些訊息後會看到什麼東西，最終還是由大腦決定。

因此，即使罹患失智症，還是要前往眼科確認眼睛是否有問題比較好。

此外，一旦罹患失智症，會出現**無法判斷、無法認知的「失認」**（agnosia）**症狀**。不過，光只是眼睛不好，就會造成判斷或認知困難，所以我們也很難判斷這些症狀是由失智症造成的，或是眼睛造成。比方說，罹患失智症後也會無法判斷往哪一條路走才是正確的，不是只有眼睛不好的時候會難以判斷。

失智症有時也會引發「**定向力障礙**」。**定向力障礙指的是無法辨別自己當時身處的場所、時間，以及與身邊人之間關係的狀態**。但是，如果眼睛看不見，當然也無法辨別所在的位置和人物，所以，才會有的時候純粹只是因為眼睛不好而引起。

記憶也是一樣。失智症可能會引起記憶障礙，但若眼睛看不見，也會讓記憶變得困難。例如別人介紹自己說：「我是山田太郎」，如果眼睛不好，就只能靠聲音記下來，所以會變得很難記住。但是，如果眼睛沒有問題，可以看清對方的臉，就可以很容易地記得：「啊，這個留著捲捲頭的就是山田太郎先生」。

失智症也會引起憂鬱。不過，如果眼睛看不見，或是想看到的東西沒辦法看，就會造成壓力，所以也容易引發憂鬱。

失智症有時也會引發「**譫妄**」。**譫妄指的是對外界的刺激反應遲鈍，出現錯覺、妄想、麻痺等症狀的意識障礙**。不過，若眼睛看不見，不知道自己身在何處、發生了什麼事，也很容易陷入混亂狀態。

說到失智症，大家一定會聯想到的應該就是「徘徊」了吧。乍看之下，眼睛不好和徘徊沒有關聯，但事實上，如果因為眼睛看不見，不知道自己身在何處，就可能會開始遊走，前往某個地方。

失智症可能會引起**睡眠障礙**，但這也可能是因為眼睛不好所導致。人類是透過進入眼睛的光來判斷當下是什麼時間，所以，如果看不到光，就會不知道是早上還是晚上，當然會造成睡眠的混亂。

此外，因為眼睛看不見，無法自己用餐，也是造成睡眠障礙的原因之一。因為必須借助他人的幫忙，所以不見得每次都能順利用餐。當用餐這件事變得不是那麼開心時，食量就會減少，心情也會變差，對食物的記憶也會變得很模糊。換句話說，因為眼睛看不見而造成的用餐困難，會破壞生活節奏，結果，就導致睡眠障礙。

所以，就如同前面所說，眼睛是非常重要的器官。但事實上，很多失智症患者都不上眼科，不管是本人或家人都未曾懷疑過「大部分問題發生的原因都和眼睛有關」。

根據英國的研究，我們知道有三二・五%的失智症患者視力在〇・五以下。換句話說，有三成的患者眼睛不好。（2）

但是，就算眼睛不好，原因也不都只是因為失智症。有的時候只是眼鏡不合用，只要加以調整，很多人的視力都可以恢復正常。根據資料顯示，**如果可以讓無法看書的失智症患者配上眼鏡，有三分之二的人都可以閱讀書籍或報紙。**

失智症患者中，有很多人眼鏡不合用，但不管是當事人或身邊的人，都不容易發現。原因可能是他們無法清楚告訴別人眼鏡不適合。順帶一提，罹患失智症後，很容易因為暴力或跌倒而弄壞眼鏡。

總之，請大家務必前往眼科或眼鏡店，仔細確認當事人的眼鏡是否合適。

此外，隨著年紀的增長，很容易就會罹患白內障。八十歲之後，九九％的人都有白內障。**當有白內障的人透過手術重見光明後，有六〇％的人認知功能也會跟著改善。**（3）

特別是失智症還在初期的時候認知功能比較容易改善，一旦狀況惡化，改善就會比較困難。而且即使是動手術，能較早進行，負擔也會比較輕。例如，初期失智症時如果手術過程中還可以保持不動，那麼只要局部麻醉三十分鐘就能完成治療。但是，失智症惡化之後，如果只進行局部麻醉，患者在手術過程中還是會亂動，就必須要全身麻醉才能動手術，會對身體造成負擔。

以我擔任眼科醫師的經驗來說，不管是失智症初期還是陷入重症，只要把眼睛治好，多數人的生活都可以變得更輕鬆。換句話說，不管失智症有多嚴重，都要思考是否該治療眼睛。因失智症而以為無法自行上廁所或用餐的人當中，有許多人在動了眼睛手術之後，都變得可以自理。

有一位八十幾歲的男性，因失智症已經惡化，無法和別人正常對話，所以也無法準確測量他的視力。但是，因為他可以保持靜止不動，所以在局部麻醉的狀況下動了手術。後來，聽那名男性入住的照護機構職員說：「以前一定要有人幫忙才能用餐，但現在已經可以自己吃飯了；之前就算開了電視，他也完全不看，但現在反而很喜歡看電視。」

聽覺

聽覺也和失智症密切相關。**如果有聽覺障礙，就相當於認知功能老了六．八歲。**（4）

所以，**老人很難對話的原因，很多時候是因為重聽，而不是因為失智。**但是，許多人都以為「上了年紀之後，聽力多少會變得比較差」，就置之不理。結果，對話變得愈來愈少，導致溝通不足。若情況持續下去，就可能因為認知功能衰退而罹患失智症。

就算只是輕度失智的患者，也會因為「無法將自己的意見確實傳達給對方」、「不知道對方在講什麼」而變得焦躁不安或悶悶不樂，讓失智症變得更加嚴重。而且他們不只聽不到對方說的話，連自己的聲音都聽不到，**如果放大聲量說，就會被誤以為是在生氣**。因為無法進行對話不能傳達自己的心意，就算想大小便也無法告訴對方，最後，導致漏尿、**大便失禁**。就算自己去找廁所，也會只能一直徘徊。就這樣不斷出現失智症特有的症狀。

此外，失智症也會出現「**失語**」這種無法對話的症狀，但他們的耳朵卻很好。

如果聽不到，記憶這件事就會變得困難。雖然只要眼睛看得到，就可以有某種程度的理解，但是，用眼睛看再加上聽聲音，是最容易記住的。只要聽不到，無論是理解還是判斷，都會變得困難。也因此，**如果耳朵不好，記憶、理解、判斷功能就會衰退，長期持續下去，很容易就會變成失智症**。

因此，在失智之前或失智初期，最好可以到耳鼻喉科確認耳朵是否聽得清楚。

如果聽不清楚，可以使用助聽器來加強聽力，但很多人覺得「戴助聽器不好看」，所以不願使用。的確，舊型的助聽器體積很大、非常顯眼，**但現在的助聽器都做得很精巧**，「戴上之後，乍看之下並看不出來」。

我在動眼科手術時，會讓患者躺下，幫他們把眼睛洗乾淨。這個姿勢容易讓耳朵進水，所以我會請他們把助聽器拿下。現在的助聽器體積都很小，不容易發現，如果不仔細觀察，很容易就沒注意到。

而且，即使聽力變差，照護人員或家人也不能放棄。上了年紀之後，低音會比高音聽得清楚，尤其是年輕女性的聲音，會較難傳入高齡者的耳朵。換句話說，**女性的聲音比男性更不容易聽見**。

因此，**如果可以透過穩定的語調，以較低的聲調慢慢說，溝通就會變得比較順暢。如果調整之後還是很難溝通，也可以使用筆談**。用筆談，或許家人會覺得很麻煩，不太願意採用。但其實不用每次都筆談，只要在討論見面的時間、地點這種弄錯了比較麻煩的事情時，再筆談即可。

觸覺

所謂觸覺，指的是觸摸東西時產生的感覺，它與失智症的關係比較不那麼明顯。

不過，許多人很容易把因觸覺而引發的問題行為歸因在失智症上。比方說，當手上握著的杯子掉在地上破掉時，大家通常會認為是「失智症惡化的關係」，事實上，那也可能是因為觸摸杯子的手指觸覺變遲鈍了，或是拿著杯子的手指肌力衰退，所以才讓杯子掉在地上。

所以，如果拿東西時東西會掉下去，該怎麼辦？解決的方式**可以選用容易握的東西，或是觸感比較清楚的東西**。例如馬克杯，暢銷的陶瓷杯握柄常常很滑溜，拿在手上不太容易有感覺，而且因為會滑，也需要握力。如果能在握柄上裝上防滑墊，就很容易感受到「手上拿著東西」，也比較不容易滑落。如果還是很怕杯子會掉在地上，**也可以選擇不容易打破的塑膠製品**。

此外，和觸覺有關的對溫度的感覺，會隨著年紀的增長而變得遲鈍，有可能會因為無法感受到冷熱而生病。

因此，**房間的溫度和穿的衣服必須小心注意。**很容易在寒冷的季節發病的肺炎，目前高居死因的第三位，必須多加注意。

嗅覺

嗅覺也和失智症有關。從失智症初期，嗅覺就會開始衰退。（5）相較於視覺和聽覺，嗅覺的衰退比較不是那麼明顯，但嗅覺衰退就很難發現火災，因此必須隨時多加注意。或許有人聽說過「香氛可以幫助預防失智症」，同理，**從嗅覺開始預防失智症也是一種辦法。只要使用精油、享受香氣，或是在平常用餐時，嗅聞剛煮好的料理就可以了。**

味覺

味覺和嗅覺相關，因此，味覺也會因為罹患失智症而衰退。（6）不過，我們並不知道原因是什麼。

相反地，味覺衰退也會引發失智症的症狀。味覺衰退後，吃東西就不再有樂趣，以致無法攝取足夠的飲食，也容易便祕，而這便祕正是失智症各種症狀的原因。例如，尋找廁所、因為便祕而焦躁不安的「徘徊」、突然想大便造成的「大便失禁」。

此外，如果鹽分不夠多，味覺就會遲鈍，會導致偏食、營養不均衡等情況，這些當然也會對大腦造成影響。

對身邊的人來說，這也會讓人覺得「我辛辛苦苦做的料理，完全都不吃……」，對照顧者形成巨大壓力。

運動功能

運動功能衰退會明顯加速失智症的惡化。

「失用症」是一種無法行動的症狀，被認為是失智症所導致，但運動功能障礙有時也會導致類似失用的症狀。因此，有時候我們無法判斷失用是因為失智症，還是運動功能障礙，或者由兩者一起造成的。

例如，想在廁所小便卻做不到，有時候原因在於有運動功能障礙，所以無法順利脫下長褲或內褲。

睡眠障礙也是失智症會引起的症狀，但如果運動功能衰退，運動量減少，不太容易疲倦，有時也會睡不著。

失智症也容易引起**便祕和大便失禁**，不過，運動功能衰退導致的運動不足，也會讓小腸無法充分運動，造成便祕或大便失禁。

第二章

對本人完全沒有好處的問題行為

失智症經常出現的惱人行為　之六

把家裡弄得到處都是垃圾

——眼睛或耳朵變差，家裡就可能搞得全是垃圾，不全與失智症有關

F小姐的母親很珍惜舊東西。節儉雖然是一種美德，然而，隨著年齡的增長，慢慢的，她連不需要的東西也會收起來。空醬油瓶、空罐、過期的麻糬，即使連保存期限很長的罐頭也都放到過期。

F小姐：「媽，很多東西可以丟掉了吧？麻糬都過期了。」

媽媽：「沒關係，又沒有發霉。」

F小姐：「是沒有發霉，但吃壞肚子很麻煩吧，而且妳留那麼多瓶子做什麼，應該不會再用了吧？」

媽媽：「說不定以後會用到喔。」

就這樣，家裡的東西愈來愈多。慢慢的，連垃圾都不拿出去丟了，屋子愈來愈亂。但是，不管F小姐說什麼，媽媽都聽不下去。

半年後，F小姐又去了媽媽家。

F小姐：「媽，怎麼有一股酸酸的味道，那是什麼？」

媽媽：「咦，哪有什麼味道。」

F小姐：「啊，牛奶已經壞了，而且跑出奇怪的水……」

不覺得垃圾是垃圾

罹患失智症之後，有些人會捨不得把東西丟掉，愈積愈多，把明顯是「垃圾」的東西留在身邊。

即使如此，如果勸他們把東西丟掉，或是擅自拿去丟掉，事情只會愈來愈嚴重。**因為這樣會讓失智症患者變得更固執，把更多廢棄物堆在家裡。**

如果這種問題只發生在自己家裡，那倒還好，但有時候可能會造成鄰居的困擾，需要多加注意。因為，家裡有可能變得滿滿都是垃圾，像電視上經常報導的「垃圾屋」一樣。把東西堆在家裡，**可能會發出臭味，最糟糕的情況，甚至會引發火災。**

從認知功能的角度來思考，無法把垃圾丟掉有可能是**不覺得垃圾是垃圾**。比方說，一條破破爛爛的棉被，已經不再蓋了。但若詢問失智症患者，他們並不會認為那是「垃圾」，而是打從心裡覺得那是「重要的東西」、「現在的生活需要這個」。

如果問他們「那要用來做什麼呢？」他們只會給一個非常模糊的答案：「棉被用來做那個剛剛好。」**一開始，會在家裡置放各式各樣的東西，隨著病情的發展，甚至會把東西都放在身邊保管**。

事實上，如果觀察身邊的高齡者就會發現，許多人都留著「應該已經不需要的東西」。來找我這個眼科醫師看病的高齡者中，就有人還留著用完的眼藥瓶，但並沒有什麼特別的用途。

有時，垃圾和屎尿等會不斷增加，讓整個屋子變成在外人眼中的「垃圾屋」。

這就是名為「戴奧吉尼斯症候群」（diogenes syndrome）（1）的症狀，居住環境髒亂、病態收集癖、不關心自己等等。這很容易出現在高齡者身上。

告訴他「我要那個，給我」，對方就會放手

有人是因為寂寞，所以才出現收集癖。說「說不定以後會用到」，然後將客人用的棉被收在櫃子裡長達十年；一邊說「說不定有什麼東西會用上」，然後留下許多吃完餅乾後的空罐；說「要丟垃圾或收納時，會需要很多吧」，結果垃圾袋不斷增加，連袋子本身也變成垃圾；也有早已過了保存期限的點心，他們卻說「很快就會吃到它，這是給自己的獎賞」。在這些時候，他們並不認為那些是「垃圾」，所以不會把它們丟掉。

另外，和垃圾無關，有些人是因為寂寞，所以飼養很多貓或狗。然而，卻因為不確定自己養了幾隻，所以讓貓狗跑掉，或者忘記處理貓狗的排泄物，造成鄰居的困擾。

當討論到這些物品究竟「是垃圾，或不是垃圾」時，很多人和高齡者都會意見不合。如果覺得丟掉很浪費，**把那些垃圾「送給」身邊的人也是一個方法**。雖然必須放

棄手上的東西，但如果是送給「想要那件東西的人」，他們就會非常樂意，所以很多時候都會很自然地交給他人。

此外，**如果能讓他們理解「必須丟掉」，也是有可能會把東西丟掉**。（2）這些事的確有難度，一開始，或許大家會覺得「他們才不會照著做」，但如果當事人可以理解，就有可能會加以配合。

➡ 會買太多，不光是因為忘記之前曾經買過

問題不光只是捨不得丟，**同樣東西買很多次也是問題**。如果是因為忘記買的數量而多買了一個，這沒有問題。但是，罹患失智症之後，有可能會不斷購買納豆，數量甚至可能多達十盒。

最主要的原因就是記憶問題，也就是忘記買過納豆這件事。因為覺得「必須買納豆」，所以買了很多次，但又吃不了那麼多，過了保存期限之後就全部變成垃圾了。

買東西這項行為，在失智症早期階段就很容易出現問題。（3）因為買東西的時

候，必須完成「到購物場所」、「記得要買什麼」、「把商品放進購物車」、「付錢」等多個步驟，每個步驟都與認知功能有關，所以非常適合拿來檢查是否失智。而且，買東西每個人都會做，是非常普通的一般行為，如果認知功能正常，很容易就做得到，非常適合拿來當作測試的項目。

因此，**照顧者可以請他們按照購物清單採買**（4）。如果怕他們買到價格很高又完全用不上的東西，可以陪他們一同前往。但若是男性等本來就不太習慣購物的人，也有可能比較不容易當成參考。

一不小心買得過多，不全是記憶障礙造成的，也可能與高齡者行動困難有關。

（5）如果是年輕人忘記自己是不是已買了納豆，可以直接決定「不要買」，因為「納豆這東西，下次再來買也可以」。

但是，隨著年紀增長，走路的速度會逐漸變慢，只要稍微移動一下，就會覺得疲倦，因此外出會變得更加困難，光是在店內走動也會感到疲勞。即使像納豆這種超市或便利商店就有販售的商品，因為不知道下次什麼時候可以再去買，心裡會想「總

圖4　超市數量的變化

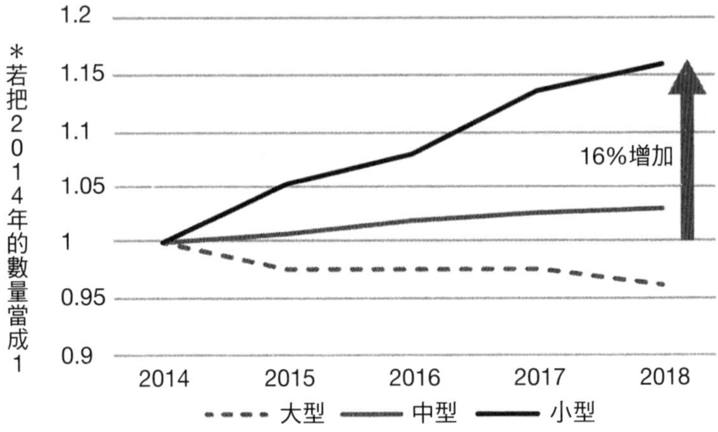

由「超市數量統計調查」（統計・從資料看超市）（http://www.j-sosm.jp/dl/index.html）整理而成

之，先買下比較安心」。因此，高齡者在購物時，一次所花的金額會比年輕人來得多。

因為會發生這種狀況，所以位於自家附近、不是太大，容易在店內移動的商店相當受矚目。

近年，日本的都市中「My Basket」、「mini PIAGO」、「Maruetsu」、「Reganet Cute」等小型超市不斷增加，非常受高齡者歡迎。而像「7-ELEVEN」、「LAWSON」、「FamilyMart」、「Seicomart」之類的便利商店，原本只是位於住家附近的小店，近來也開始販售米、水果、蔬菜等商品，所以高齡者上便利商店的機會也變多了。

除此之外，**也可能是因為有不斷重複相同行為的習慣**。罹患失智症後，很多人都會開始拔榻榻米的包邊或是不斷摺疊報紙，重複進行同一件事。因此，也可能會因為這個習慣，多次將同一件商品放進購物車中。

➡罹患失智症後，很容易就會順手牽羊

因為買東西而引起的麻煩，包括「買太多」和「無法管理金錢」。（5）不過，受害者不光只是當事人或家人等身邊的人，有時也會有「順手牽羊」（竊盜）這種會造成外人困擾的糾紛出現。

有研究針對在超市中發生的糾紛進行分析，發現由高齡者引起的糾紛占全體的三分之一以上，其中又有大約三分之一是由失智症引起。（6）其中高齡女性引起的糾紛，有九成都是順手牽羊。順帶一提，會順手牽羊的失智症患者罹患的多半是額顳葉型失智症（frontotemporal dementia）。

因此，很多人會誤以為「如果這樣，還是不要讓他們買東西比較好」。但事實上，**購物可以有效維持認知功能**。

「雖然可能性很小，但還是會發生糾紛，所以不要去買東西」這種想法反而會提高失智症惡化的機率。可能的話，陪他們一起去，看著他購物，這樣可以有效預防失智症惡化。報告指出，即使在長谷川式失智症量表這種簡易的認知功能檢查中得到十分的偏重度失智症患者，只要有人陪在身邊，就可以購物。（7）

進行需要使用記憶的訓練也很有效，讓他們做算術或智力測驗也有效果。

➡只靠拍攝住家的照片，很容易就能發現家裡到處都是垃圾

拚命囤積物品，不光是因為認知功能衰退，很多時候是身體變化造成的，其中，以視覺和嗅覺的變化為主。

當視野（有效視野）變得狹窄，雖然眼睛還是可以看得見全體，但從意識上來說，只能看見一部分。看電視時，眼睛只看到電視。想到冰箱去把茶拿出來時，眼睛

只看到冰箱。因此，**就算整個家都弄髒了，還是只會注意到電視機的畫面等自己可以意識到的部分**。他們並不是裝作沒有看到，而是真的沒有注意到。

若要處理這種狀況，可以把照片拍下來。拍下照片後，很容易就可以看到所有東西，也就會發現家裡堆滿了垃圾。

嗅覺衰退也很容易成為囤積物品的原因。附近鄰居可能會覺得有一股惡臭，所以他們會覺得「當事人很莫名其妙、不知道在想什麼」，**但當事人並沒有發現那股惡臭**。

如果一直住在同一個地方，一直聞著相同的味道，很容易就會習慣，也有可能是因為嗅覺衰退，所以沒有聞到惡臭。

上了年紀之後，嗅覺便會開始衰退，**特別是罹患失智症後，衰退的情形會更加明顯**。就算是忘了有垃圾或屎尿，只要嗅覺沒有衰退，自己應該也會很難忍受那股惡臭。但是，嗅覺衰退後，就完全不會覺得問題出在自己身上。

因此，跟他們說「這樣會發臭，要把垃圾撿起來！」或是「怎麼可以把大小便丟在裡面」，**聽起來就像是在找麻煩**。因為他們會覺得「沒有垃圾，也沒有什麼奇怪的味道。但家人或附近鄰居卻老是抱怨『太臭了，把垃圾清一清』」，**強迫他們把垃圾丟掉，這可說是一種很常犯的錯誤。**

如果可以早點開始練習感受氣味，嗅覺就不容易衰退。事實上，如果可以有意識地使用嗅覺，就不會那麼容易衰退。比方說，身邊的人可以燃燒精油或擺放芳香劑，然後嘗試問他們：「你知道這是什麼味道嗎？」

此外，**也可以用其他方法來自我鍛鍊。**只要在吃晚飯時重新嗅聞米飯、魚、味噌湯的味道就可以了。如果可以很仔細地聞一聞平常吃飯時不容易注意到的味道，就會發現那些味道各有特色。若能注意到這些味道，即使是同樣的菜單，也可以發現每天味道的差異，慢慢地就能鍛鍊嗅覺。如果可以感受到味道，吃起飯來也會覺得特別美味，用餐時若能盡可能意識餐點的味道，可說是好處多多。

➜ 雖然收可燃垃圾的天數很多，還是無法安心

雖然每週中收集不同種類垃圾的日子都不會改變，甚至連丟垃圾的時間也是固定

的，但是罹患失智症後，對星期幾或時間的感覺會變得很模糊。所以，如果常常發生「本來要把可燃垃圾拿去丟，後來才發現今天只能丟不可燃垃圾」的事，他們就會想「過兩天再丟吧」，**然後就把垃圾給忘了**。

最容易造成問題的是可燃垃圾。可燃垃圾除了會發出惡臭，也容易引發火災。可燃垃圾的收集日雖然多，但當年紀變大或罹患失智症後，因為很難記住今天是禮拜幾，所以還是覺得不安心。

所以，如果沒有和家人住在一起，**家人就必須定期造訪，在垃圾收集日幫忙把可燃垃圾丟掉，或是幫他們把垃圾帶回自己家**。容易發出惡臭的廚餘有時也會沒有綑或包就露在外面，需要幫他們綑或包起來。

此外，就算他們弄錯丟垃圾的日子，周圍的人也不要責備他們。因為如果提醒的語氣太過強硬，他們會變得很討厭丟垃圾。

「囤積垃圾」的真相

- ▼如果身邊的人硬是要強迫把他們的垃圾丟掉，他們就會囤積更多東西
- ▼當事人不覺得垃圾是垃圾
- ▼囤積垃圾會引發惡臭，甚至火災
- ▼就算不確定有什麼用，也會把東西留著，不會丟掉
- ▼一開始，會置放在家中，但慢慢地就會把東西散置在身邊
- ▼高齡者很容易會有對不整潔、有收集癖毫不在意的「戴奧吉尼斯症候群」
- ▼丟掉東西會覺得寂寞，所以不想丟棄東西
- ▼為了打發寂寞的心情，養很多寵物
- ▼除了記憶力衰退，行動困難也會造成同樣的東西買很多次

▼高齡者很容易一次買很多東西

▼罹患失智症後，很容易就會不斷重複相同行為，所以，同樣的東西會買很多次

▼即使沒有罹患失智症，也會因為視覺或聽覺衰退，而養成囤積垃圾的習慣

▼忘記收垃圾的日子。最後，連丟垃圾這件事都忘記了

●**身邊的人容易犯的錯誤**

- 態度強硬地要他們把垃圾丟掉。
- 擅自把垃圾拿去丟掉。
- 斥責他們：「太臭了，把垃圾（或屎尿）清掉！」

身邊的人應該採取的正確行動

- 跟他們說：「我要那個！」請他們把垃圾給你。
- 說明為什麼必須把東西丟掉，讓他們理解。
- 讓他們去購物。如果他們會感到不安，就陪著一起去。
- 拍下家裡的照片，讓他們看看家裡垃圾成堆的模樣。
- 幫他們丟垃圾，或把垃圾帶回自己家中。
- 把容易發出惡臭的垃圾綑綁起來。
- 就算弄錯收垃圾的日子，也不要責備他們。

如何預防自己出現同樣症狀

- 養成買東西的習慣。
- 試著計算或做智力測驗，進行簡單的大腦訓練。
- 養成用餐時嗅聞料理味道的習慣。

失智症經常出現的惱人行為　之七

明明很閒，卻不耐久候／無法回答今天禮拜幾、幾月幾日，甚至是自己的年齡

——過了七十歲後，三十秒感覺起來就像一分鐘。有時會故意胡亂回答自己的年齡

G女士的丈夫退休後逐漸變得無法「等待」。有一天，在超市等候結帳時——

丈夫：「還沒好嗎？怎麼這麼慢。」

G女士：「才過一、兩分鐘而已吧？」

丈夫：「不，我覺得已經等很久了，我們去跟店家投訴吧！」

G女士：「拜託你不要做這麼丟臉的事好嗎……」

丈夫在購物後並沒有特別行程安排，但卻顯得很不耐煩。

丈夫對禮拜幾和幾月幾日似乎已經沒有概念了。在G女士家中，丈夫要負責丟垃圾。而這是發生在某天早上的事，

G女士：「你把垃圾拿出去了嗎？今天是禮拜四，只能丟不可燃垃圾。」

丈夫：「啊，是嗎？」

G女士從窗戶往外看，垃圾似乎已經收走了，垃圾子母車裡是空的。

G女士：「討厭！這樣就得等到下禮拜才能丟垃圾了。」

G女士很猶豫，不知是否該讓丈夫去看「健忘門診」。

隨著年齡不同，想像中一分鐘的長度也完全不同

上了年紀之後，不再需要為工作或育兒忙碌，照理說空閒的時間應該比較多，但高齡者為什麼在等待時總會一直唸著「快一點！」，顯得很不耐煩。在超市等待結帳時，**不斷催促的人中高齡者也比年輕人來得多。**

即使在照護現場或醫院，也有很多人不斷催促說「飯還沒好嗎？」、「想早點去上廁所」。如果工作人員說：「應該沒有讓你等很久吧」，對方就會很生氣地說：「我已

經等很久了！」

高齡者比年輕人更不耐久候。**主要的原因與其說是失智症的影響，更可能是年齡的變化。**曾經有個實驗，要求參與實驗的人在認為到了六十秒時就按鈴。結果，二十歲左右的人平均過了六一・〇〇秒後按鈴，五十歲左右的人是較短的四〇・一二秒，六十歲左右的人則為四四・八七秒，七十歲左右的則是三二・一一秒，八十歲的則是二八・五一秒，大約只有一半。（1）

換句話說，**如果讓他們等十分鐘，對高齡者來說，感覺就像等了二十分鐘一樣。**原因之一是，上了年紀之後，會覺得四周的時間流動

圖5　60秒的時間感

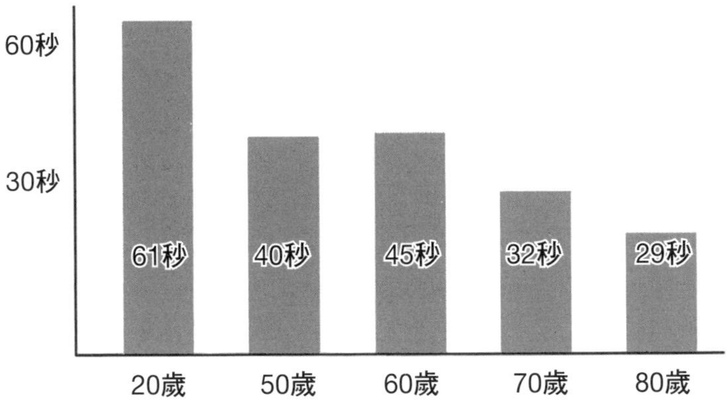

變得非常緩慢。

而且，年紀大了之後，「知道現在是什麼時候」的這種時間感也會衰退。（2）如果還在上班，或是會固定收看某個電視節目，生活比較有節奏，還可以輕鬆掌握今天是禮拜幾或幾月幾日，但是，退休後或不必再照顧小孩時，對禮拜幾會比較沒有感覺。

退休或不再需要育兒後，今天是禮拜幾的時間感也會隨之衰退

隨著年齡的增長，對禮拜幾或幾月幾日的時間知覺也會跟著衰退。

在失智症檢查中，有一項是要回答檢查當天的日期和年齡，這對檢查失智與否的確十分有效。但這其中有一個問題，就是即使只是因為上了年紀，對年月日、年紀的記憶也會變得很模糊。

因為退休之後，不用再上班，不必區分「平日、假日」，所以會不記得今天禮拜幾。育兒也一樣，因為平日要上學的孩子不在了，所以讓知道今天是禮拜幾的感覺不再敏感。而且就算還很年輕，放年假時，也會無法馬上搞清楚今天是禮拜一還是禮拜二。

關於年齡還有一件事，二十九歲和三十歲就算只差一歲，區別也感覺很大，但九十一歲和九十二歲的差距，感覺就不是太大，所以會搞不清楚年紀。

此外，**也有人不想說出自己真正的年齡**。雖然是八十九歲，但因為喜歡整數，很多人都會說自己「九十歲」。因此，我在看診時，如果一臉困惑地說：「咦，年紀不一樣呢，應該不是同一個人吧？」有時對方會說：「不好意思，事實上是八十九歲……」

有些女性似乎不管到了幾歲都會希望自己看起來很年輕，所以有許多人雖然已經八十八歲了，還是會含糊地說自己是七十歲。如果因此就懷疑對方已經罹患失智症，那真是太失禮了。

高齡者會給出錯誤答案的理由，也有一種可能是明明聽不到，卻假裝自己聽得到。因為聽不清楚對方說的話，所以胡亂回答。

高齡者之所以會出現這種行為，**與聽覺衰退有關**。聽不到對方說的話時，如果每次都反問：「啥？什麼？」會非常尷尬，所以假裝自己聽得到，用一句「是啊」來敷衍過去。這麼一來，明明就只是「『聽力』不好」，而非「『記性』不好」，結果卻給出錯的答案。

「想不起來」是健忘，「連記都記不住」則是失智

因此，不管是覺得時間很長、不耐久候，還是對禮拜幾或日期的感覺衰退，都很難判斷原因究竟是失智，或單純是因為老化而造成的身體變化。不過，連親生小孩的名字都忘記時，就很可能是罹患失智症。這當然讓人大受打擊，但他們沒有惡意，因為人的姓名是很容易忘記的，他和你的回憶和對你的感覺，依然會殘存在某個地方。

依據造成疾病原因的不同，失智症又可細分成「阿茲海默症」、「路易氏體失智症」、「血管型失智症」等將近七十種類型，要區分真的非常困難。大部分人都以為「只要去醫院，就可以清楚診斷出是不是患有失智症，而且每一個醫師的診斷應該都一樣」，但事實並非如此。而且，失智症的標準包括 ICD-10、DSM-III-R、DSM-IV-TR 等，要選擇哪一個標準是由醫師自己決定的。

當然，如果病情惡化得很嚴重，不管由誰來診斷，應該都會被診斷為失智症。但在失智症初期，會發生有些醫師診斷為「失智症」，但其他醫師卻有不同看法的情形。

簡單來說，失智症指的是「因為大腦有狀況，導致記憶和判斷出現問題，進而讓日常生活出現障礙」的狀態。不過，很多時候就算檢查也無法確認大腦是否有問題，所以，重要的是要確認「是否因記憶或判斷出現問題，而對日常生活造成障礙」。

大家知道「一般的健忘」和「失智症」的差別嗎？**一般的健忘是「雖然記得住，但想不起來」的狀態，而失智症則是「記不住」。**

所以，如果是一般的健忘，當事人會自覺自己有健忘。忘記旅行時吃了什麼是「健忘」，但如果連旅行這件事都忘記了，那就是「失智」。遺忘記憶或場所、明明應該看得見的東西卻看不見，無法與人對話等等，都是失智症的主要症狀。

➡經常明明只是五感衰退，卻被認為是失智症

記憶障礙等症狀因為無法恢復，所以大家都說「失智症醫不好」。但是，我在門

診看診時，就曾經發現「以為得了失智症，但事實上只是眼睛疾病和因年齡增長而出現的變化」，或是「懷疑是得了失智症，後來卻發現只是耳朵疾病和因年齡增長而出現的變化」的個案。

因此，如果不知道身體的感覺會因為年齡增長而出現什麼變化，就會發生以為「因為得了失智症，就算拿資料給他看，也無法閱讀」，但事實上只是「因為白內障所以視力變差，並非失智」之類的情形。

像這種只是五感出現一些狀況，卻被認為是失智症的人，只要針對眼睛、耳朵或聲音進行該做的治療或復健，看起來就像是「失智症痊癒」。

比記憶障礙更嚴重，更讓家人等身邊的人困擾的是言語暴力、行為暴力、幻覺、妄想、失禁等問題行為。事實上，住院的患者即使患有失智症，只要沒有上述症狀，幾乎都可以平安無事地照常生活、出院。但是，只要出現其中一種症狀，就可能讓護理師晚上無法安眠，或是房間髒得需要打掃，照顧起來非常辛苦。

會造成這些讓身邊人非常困擾的症狀原因，不光只是記憶障礙，有些是來自其他與記憶相關的因素。所謂其他因素包括生活和身體的變化，因此這些症狀稱為精神行為症狀（behavioral and psychological symptoms of dementia, BPSD）或周邊症狀，並非失智症的主要症狀。

這些「讓家人感到困擾的症狀」可以透過對應和治療得到某種程度的改善。因此，雖然根本上失智症並沒有治好，但就家人來看，感覺由失智症引起的困擾症狀好像已經得到改善，而誤以為「失智症已經治好了」。

如果無法用手做出鴿子的形狀，就有可能是失智症

所以，重要的是，要及早請醫師診斷是否罹患失智症。只不過，問他們要不要去記憶門診或失智門診就診時，也可能會抗拒，憤怒地說：「你們覺得我失智了嗎？不要瞧不起人了！」

因此，必須在適當的時機詢問。比方說，「同樣年紀的『○○先生』得了失智症，我覺得爸爸應該沒有問題，但為了慎重起見，還是去檢查一下吧？」可以用這種方式嘗試說服他。

此外，還可以用「現在雖然沒有問題，但為了以防萬一，做個定期檢查比較好」的說法，讓他們接受檢查。還有一個有效的檢查方法，那就是檢查表，請透過以下的檢查表（3），觀察他們的日常生活。

★檢查表★

□會在住家附近迷路
□身上變臭了
□穿著不符合季節的衣服
□每天穿同樣的衣服
□身體似乎不舒服
□走路的方式不安全
□閒聊時，一直講同樣的話
□晚上無法開燈，白天一直開著燈

也可以利用「狐狸－鴿子測驗」，**也就是看看他們可不可以用手比出鴿子的形狀**。（4）此外，還有長谷川式或MMSE等更專業的提問方式，不過使用這些方法時，他們容易產生抗拒，一般人最好不要隨意採用。

像「狐狸－鴿子測驗」這種要用雙手的簡單測試，與其說是「測驗」，感覺還更像是在「遊戲」，所以比較不會讓他們反感。可以讓他們試著用手比出狐狸或鴿子的形狀，就會知道失智症初期已經很難比出鴿子的形狀了。

圖6　狐狸—鴿子測驗

只要準備一些以前的照片，就可以預防失智症

那麼，有沒有方法可以預防認知功能下降，以免變成失智症？當然，到醫院治療是方法之一，但也有自己或家人等身邊的人可以進行的方法，以下就為大家介紹。

方法之一是製作回憶書（5），大家可以把製作回憶書想像成是「為相簿加上說明」。把罹患失智症的人以前的照片貼在紙上，詢問他們「那個時候的生活是什麼樣子的？」記載上去。此外，還可以問他們：「以後想過什麼樣的生活？」

這種回憶書的好處是，可以自然地進行想起過去回憶的「回想法」，這是一種失智症的復健。回想過去是好事，並非壞事。因為在回想過去的過程中，可以活化記憶。而且，因為回想的多半是帶有情感的經驗，也會給大腦帶來正面影響。

除了患者本人，回憶書也能幫助到身邊的人。當他們開始遊走徘徊，或是明明就在家裡，卻說「想回家」時，如果事先製作有回憶書，就可以藉此找到線索——發現「原來是想回去小時候大阪的家呀」。當然，請照服員來協助時，回憶書中的資訊也能派上用場。

同時活動身體和大腦，就可以維持認知功能

不過，就算沒有回憶書，也一樣可以進行回想法。單只問問當事人過去的回憶，就可以預防失智症。（6）

可能很多時候，他們只是在說以前說過的事，或者老是說一些美好的回憶。這可能會讓大家擔心失智症是不是惡化了。

請不用擔心，因為不只失智的人，高齡者也經常發生過去的記憶記得住，但最近發生的事卻記不起來的情形。而且，美化過去這件事也絕非什麼壞事。以記憶的特性來說，**我們的大腦也有消除過去不好的回憶，只留下美好記憶的傾向。**這和失智症無關，而且也經常發生在高齡者身上。

維持認知功能的方法，進行「**雙重任務**」（dual-task）也很有效。前面的章節已說明過，所謂雙重任務就是同時進行兩種任務。**如果能同時活動身體和大腦，會更加有效。**比方說，想去散步時，如果純粹只是散步，就只能得到運動的效果，如果能在散

步時，進行「從一百開始，每一次減去三」的簡單計算，就可以同時訓練大腦功能，防止失智症惡化。

大家比較容易犯的錯就是勉強當事人進行訓練。或許很多人認為「只要對失智症有好處，不管什麼事都要做！」我可以理解大家的心情，但這樣可能會有反效果。

在失智症初期，還具備足夠的認知功能時，可以這麼做。但當失智症嚴重惡化後，訓練只會帶來痛苦。這就好像跟右手不能動的人說「動動你的右手，來運動吧」一樣，這樣只會讓病情更加惡化。

再怎麼擔心都無法解決失智症的問題，倒不如享受現在

我想很多人都曾在電視上看到，罹患失智症後被送進照護機構，在機構被虐待、陷入悲慘處境的例子。電視上曾播放過這樣的新聞和戲劇。

但事實上，**照護機構並非全都那麼糟糕。**有很多人都因為是進了照護機構，才能輕鬆生活，**被虐待的個案反而非常少見。**當然，這種事只要有一件就不好。但根據統計，在日本，入住照護機構的九十八萬人當中，被虐待的有四百零八人，大約是〇・

○四％。

正因為少見，所以才會成為新聞。也就是說，「高齡者在照護機構開心生活」這種事不算什麼新聞，但「高齡者在照護機構受到虐待」就是新聞。

因此，希望大家不要對照護機構抱有不好的印象。因居家照護而疲倦，卻又堅持「不想把他們送進照護機構」，會非常痛苦。**在自己家裡接受照顧卻被虐待的事件有一萬五千九百七十六件，比照護機構還來得多**，很多都是家人被逼得走投無路，因而發生虐待的事。

不管是八十歲還是一百歲，很多人都會擔心自己老後的生活，或是罹患失智症該怎麼辦。

在一百歲高齡時拍攝電視廣告而出名的雙胞胎姊妹「金銀婆婆」，她們說會把那筆電視廣告的演出費用「拿來做為老本」。「都已經一百歲了，還有老後生活……!?」採訪者也感到非常驚訝，但不管是到了一百歲或幾歲，老後生活都會令人擔心。

當六十多歲時或許會想，年紀再大，再活也沒多久了，可以不用擔心這些事了，但當真的步入七十或八十歲之後，就會知道不管到了幾歲都會擔心。

而且，幾乎所有的人都會覺得「如果有更多的錢就可以安心了」。的確，有錢的高齡者可以入住高級照護機構，享受很好的服務。但是，再多的錢都會花完。很多人認為「如果有三千萬日圓就可以放心了」、「如果有一億日圓，不管發生什麼事都不會有問題」，事實上即使成為富豪，還是有很多高齡者不斷為金錢煩惱。不管現在有沒有錢，誰都不知道未來什麼時候會需要多少錢。因此，我們也只能活在當下，好好度過每一天。

「不耐久候」、「無法回答今天是禮拜幾、幾月幾日和自己的年齡」的真相

▼上了年紀之後，同樣是一分鐘，感覺起來卻比一分鐘還久

▼過了七十歲之後，三十秒感覺起來像一分鐘

▼退休或不再需要育兒之後，對今天是禮拜幾的時間感會開始衰退

▼很多高齡者會蓄意隱瞞自己的年齡，特別是女性

▼因為聽不到對方講話的聲音，所以隨便回答

▼失智症診斷的結果，很多時候會因為醫師不同而有所差異

▼健忘是「記得但想不起來」，失智症是「連記都記不住」

▼很多時候以為是得了失智症，但事實上認知功能正常，只是眼睛或耳朵變差

● 身邊的人容易犯的錯誤

- 勉強把當事人帶去健忘門診或失智症門診。
- 當失智症嚴重惡化時，還勉強進行預防失智的訓練。
- 反正年長的客人都很閒，不用太急著去招呼他們。

身邊的人應該採取的正確行動

- 及早檢查是否罹患失智症。
- 用些說話技巧，帶他們去健忘門診或失智門診檢查。
- 讓他們用手比出狐狸或鴿子的形狀。
- 製作回憶書。
- 詢問他們過去的回憶。
- 讓他們同時活動身體和大腦。
- 年紀大的客人即使時間很多，也不耐久候，最好可以及早招呼他們。

失智症經常出現的惱人行為　之八

穿衣服時無視當時的氣溫或季節在浴室昏倒

——在房間內中暑、因燒燙傷而入院、在浴室內死亡……這些事很容易就會發生

H女士的母親已經七十多歲了。雖然感覺似乎有點失智，但並不會對生活造成妨礙。

H女士：「最近很冷，媽妳還好嗎？」

母親：「沒問題。為了睡覺時可以溫暖一點，我用了熱水袋。」

H女士：「這樣啊。那就好，不要感冒喔。」

講完電話的隔天，H女士就接到醫院打來的電話。

母親：「對不起，我住院了，可以幫我拿換洗衣物來嗎？」

H女士：「咦，妳住院了嗎？為什麼!?」

母親：「我燙傷了。」

H女士到醫院看望母親後，發現她腳燙傷，人也沒什麼精神。似乎是因為在被窩裡的腳邊放了熱水袋，然後就睡著了。母親的燙傷很嚴重，不只皮膚，連肌肉都受傷了。如果再嚴重一點，可能連命都要沒了。

為什麼夏天穿得很厚，冬天卻穿得很薄？

罹患失智症後，對溫度的感覺也會出現變化，這是因為失智症會影響自律神經的關係。自律神經是可以在無意識間為我們維持身體平衡的神經。因此，一旦自律神經發生混亂，體溫調節就會變得不正常，如果置之不理，就會莫名其妙發冷，或是容易手腳冰冷。此外，很熱的時候不覺得熱，很冷的時候也不覺得冷。

把熱水袋拿給他們，有可能會像剛剛提到的那位母親一樣，弄錯使用方法，因燙傷而住院。

還有，他們會因為很冷，想好好暖暖身子，所以在熱水剛燒好時，搶第一個去泡澡，而且還是溫度很高的熱水。這個時候，可能會因為溫度劇烈變化，發生**心肌梗塞**，危及性命。

除了對溫度的感覺發生混亂，**也可能忘記現在是什麼季節**。年輕時，若被問到「現在是幾月幾日？」可能有時候會一時答不上來，但若被問到是夏天還是冬天，通常都會知道。

然而，罹患失智症後，有可能不知道現在是什麼季節，因而穿了不符合季節的衣服。明明是夏天卻穿得很厚，冬天又穿得很薄，導致生病。

比起烈日當頭的戶外，在屋子裡更容易中暑

罹患失智症後，對溫度的感覺會變得很混亂，但是上了年紀之後，**對溫度、體溫的感覺本來就會有些錯亂**。（1）

此外，人年紀大了之後**不容易流汗，所以很容易中暑**。事實上，一年約有近五萬人因中暑被送到醫院，其中，大約有四八．九％、接近半數的人超過六十五歲。（2）

住在熱的地方比較容易中暑，所以在日本的沖繩有很多人中暑，其次是九州，岡山和高知也非常多，需要特別注意。

說到中暑，或許很多人會以為在烈日當頭的戶外才會發生，但事實上，在建築物內中暑的就占了三七．〇％。這是因為大家有「開冷氣對身體不好」的印象，所以有些高齡者不開冷氣。而且，就算使用冷氣，也覺得要「熱了之後再開冷氣」。但是，他們因為對溫度的感覺不正確，可能溫度已經非常高了卻沒有發現，熱了很久都沒有開冷氣，所以把身體弄壞。過了六十五歲之後，最好記得看溫度計，不要太相信自己的感覺。

讓多達一成的高齡者住院的燙傷，有很多方法可以預防

冬天又會如何呢？上了年紀之後的基礎體溫會下降〇．二度。（3）因為代謝等降低，身體發熱會減少。此外，肌肉和脂肪也減少了，所以體溫會比年輕時來得低。

大家或許會認為，體溫降低後比起寒冷，對炎熱可能應該會更敏感。事實並非如此。上了年紀之後，對炎熱的感覺反而是比對寒冷來得更加遲鈍。結果，很多人因此

而燙傷。

年輕時，溫度變化只要一度，就可以感受得到，但上了年紀之後，溫度變化要到三至六度以上，才能感受到冷熱，因此燙傷事件中有許多都屬於低溫燙傷。熱水袋或暖爐等感覺「有點暖」的東西，一旦接觸時間太長，就會燙傷。此外，有時也會忘了還有熱水袋或暖爐，這也會提高燙傷發生的機率。

高齡者的燙傷很多都不算輕微，有多達八·四%的患者都需要住院。（4）

那麼，該怎麼做才能預防燙傷呢？首先，要記住，**下半身比上半身容易燙傷**。有些高齡者會把熱水袋放進被窩裡腳邊的位置，結果造成燙傷，這就是一個例子。

因為下半身更容易感到冰冷，高齡者想讓它變得溫暖，且就醫學的角度來說，下半身也比上半身更不容易感受到溫度的變化。

薄荷、百里香等香草，都可以有效提高對溫度變化的感受力（5），因為它們可以活化對溫度刺激有反應的TRPV3[1]。此外，建議**穿戴帽子或手套，不要使用會造成燙傷的加熱式器具**。相較於穿厚重的衣服，洋蔥式穿法的衣服間隙會有空氣進入，能保持一定的溫度，可以多穿幾件衣服。

呼吸法也可有效調整對溫度的感覺。首先，閉住嘴巴，用鼻子吸氣三秒鐘。接著，像吹蠟燭般把嘴噘起來吐氣六秒。十次為一組，每天做一組。

這個方法使用的是腹部呼吸，所以可以調節與溫度調節有關的自律神經。

冬天晚上洗澡會危及性命⁉

無法調節體溫所造成的問題，不只是感冒或輕度燙傷而已，**有時甚至會在浴室喪命**。

根據日本國民生活中心的報告，光是東京、大阪、兵庫等地區法醫（負責檢驗或解剖屍體，並說明死因的醫師）的調查，發生在浴室內的死亡事故，五年內共計有兩千七百三十六件。（6）六十五歲以上有兩千一百八十八件，占了八成，可說幾乎都是發生在高齡者身上。

高居死因第一名的是心肌梗塞，共計有一千五百九十八件，其次是腦中風，有四百零七件。

天冷時，身體會藉著提高血壓來讓體溫變高。泡入浴缸裡因為溫度突然變化，血壓又會變得更高，經過一段時間之後，血管會因為溫暖而擴張，又讓血壓突然下降。如果血管無法承受血壓的突然變化，就會發生心肌梗塞或腦中風。高齡者的血管本來就比較脆弱，也比較不容易感受到溫度的變化，所以血壓會在不知不覺間不斷地突然上升、下降，甚至因此導致死亡。

「這樣的高齡者應該很少吧，我們應該不會這樣。」或許大家會這麼想，但是，這種例子意外地多，像我的親戚就被發現在浴室往生。大家不妨問問親戚朋友，說不定就有高齡者是在浴室去世的。

寒冷和炎熱的明顯變化會造成危險，**尤其在冬天的夜裡**。因為除了浴室內外的溫

1 transient receptor potential vanilloid 3，TRPV 3是一種皮膚細胞離子通道，在感知溫度、搔癢和疼痛方面有重要的作用。

差，即使是浴室內，浴缸和洗澡間的溫差也會有影響，這些溫差在冬天夜裡會變得更大。意外發生以十一月到三月居多，時間多半是在晚上十點左右。

高齡男性喜歡搶第一個洗澡，因此更加危險

搶在所有家人之前第一個洗澡是非常危險的。第一個洗澡和第二個（或第二個之後）洗澡有什麼差別呢？**問題就在第一個洗澡的人洗澡時，浴室的溫度還很低。**浴缸的熱水溫度很高，但浴室的溫度很低，所以溫差很大。

但第二個人（或第二個之後）進入浴室時，因為上一個人用過熱水，所以浴室的溫度會變高，浴缸熱水的溫度也會下降一點。因此，浴缸的熱水和浴室的溫差，比第一個洗澡的人洗的時候要小。

話雖如此，有些男性高齡者還是喜歡搶在第一個洗澡。而這多半是「在這個家，不管做什麼我都要排在最前面」或「因為熱水還沒弄髒，洗起來比較舒暢」等心理因素造成的。

因此，不用勉強阻止他們搶在第一個洗澡，但請千萬小心，不要讓他們遇到心肌梗塞或腦中風等不幸。我的父親也很喜歡第一個洗澡時很熱的水，如果別人在父親之後馬上進去洗澡，就很有可能會被燙傷，必須再加一點冷水。我從小時候起就不斷跟父親說：「不要把水調得這麼熱。」但他完全不理會。

此外，搶第一個洗澡的問題不只有心肌梗塞。如果在第一和第二個人洗完後才洗澡，浴缸的熱水也會發生變化。

第一個人洗澡時，浴缸中只有熱水。從第二個人洗澡時開始，因為之前已經有人泡過，水中多少含有皮脂。因此，大家通常會說「第一個人洗澡時，水是硬的」、「從第二個人開始，水就變軟了」，就感覺來說是可以理解的。

事實上，**若是第一個洗澡，因為刺激太強，皮膚容易受傷**。也可以說，皮膚是因為受到刺激，所以分泌出油脂，結果**讓皮膚變得乾燥**。

若要預防，**可以加入入浴劑**。不過，為了更接近真正的溫泉而加入硫磺的入浴劑，會對皮膚造成強烈刺激，最好避免使用，**建議大家選擇含有保溼成分的入浴劑**。

讓浴室暖和，入浴不要超過二十分鐘，洗澡前要先打聲招呼

有幾個方法可以預防在浴室發生事故，如把整間浴室弄暖，降低浴缸熱水和洗澡間的溫差。

最簡單的方法是**把暖氣打開**。但這個方法僅限於浴室裝有暖氣的家庭。

此外，我也建議**用蓮蓬頭放水（而非水龍頭），來裝滿整個浴缸，並且不要蓋上浴缸蓋**。因為這麼一來就會冒出許多溫暖的蒸汽，讓整間浴室都變得溫暖。

在浴室灑熱水，而非冷水，也可以讓浴室慢慢變得溫暖。

和高齡者同住時，為了預防萬一，**如果可以請他們在進入浴室洗澡前先打聲招呼，就可以更加安心**。因為這麼一來，如果遲遲沒有從浴室中出來，就可以馬上發現狀況。若能及早發現「心臟不知不覺間停止跳動」之類的情形，就可以及時急救。

此外，洗澡前打聲招呼也是一種禮貌。如果是長期同住的家人，有時會懶得多打聲招呼，但這一聲招呼或許可以讓大家的溝通更加熱絡。

如果全家人都可以在同一個時段洗澡（比方說晚上八點），就更容易掌握彼此的狀況。要上班或上學的日子或許比較難做到，假日時應該會比較容易。

自己洗澡時，不要一開始就泡澡，最好可以先淋一些熱水。因為淋過熱水後，身體會慢慢變得溫暖，調節血壓和體溫也會比較容易。之後再泡進浴缸，便可大幅降低急性心肌梗塞或腦中風的危險。

淋熱水時，最好可以從腳部開始，慢慢往上淋。淋熱水可以某種程度地去除身上的汙垢，維持浴缸熱水的清潔，對他人也是一種禮貌。

浴缸內熱水的溫度最好控制在三十八到四十一度之間，入浴時間則要控制在二十分鐘之內。若已遵守以上規則，但過了二十分鐘人還沒有出來，家人就可以馬上確認狀況。

之前，因心肌梗塞而去世的人，有很多都是因為過了很久之後才被發現，比方說「開始泡澡後，過了兩個小時都還沒出來，因為擔心而去查看時，發現人已經昏倒在地了……」。

人工呼吸可以不做，但一定要做心臟按摩

此外，如果對心臟按摩有所認識，應該可以更加放心。說到心臟按摩，很多人的反應都是「不敢做」、「不知該如何進行」。我也經常聽到人家說：「該壓哪裡呢？」「人工呼吸也要做吧？」「以前學過，好像是壓幾次心臟之後、要做幾次人工呼吸，但現在都忘記了」。以下就是正確答案：「做三十次心臟按摩後，做兩次人工呼吸」。

不過，**基本上只要做「心臟按摩」就可以了**，「人工呼吸」不做也沒關係。因為，**人工呼吸比想像中來得困難**，如果沒有把空氣確實送進去，就完全沒有幫助。因此，沒自信做好人工呼吸的人，只要做心臟按摩就可以了。

接下來，就為大家介紹心臟按摩的方法。首先，確認昏迷者是否已經停止呼吸。接著，在兩個乳頭的正中央用力往下壓。不要害怕，必須用力往下壓，讓昏迷者的胸部按壓深度五至六公分深，這樣就可以了。

圖7　心臟按摩的正確做法

1 找到昏迷者的胸部中心（在兩個乳頭間的正中央）

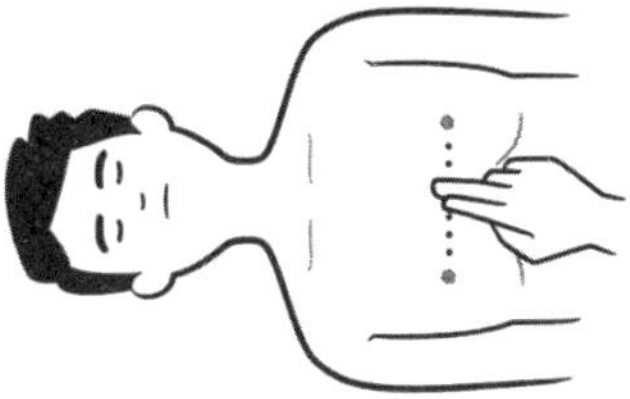

2 雙手的手掌像圖一樣重疊

3 手肘伸直（雙肩位於昏迷者胸骨的正上方）

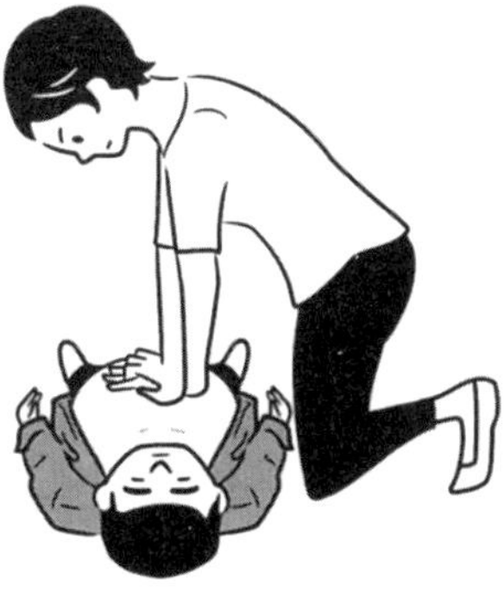

4 從正上方用力往下壓（胸部按壓深度5-6公分左右）

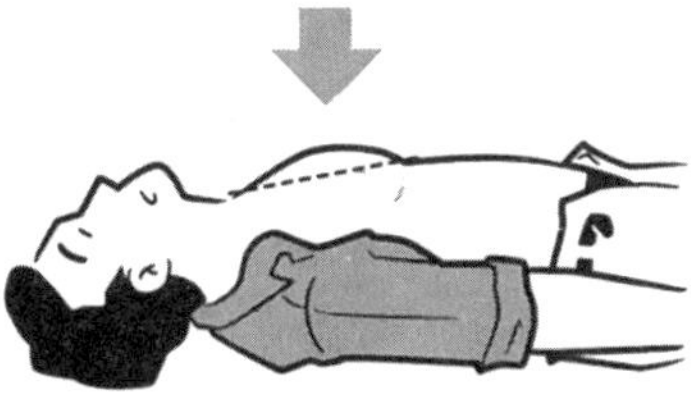

如果家人突然停止呼吸，自己卻一籌莫展，之後一定會後悔「當時要是能做點什麼……」。只要心臟按摩就夠了，請大家務必嘗試看看。

大量攝取膳食纖維、青背魚、納豆和香蕉，可預防心肌梗塞和腦中風

如何可以讓心肌梗塞或腦中風不那麼容易發生呢？換句話說，平常要怎麼做才能讓血管更強壯呢？**對血管來說，果膠（pectin）和葡甘露聚糖（mannan）等膳食纖維非常重要。**（7）根據日本厚生勞動省的報告，一天之內必須攝取的膳食纖維，成人男性為二十公克以上，女性為十八公克以上。（8）但實際上每天每人膳食纖維的攝取量卻平均只有十四．八公克，相當不夠。（9）

提到膳食纖維，多數人都只會想到蔬菜，事實上，**膳食纖維分為不溶於水的非水溶性膳食纖維，以及可溶於水的水溶性膳食纖維**。其中，可以讓膽固醇吸收更加穩定的是水溶性膳食纖維，這在果膠、海藻類、地瓜類中，含量相當豐富。所以，就算認為自己「已經攝取足夠的膳食纖維，應該沒有問題吧」，但**如果攝取的都是非水溶性**

膳食纖維，是沒有效果的。

青背魚中含有可預防血管堵塞，讓血液保持清澈的不飽和脂肪酸，建議大家多吃。根據報告指出，一週吃三次以上的青背魚，可降低罹患心臟疾病的機率。

但是，多數人都認為「只要是魚就可以了」。我之前接受電視節目採訪時，曾聽到某位藝人說：「只要是魚都可以吧？」他說自己有吃白肉魚，但不吃青背魚。這真的很可惜，因為白肉魚中並不含有益血管的成分「omega-3 脂肪酸」。

說具體一點，青背魚就是鯖魚、秋刀魚、沙丁魚、鮪魚。有人說「鮪魚的肉是紅的，應該不是青背魚吧？」如果大家看過解剖前的模樣，就可以看到青色的魚背，鮪魚的確是青背魚。

維持適當的血壓對血管來說非常重要，必須**控制好鹽分的攝取量**。話雖如此，如果只控制食鹽的攝取量，可能還是不夠。

因此，**請積極攝取鉀**。鉀可以幫助體內的鹽分（鈉）排出體外。事實上，攝取鉀可以讓血壓下降二至四 mmHg。**納豆和香蕉中含有非常豐富的鉀**，而且，納豆還含有酵素「納豆激酶」（Nattokinase），也可以幫助血壓下降。

不過，如果腎臟不好，多攝取鉀可能會引起心律不整，危及性命，請務必和主治醫師進行討論。

收音機體操非常適合大多數高齡者

當然，運動也非常重要。太過激烈或太過平靜的運動都不好，**效果最好的是做起來有一點辛苦的中等程度運動**。

如果不知道該做什麼運動，建議大家可以做做**收音機體操**[2]。收音機體操第一部的強度為 4 METs，第二部為 4.5 METs。所謂 METs，指的是運動強度，換句話說，第二部需要更多體力。

一般而言運動強度最好是在 3 至 5 METs。如果是做其他的運動，無法進行快走或蛙式游泳等運動的高齡者愈來愈多，所以收音機體操應該是最適當的。

「穿衣服時無視當時的氣溫或季節」、「難以適應溫度變化」、「發生在浴室的意外」的眞相

▼不只是失智症患者，上了年紀之後，對溫度的感覺也會出現混亂，很難調節體溫

▼對冷熱感覺很遲鈍。夏天穿很厚，冬天卻穿得很薄

▼不容易流汗，所以容易中暑

▼相較於戶外，在建築物內更容易中暑

▼上了年紀之後，基礎體溫會下降〇．二度

2 這裡指的是日本已有九十年歷史的收音機體操，現在日本的NHK電視台仍維持每天播放。有興趣的讀者，可以掃描下方QRCode跟著做。收音機體操第一部、收音機體操第二部。

▼高齡者容易燙傷或低溫燙傷，且大多是下半身燙傷
▼許多高齡者都因心肌梗塞或腦中風在浴室喪命
▼冬天夜裡洗澡時，最容易發生事故
▼高齡男性最喜歡的搶第一個洗澡，會讓身體有激烈的溫度變化，並導致皮膚乾燥，事實上是非常危險的

●身邊的人容易犯的錯誤

- 不管他們穿的衣服是否符合氣溫。
- 深信空調對身體不好，絕不使用。
- 沒有擬定任何防範措施，就讓他們第一個洗澡。

身邊的人應該採取的正確行動

- 使用含保溼成分的入浴劑。
- 把浴室的暖氣打開，用蓮蓬頭放水裝滿浴缸，讓浴室變得溫暖。
- 進入浴室時，要互相打聲招呼。
- 將浴缸的熱水控制在三十八至四十一度。
- 學會心臟按摩。
- 人工呼吸適合有經驗者，不用勉強學習。

如何預防自己出現同樣症狀

- 比起依照自己的冷熱感覺，最好是可以確認溫度計上的溫度，依照上面的溫度來決定是否要開冷暖氣或如何穿衣。
- 攝取薄荷和百里香。

- 暖爐和熱水袋容易造成燙傷，天冷時，最好可以選擇帽子、手套、厚衣服等不容易造成燙傷的禦寒方法。
- 透過用鼻子吸氣、嘴巴吐氣的獨特呼吸法，鍛鍊對溫度的感覺。
- 在身上淋一些水之後，再開始泡澡。
- 沐浴時間不要超過二十分鐘。
- 攝取膳食纖維。水果、海藻類、地瓜類中含有相當豐富的水溶性膳食纖維，更是不可或缺。
- 攝取青背魚。
- 多吃納豆和香蕉，以攝取大量的鉀。
- 做收音機體操。

失智症經常出現的惱人行為　之九

對服裝儀容毫不在意

——六成以上的高齡者都希望可以好好打扮！但是，有許多理由讓他們無法做到

I小姐的母親以前每天化妝，穿著打扮也非常講究。但是，最近她開始不注重外表，大部分的時候都穿著鬆垮垮的髒衣服。

I小姐：「媽，妳最近都是這個樣子，很丟臉呢，我幫妳買了一些衣服。」

母親：「這樣嗎？」

打開包裝之後，是一件非常高雅的紅色衣服，前面有些小釦子，很適合I小姐的母親。但是，把衣服拿給母親已經好幾個月了，母親完全沒有要穿的意思。難道母親不喜歡這種款式……

因此，I小姐再次詢問母親喜歡什麼顏色。但是母親只說：「唉唷，都這把年紀了……」沒有仔細回答。但I小姐還是很努力地問清楚媽媽對服裝的喜好，買了新的衣服來，但母親照樣不穿。

而且，媽媽的精神愈來愈差，食量也一天比一天少。

事實上，喜歡打扮的高齡者很多，占了六成以上

如果打扮開始變得奇怪，或許大家也會猜測「莫非我的父母得了失智症？」的確，罹患失智症的人對季節的感覺會產生錯亂，夏天時穿得很厚，冬天卻又穿得很薄，並因此而生病。而且，也開始不在意打扮，穿的衣服也不好看，對化妝或髮型等也沒什麼興趣。

就算送衣服給他們，他們也不穿。但是，如果只猜想他們是不是體力變差但置之不理，只會讓失智症更加惡化。

像這種凡事漠不關心、沒有活力的現象稱為「淡漠」（apathy），有八九．七%將

近九成的失智症患者符合這種症狀。（1）

缺乏動力、熱情的主要原因是大腦額葉的功能出現障礙，這個時候，**注意力會無法集中，食量變小，身體也因而變得虛弱**。

或許大家會認為老人家本來就不重視外表。的確，過去的高齡者並不是那麼喜歡打扮，但根據調查，西元一九九九年，喜歡打扮的高齡者占五二・九％，二〇〇九年則占六〇・二％，**喜歡打扮的高齡者不斷增加**。（2）但罹患失智症之後，外表便逐漸變得邋遢。

上了年紀後，鈕釦的大小感覺只有年輕時的一半

不過，不只是失智症，事實上，隨著身體的變化，服裝確實也受到較多限制。

人類可透過觸摸的感覺（觸覺）抓起東西或移動。這種觸覺會隨著年紀增長而衰退。因為身體衰退後，指尖的感覺會衰退，而且接觸到刺激時，**也容易發癢**。

此外，年輕時不用仔細盯著鈕釦，就可以把鈕釦解開。即使一邊講話、一邊看電

視，甚至是閉著眼睛，也都很輕易就可以把鈕釦扣上或解開，這都是因為手的觸覺還很靈敏。

然而，即使是年輕時，外套上的大鈕釦還是比襯衫或錢包上的小鈕釦容易解開。上了年紀之後，這個傾向更加明顯，**相較於年輕時，釦子大小的感覺只有一半**。如果釦子無法順利扣上，就算是再喜歡衣服的設計，也不會想去穿它。

但是，究竟需要多大的鈕釦呢？正確答案是**直徑兩公分以上**。日本消費者中心的調查也顯示，只要**超過兩公分**，大家就會認為「這種大一點的鈕釦比較好」，如果只有一．五公分，大家就覺得「釦子太小不好扣」。(3)

觸覺變遲鈍後，不只鈕釦會變得較難解開，東西也容易掉落。因為拿在手上的感覺變遲鈍了，特別是紙張和藥丸等很薄或很小的東西最容易掉落。

一百歲時還活躍於醫療現場的日野原重明醫師，在他的著作《盡全力做好今天該做的事》中寫過：「六十五歲時，我手上的一張稿子掉到地上」、「當時，我猛然回神，心中一驚」。也就是說，那時他的觸覺已經變差了，所以手上的東西會掉落地上。從旁人來看，可能無法理解為何他會心中一驚。我曾和日野原重明醫師一起吃午飯。當時他雖然已經一百多歲，但還可以一如往常地喝茶、用餐，完全看不出會讓東西掉在地上。

像這種觸覺變差，**並不是指「經常」讓東西掉在地上，而是「偶爾」讓東西掉在地上的次數增加了**。因此，容易打破的食器，「平常看起來覺得應該沒問題，所以用它們作禮物，但一不小心就打破了」。

當指尖的感覺變遲鈍，或因為腦梗塞而有麻痺現象時，**建議選擇拉鍊款式的衣服，而不是鈕釦**。不過，拉鍊雖然容易用，但碰到皮膚時會產生摩擦，不是那麼舒服。有一種**照護用衣物**穿脫的便利性很高。因為醫師幾乎不會介紹，很意外地，多數人都不知道。有需要時，這種衣物對家人等身邊的人來說非常方便，請大家務必牢記。

尿布也可能是讓高齡者總喜歡穿得鬆垮垮的原因之一。

我曾試著穿過尿布，如果是薄型尿片，並不會太不舒服，但如果穿的是吸收力較好的尿褲時，就會感覺屁股上有一大包東西。那個時候，如果穿上緊身的質料或是素色長褲，尿褲的形狀就會變得很明顯。

鬆垮的長褲可以掩飾穿尿褲這件事。

高齡者之所以多用蛙口包，並不是因為他們偏好傳統風格

上了年紀後，從一般錢包中取出零錢會變得比較困難，因此許多人會改用蛙口包當作錢包。除蛙口包之外的錢包裡面都很暗、看不清楚，搞不清楚裝的是一百日圓銅板還是五十圓銅板。

年輕人只要用手摸一下，多半可以知道那是幾圓的銅板。但這對觸感變差的高齡者是很困難的。**六十五歲之後，指尖的敏感度只有年輕人的一半，腕力也減少了三〇%。**（4）

因此，他們會因為結帳時要花很多時間把零錢拿出來，讓排在後面的人等待而緊張、焦慮。事實上，有很多高齡者因為不想讓後面的人等太久，所以每次都用大鈔付

帳，結果錢包中積了一大堆零錢。

用小拉鍊或鈕釦的錢包內部空間太小，手不容易伸進去，而且拉鍊和鈕釦也不好操作，特別不好用。此外，也不容易知道錢包中有多少錢。

所以，許多高齡者都使用蛙口包這種可以「啪」一下就打開的零錢包。看到高齡者用蛙口包，有些人會誤以為「老人家對現在流行的錢包沒興趣」，事實上只是因為現在流行的錢包不好用而已。

如果知道高齡者在使用錢包上有這些困難，看到手忙腳亂的高齡者時，就不會很不耐煩地說「這麼多人在排隊，動作快一點」，而是會心想「指尖的感覺衰退，那一定很辛苦」，心平氣和地等待。

那麼，怎麼做才不會讓指尖的感覺衰退呢？建議大家在平常就要練習處理細小的東西，縫紉、編織、做模型、盆栽等都很適合。

皮膚的溼度下降也會讓觸覺變得遲鈍，平常可以多用凡士林或護手霜來保養。

盡量選擇混紡的棉質衣物，新衣服要先洗過一次再穿

隨著年齡增長，能穿的衣服質料也愈來愈有限。因為皮膚變得乾燥，化學纖維製的衣服和羊毛毛衣穿上後會感覺有些刺癢，不是太舒服。而且，穿毛衣時通常是冬天，皮膚會變得更乾燥，這些原因都有可能造成老人家雖然喜歡衣服的設計，卻不願意穿。

衣服的質料最好可以選擇棉質等柔軟的質地。刷毛絨（fleece）或發熱衣（thermo）之類的化學纖維，因為刺激性太強，容易發癢。

選擇衣服時，質料比款式更重要。養成查看質料標示的習慣，感覺起來也比較專業。買衣服、內衣或是睡衣時，記得看一下標籤，盡量選擇含棉的衣物。

更細一點來說，如果是百分之百棉製，表面凹凸較大（一．五微米），會感覺比較粗糙。**但若混合了棉以外的材質，表面的凹凸在〇．五至一．〇毫米，可以減少粗糙的感覺。**如果不仔細想，可能會覺得百分之百棉製品比較好，但以觸感來說，混紡

製品更好。打開超市的塑膠袋時，如果覺得指尖乾乾的不容易打開，就有可能是因為年紀造成的皮膚乾燥。

無論如何都想穿的衣服是化學纖維或羊毛質地時，該怎麼辨呢？這個時候，可以選擇棉混紡等其他材質的衣服穿在中間，不讓化學纖維或羊毛直接接觸肌膚。

還有，新衣服的刺激性會比較強，新買的衣服不要馬上就穿，要先洗過一次。

經常發生的錯誤是，為了讓老人家看起來更年輕一點，拿有著小鈕釦的衣服或用化學纖維製成的衣服給他們。這樣的衣服高齡者會討厭而不穿。

此外，如果覺得他們體力不好、不想說話，就不跟他們說話，只會讓情況更嚴重，讓失智症惡化。

➡即使患了失智症，還是看得懂笑容！

讓他們穿著穿脫容易、感覺舒適的衣服聊天，可以預防失智症的惡化。此外，也要盡量對他們展現笑顏。

的確，和沒什麼反應的高齡者說話，只有自己拚命露出笑容、流露情感，有點對牛彈琴的感覺，很容易就會失去熱情。但是，即使罹患失智症，了解對方表情的能力也不會輕易衰退，**一直到最後，他們都可以看懂別人的笑容。**（5）就算是努力擠出笑容也好，只要笑顏以對，就有溝通的效果。

為了讓高齡者不要變得冷漠，可以讓他們參加社團活動，比方說，去和社區活動中心的人說說話，或是參加講座。為此，最好可以確認居家附近有什麼樣的機構或講座。

話題回到衣服的質料。做家事時，若是光著一雙手、什麼都沒有穿戴，水或清潔劑會直接接觸皮膚，讓皮膚變得粗糙，因此必須使用橡膠手套。話雖如此，因為橡膠**本身也會造成刺激，若能先戴上棉質手套，外面再套上橡膠手套，就能預防皮膚變粗了。**

可以塗抹凡士林、增加房間的溼氣、修剪指甲

七十五歲以上的高齡者，有半數以上都很容易覺得皮膚發癢。癢是比較弱的疼痛，當傷口即將痊癒、結痂時，大家應該會覺得很癢吧，就是這種感覺。當「從衣服來的刺激」這種較弱的刺激出現後，高齡者就算不會疼痛，也會感受到「癢」的刺激。

會覺得癢，是因為皮膚乾燥。九五%的高齡者皮膚都很乾燥。說到乾燥，大家都覺得是水分減少，事實上，油分也減少了。

所以，女性才會擦上乳霜來保溼，皮膚表面因為有水分和油分才能保溼。如果把它解釋成「在水上面蓋上油這層蓋子」，大家應該比較容易想像。

女性可能會覺得「這不是理所當然的事嗎」，但不只女性，男性也有乾燥問題，而且男性對保溼幾乎一無所知。自己的先生在人前東抓西抓總是不太體面，因此務必好好傳授他們保溼的常識。

建議大家用市售的凡士林來保溼皮膚，護手霜也可以，但必須避免有強烈刺激性

的產品。一天兩次，早上起床後和洗完澡後使用效果最好。因為早上很容易忘記，所以，洗完澡後務必記得擦一次。

此外，若能做好手部保溼，就能減少先舔手指再翻書或打開超市塑膠袋等讓旁人不太舒服的行為。

房間若能維持一定的溼度，也可以為皮膚保溼。可以使用加溼器，或是把洗完澡後擦過身體的溼浴巾晒在室內。此外，適當的溼度也能預防眼睛乾燥，眼睛乾燥會造成頭痛、肩膀痠痛等各式各樣的不舒服，做好保溼就能預防這些不舒適。

剪指甲也可以抑制身體發癢。乍看之下這兩件事似乎毫無關聯，但指甲長了之後，如果皮膚發癢伸手去抓，很容易傷害皮膚。結果，對來自四周的刺激也會變得很敏感，更容易發癢。

洗澡時，要**盡量避免使用尼龍製的毛巾刷背**。特別是高齡男性總是喜歡說，用力刷過才有洗過澡的感覺。但是，如果用尼龍製的毛巾用力摩擦，皮膚會變得脆弱，更容易發癢。或許有人認為要「鍛鍊皮膚」或「這樣才有氣勢」，但光有氣勢並無法幫你忍耐皮膚癢。

要防晒，並積極攝取維生素D

光線會造成皮膚老化，變得更加粗糙，就是所謂的「光老化」。就算皮膚有保持溼度，照射光線後，**皮膚還是很容易就會感覺微小的刺激，進而覺得癢**。（6）

因此，最好不要晒太多太陽。如果皮膚外露的部分太多，造成發癢的刺激就會更強，所以**最好不要讓皮膚裸露在外**。戴手套，帽子或陽傘也可以預防頭部發癢。

此外，也可以包成「真知子捲」（亦即從頭連著脖子包起來）。這個名稱是從《請問芳名》（日文片名為《君の名は》）這部一九五三年的電影中流行起來的，岸會子小姐飾演的真知子，就是用長圍巾把頭蓋住、整個包起來，所以，這種包著長圍巾的造型就稱為真知子捲。另有一部在二〇一六年上映的動畫電影，日文片名也是《你的名字》（日文片名同為《君の名は》），可能大部分的人都只知道後者。

在飲食上，必須積極攝取維生素D。

除此之外，如果可以在優格或牛奶中加入「琉璃苣油（borage oil）、兒茶素、維生素E」，肌膚功能可以提升十三．三%。（7）或許有人沒有聽過琉璃苣油，它是一種可以抑制發炎的油，但不容易買，若使用不當可能致癌，所以，也可以用橄欖油取代。**只要在優酪乳或牛奶中加入一至兩滴橄欖油、綠茶粉一小匙（含有兒茶素和維生素E），每天飲用即可。**很多人都覺得這樣應該會很難喝，事實上，喝起來意外美味，請大家務必試試。

為何高齡女性要把頭髮染成藍色或紫色？

順帶一提，有些高齡女性喜歡把頭髮染成藍色或紫色。或許有人會擔心她們是否因為年紀太大，所以有點感覺錯亂？事實並非如此。

上了年紀後，頭髮就會變白，很多人都以為頭髮白了之後把它們染成黑色或茶色就好了，但事情沒有這麼簡單。仔細觀察後會發現，白髮中帶有一點黃色，如果把那些頭髮染成黑色或咖啡色，染出來的顏色並不太好看。

因此，透過加入黃色的互補色藍色，或色系上比較接近的紫色，可以讓頭髮的顏色更漂亮。

「對服裝儀容毫不在意」的真相

▼罹患失智症後，有時會穿著不符合季節的衣服
▼九成的失智症患者會陷入冷漠、無精打采的狀態
▼罹患失智症後，不只打扮的欲望會降低，食量也會減少
▼很多高齡者都很喜歡打扮，占六成以上，而且比以前還多
▼皮膚乾燥會對癢變得比較敏感，必須慎選要穿的衣服。九五%的高齡者皮膚都很乾燥
▼上了年紀之後，對鈕釦大小的感覺只有年輕時的一半

▼選擇鬆垮垮的衣服，有可能是因為想掩蓋尿褲的形狀

▼因為開關容易，且可以輕鬆看到內部，所以高齡者都喜歡拿蛙口包當錢包用

▼六十五歲之後，指尖的敏感度只有年輕人的一半，握力會減少三〇%

▼把頭髮染成藍色或紫色的高齡女性，並非因為美感錯亂，而是想讓頭髮看起來更漂亮才這麼做

●身邊的人容易犯的錯誤

- 如果高齡者在結帳時動作緩慢，就很不耐煩地開口罵人。
- 為了讓高齡者看起來年輕一點，選擇衣服時只看款式，忽略材質與是否容易穿脫。

身邊的人應該採取的正確行動

- 選擇衣服時，要選鈕釦直徑兩公分以上的款式。
- 選擇拉鍊式的衣服。
- 若想特別挑選，可以選擇照護用衣物。
- 錢包要選擇開口較大、容易開關的款式，建議使用蛙口包當作錢包。
- 就算結帳時慢了一點，也要理解他們是因為手部比較不靈巧，要更溫柔地守護他們。
- 選擇棉製或棉混紡的材質。
- 衣服的質料要避免化學纖維和羊毛。
- 為高齡者選擇衣服時，要記得以質料柔軟與穿脫容易的款式優先，之後再考慮款式。
- 新買的衣服要先洗過一次再穿。
- 穿著化纖或羊毛材質的衣服時，底下要再讓他們穿一件棉質的衣服。

- 讓他們穿上好穿的衣服，並且笑顏以對。
- 房間要保持一定的溼度。

如何預防自己出現同樣症狀

- 平常就要練習做細膩的手工，如縫紉、組裝模型、盆栽種植等。
- 塗上凡士林或護手霜保溼。
- 參與社會活動，和人對話。
- 剪指甲。
- 洗澡時，不要用尼龍製的毛巾用力擦背。
- 為了避免照到陽光，要減少裸露在外肌膚的面積。
- 攝取維生素D。
- 在優酪乳或牛奶中加入橄欖油和綠茶粉，混合後飲用。

失智症經常出現的惱人行為　之十

堅持拒絕新事物

——高人氣禮物「按摩機」或「食物」為什麼會造成危險……？

J小姐的婆婆似乎罹患了失智症，最近接電話時，回答總是非常含糊不清。因此，在聽到電視上說「現在很流行假冒熟人的詐欺」時，J小姐非常擔心。她和丈夫討論，送了一個「方便高齡者使用的可錄音式家用電話機」給婆婆。

半年後，J小姐前往丈夫的老家，發現送給婆婆的電話機連箱子被堆放在玄關旁。婆婆用的電話機依舊是傳統的撥盤式黑色電話。

J小姐：「婆婆，送這個電話是不是不太妥當，真是抱歉。」

婆婆：「沒這回事。是因為從以前用到現在的這個（黑色電話）還沒有壞。」

J小姐：「這樣啊……」

婆婆是擔心J小姐難過才故意這麼說，事實上她完全沒有要用的意思。之後，J小姐夫妻還送了各種方便使用的東西給婆婆，但婆婆完全不想嘗試。

新事物和環境只會導致失智症，無法活化大腦⁉

送禮物給高齡者，他們未必會用，覺得適合、特地買來送給他們的衣服，他們完全不穿；也不想使用有許多便利功能的暖爐；彌補記憶力衰退的用品，或是比較不用擔心會發生火災的ＩＨ爐（感應爐）也都擺在一邊。

或許大家會以為這是因為「上了年紀之後個性變差，想反抗」，其實事情沒有那麼簡單。

高齡者不接受這些禮物的其中一個原因，是罹患失智症。

把新的東西拿給失智者使用，或讓他們在新的環境，可能會使他們的病情變得更加嚴重。原因之一是，他們的認知功能不足以應付環境和狀況的變化。結果，也出現了拒絕新事物的行為。換句話說，這個拒絕的行為也是一種阻止失智症繼續惡化的自衛機制。

可能有人認為，練習使用新事物不是可以改善失智症嗎？雖然有幫助，但若超過可以接受的範圍，就會造成失智者的負擔，讓失智症更加惡化，就如同過度運動和飲食都不行的道理一樣。

很多失智者都不願意移居其他的地方。就算有人提議要住在一起，他們也會不考慮提議者的心情而直接予以拒絕。這個時候，大家很容易犯的一個錯誤就是勉強讓他們移居、加以監視。但是，突然來到全新的地方，不管是誰都會不習慣，更何況高齡者對居住場所都很有感情，勉強他們只會讓失智症更加惡化。

此外，罹患失智症的人當中，有四一％思考的柔軟度會變差。（1）不過，罹患失智症後，認知功能並不會突然全部衰退，而是會從部分開始慢慢衰退。

年輕人必備的「智慧型手機」為什麼對高齡者來說極為不便？

除了認知功能之外，拒絕接受新東西還有其他原因。

對年輕人來說非常方便的東西，對高齡者未必好用，**原因多半來自視覺和聽覺的問題。**

智慧型手機就是其中一個典型的例子。「智慧型手機可以查詢各種資訊，也可以打電話或寄送電子郵件，而且體積也很小，可以隨身攜帶，為什麼這麼方便的東西老人家不用呢？」就年輕人來說或許會覺得非常不可思議。

但對高齡者而言，智慧型手機畫面上的文字太小，非常不容易閱讀。事實上，年輕人閱讀智慧型手機上的文字時，眼睛和文字的距離也比閱讀紙張上的文字時近了八公分。

此外，在傳統行動電話的時代，市面上販售的高齡者專用手機，有優異的噪音消除功能，比智慧型手機來得容易聽清楚。再者，上了年紀之後，手指會變乾燥，操控智慧型手機的螢幕會比較沒有反應。雖然智慧型手機也有針對高齡者設計的機型，但在功能上做得還不是很好。

換句話說，**智慧型手機只有從年輕人的角度來看是「便利」的，但對高齡者而言是一種「不好用的商品」。**

但還是有人不斷犯下錯誤，「勉強讓高齡者使用新鮮的東西」。他們堅持認為「新的東西比較安全，而且也很方便」，所以強烈推薦高齡者使用。ＩＨ爐或暖爐等，也是其中的例子。

當事人不喜歡，卻勉強讓他們使用，反而會讓他們更按照過去的方法生活，讓失智症變得更加嚴重。建議大家要一邊觀察高齡者的情況，再慢慢引導他們使用。

有些高齡者很喜歡玩線上遊戲或使用 iPad

那麼，高齡者真的對新事物完全不感興趣嗎？事實並非如此。家庭烘焙機、掃地機器人和除塵蟎吸塵器，就都很受高齡者歡迎。高齡者似乎很喜歡在自己家裡享用剛烤好的麵包，此外，覺得自己用吸塵器吸地非常辛苦的高齡者，也會很想使用掃地機器人。上了年紀後，棉被中只要有一點塵蟎就會發癢、睡不好，所以塵蟎吸塵器也很受歡迎。

另外，**免治馬桶的普及率以七十歲以上的族群最高**，多達七三．七％，三十歲左右的約為六九．八％，二十九歲以下則是四五．一％，所以大部分都是高齡者在

使用。（2）

正如剛剛提到的，智慧型手機不受歡迎，不過，平板電腦卻很有人氣。平板電腦吸引人之處莫過於畫面很大，即使不用手指，用觸控筆也可以操作。只要看針對高齡者製作的電視購物節目就知道，節目中經常介紹平板電腦。

就像這樣，**如果是適合自己又符合自己興趣的東西，他們就會自然地接受**。

某位高齡者在眼睛痊癒後，很高興地說「又可以玩《太空戰士》線上遊戲了」，讓我感到非常驚訝。偶爾，也有患者在住院時會用iPad看書或電視，而且用得比我還要熟練。當時，可以閱讀大量雜誌的APP剛剛上市，有位患者跟我說：「我可以用這東西看很多雜誌，應該也可以用它來看醫師的報導吧？」當時的我完全不知道這東西還能這樣用。

不斷有高齡者表示，他們因為使用按摩機而身體不適

很多人認為，如果是針對高齡者設計的商品，應該就沒問題，很遺憾的，事實並

非如此。因為有很多商品還無法確定對高齡者來說，是否真的方便。

這有可能是因為製造商的開發者還很年輕，即使是有點年紀的開發者，因為即將退休，只有少數人願意深入了解高齡者的狀況。所以，就算是針對高齡者開發的家用電話，也曾經收到「說明書不易閱讀」、「按鈕看不太懂」的抱怨。(3)即使「稍微了解」高齡者的心情，但很遺憾的，不管是哪家企業，針對「高齡者的身體會有什麼樣的變化、變化的幅度又有多大（一如本書所介紹的）」，都不是很清楚。

想送禮物給高齡者時，在選擇上要多加注意。

說到禮物，若高齡者有肩頸痠痛或腰痠背痛的毛病，晚輩多半會選擇按摩機。接近重陽節時，家電量販店也會規畫特別的角落排上幾台按摩機。事實上，如果不慎重挑選，很可能會選到不適合的機器。

使用按摩機時要非常小心，一旦弄錯使用方法，或是不了解身體狀態就開始使用，很多時候反而會讓身體更不舒服。

事實上，使用按摩機的高齡者中，有一成的人表示身體不太舒服，覺得身體不舒

服的人當中，有一成的人發生骨折，而按摩機造成的死亡意外在過去曾發生五件。日本厚生勞動省曾分別在二〇〇八年、二〇一二年、二〇一四年三度提醒民眾注意，消費者廳也在二〇一二年和二〇一四年兩度提醒大家。此外，也有些疾病是不能使用按摩機的。（4）

因此，除非當事人指定要按摩機，我個人並不建議以此作為禮物。還不如製作孩提時曾經做過的肩膀按摩券，由自己來為長輩按摩，應該會讓他們更加開心吧。

信件才是隱藏版的推薦禮物

上了年紀之後，很多人都會戴帽子。但是，這並不單純只是因為他們「喜歡帽子」。也是因為高齡者頭髮變少，想把它們蓋起來。此外，也為了保護頭皮，避免受到陽光的刺激，同時也可預防頭皮乾燥。

因此，**必須選擇通風性佳，有良好遮光功能的帽子，材質則以棉、氈、麻為優。**若選擇聚酯纖維，因為聚酯纖維單一材質容易發癢，建議選擇混紡的材質。

拖鞋可能是跌倒的原因，不要穿比較安全。襪子在價格上雖然比較便宜，但有些襪子會滑下來，需要注意。並非什麼材質都好，**最好只穿可以預防跌倒的襪子。**

把香氛當成禮物來贈送，可以有效預防失智症並預防嗅覺衰退。（5）有研究指出，迷迭香和樟腦的香氣可有效預防失智症。不過，**需要用火的商品有可能引發火災，必須避免。**

如果送的是書，最好可以選擇字體較大、容易閱讀的書本。特別是若高齡者視力不好，可以贈送大字版的書籍。這種書可能不容易在書店找到，不妨上網訂購。事實上，這本書也是大字版。

眼鏡、眼鏡鍊、眼鏡架或有靠背的和室椅，都是很好的禮物。

其實，信件也是隱藏版的禮物。就算寫得很短或寫得不好，信件還是最能夠讓高齡者開心的禮物。但如果字跡不夠清楚，高齡者會不好閱讀，必須使用墨水充足的筆，在白紙上寫下黑色偏大的文字。

➡送食物也要多注意。如果處理不慎，有時會讓高齡者生氣

對承認自己已經上了年紀的人來說，收到銀髮族推車、可預防跌倒的襪子，或是好走的鞋子等禮物，應該會很開心。但是，大部分高齡者都不認為自己是高齡者。站在高齡者的角度，如果突然有人送自己一台銀髮族推車，心裡應該會不太舒服。不要自以為老人家一定會喜歡某種類型的物品且擅自送給他們，這類的禮物最好只送給覺得自己已經上了年紀，並且可以接受這件事的高齡者。

我太太的爺爺雖然已經九十多歲了，但還是可以靠著自行車順暢移動。怕他發生危險的岳母送了一輛後面有兩個輪子的三輪車給他，結果他很生氣地說：「這東西只有老人才會騎吧！」把車子丟在一邊，完全不騎。事實上，的確有很多人雖然已經年過九十，卻不覺得自己已經上了年紀。

要避免送高齡者容易堵住喉嚨的形狀太大的食物。

送葡萄柚時也需要注意。正在服用血壓藥的人不適合吃葡萄柚，所以，最安全的方法就是一開始就不要送。

歲末和中元合併送禮時，很容易就會犯錯。比方說，明知對方有糖尿病，卻送他水果罐頭或果汁等甜食；明知對方有痛風，卻送他酒（特別是啤酒），這些都是很失禮的行為。那種感覺就好像鼓勵正在減肥的朋友吃蛋糕一樣，感覺不是太好。

我知道大家可能會覺得「太麻煩了，想不到這麼多」。但曾經有個人在歲末時，因為從應該知道自己有糖尿病的人手中拿到甜食作為贈禮，感到非常沮喪：「明知我有糖尿病，吃東西要很小心，怎麼這麼任意地對待我……」這會讓當事人感覺很差，甚至猜測對方是不是希望自己死去。

因此，雖然麻煩，**但特別是對有疾病的人，換個禮物比較不失禮**。不過，也會有些人像我的父親一樣，雖然告訴大家自己有痛風，但因為喜歡喝酒，平常還是會在眾人面前開懷暢飲。如果送酒給這種人，他應該會很高興。不過，這畢竟是例外中的例外。

一如上述，選擇商品真的是非常傷腦筋的一件事。之所以會是這種情形，是因為感覺上幾乎沒有什麼商店是針對老人家的需求來設想，也實際上做得非常徹底的。

老實說，在我看來，現在的商店想的都是「若先說『很適合高齡者』，應該會賣得比較好吧」，能夠打從心底為高齡者著想的店家並不多。在販售真正為高齡者著想商品的百貨公司、超市或網路商店出現前，只能自己多加留心。

旅行或讀書可以提高對新事物或環境的適應性

前面略微談到移居的問題，其實，不只是新的事物，要習慣新的場所對高齡者來說也非常困難。

住院也一樣。事實上，有許多原本一直住在家裡的人，就是在住院時失智症開始惡化。並不是他們的記憶力突然衰退，而是因為環境突然變得不一樣，一時之間「不知道廁所在哪裡」、「不知道該怎麼用餐」，有一大堆不知道的事。他們會因為自己沒有辦法做某件事，而陷入混亂。因此，當入院的患者認知功能衰退時，有時候會盡量讓他早點出院，或者為了讓他過著和平常一樣的生活，把棉被鋪在地上讓他睡覺。

因此，需要移居時，很多人不會突然就讓患者和兒子夫婦同住，而是「只有冬天時住在兒子夫婦家」，**讓他慢慢習慣**。

改變居住地會讓環境變得截然不同，所以如果貿然進行，會對大腦造成負擔，讓失智症更加惡化。

也有人是因為失智症惡化，才突然讓患者與家人同住。這種情形當然也可以理解，不過，讓當事人慢慢與自己同住，才是維持認知功能的訣竅。

總而言之，想順利適應新的事物與環境，有一定的順序。**突然要他們馬上適應新事物或環境，很容易就會產生問題。**

如果能每天都累積一點接觸新事物的經驗，就可以減輕新事物對他們造成的壓力。**前往旅行、到不認識的地方去，都可以降低對新事物或環境的抗拒。**

更簡單的方法就是讀書。透過接觸大量書籍，不斷吸收過去不知道的知識、模擬體驗不認識的世界，也一個非常有效的方法。

「堅持拒絕新事物或環境」的真相

▼為失智者提供新的事物或環境，有可能會讓失智症更加惡化

▼視覺和觸覺的問題，很可能會讓高齡者拒絕接受新事物

▼有些商品年輕人視若珍寶，但高齡者卻無法接受，智慧型手機就是典型的例子

▼如果是適合自己，也符合自己興趣的東西，即使是新事物高齡者也會接受

▼自家烘焙、掃地機器人、塵蟎吸塵器、平板電腦等商品，都很受高齡者歡迎

▼免治馬桶座的使用者以高齡者居多

▼很多針對高齡者設計的商品，對高齡者來說都很難使用

▼拿按摩機當禮物來送有其風險

▼使用按摩機的高齡者，有一成抱怨身體不適，其中又有一成則是造成骨折情況

▼收到銀髮族推車等明顯是給高齡者用的商品時，有些人會生氣

▼有糖尿病卻送甜食，有痛風卻送酒，這些都是實際發生的例子

▼失智症有可能在入院時惡化

●身邊的人容易犯的錯誤

- 認為「反正老人家就是不喜歡新東西」。
- 當事人並不想要，卻勉強當作禮物送上。
- 勉強邀對方同住。
- 認為只要是針對高齡者設計的商品，就可以安心購買或使用。

- 送按摩機一定沒問題。
- 什麼都沒想就送上拖鞋或襪子。
- 不知道對方的個性，只知道對老人家來說非常實用，便送了銀髮族推車當作禮物。
- 送上容易卡在喉嚨的食物或葡萄柚。
- 在不知道對方身體狀況的情況下，送上罐頭、果汁等甜食，或是酒類。
- 全部的人都送同樣的禮物。

身邊的人應該採取的正確行動

- 意識到在新奇的東西中，也有高齡者喜歡的商品。
- 帽子要選擇通風、遮光性好，不會傷害肌膚的材質。
- 為了預防失智症或嗅覺衰退，贈送香氛物品。不過，必須是不需要用火的類型。

- 送字體較大的書。
- 送眼鏡相關商品或有靠背的和室椅。
- 送上誠心誠意寫的信。
- 面對生病的人，要選擇適合的禮物相贈。
- 想讓他移居時，一開始可以先來個小旅行，讓他慢慢適應環境。
- 送新奇的東西時，不要一次整個塞給對方，可以一點一點地給。

如何預防自己出現同樣症狀

- 經常旅行。
- 閱讀。

第三章

可能演變成牽連多人悲慘事件的高危險問題行為

突然跑到馬路上

——在住家附近比前往不熟的道路更危險，步行中又比行駛中危險

公公的個性非常溫和，購物時也會幫婆婆提東西。K小姐甚至覺得，自己的父親應該好好地跟公公學習。有一天，婆婆正打算做壽喜燒。

婆婆：「啊，我忘記買雞蛋了。」

公公：「這樣啊，那我去買。」

婆婆：「不用了，我們吃的時候就不加蛋吧……嗯，那還是幫我買一下好了？」

公公：「好。買六個裝的可以吧？只要普通的白色那種就行了對吧！」

婆婆：「麻煩你囉！」

超市離家非常近，只要走三百公尺左右就到了。當時是傍晚六點，天色還不是太暗，K小姐心想，讓公公自己去買應該沒什麼問題。結果……

婆婆：「蒟蒻絲也沒了。小K，不好意思，跟爸爸說，叫他買蒟蒻絲。」

K小姐：「公公有帶手機出門嗎？」

婆婆：「啊——，可能放在家裡。」

K小姐心想「這樣的話，我只能跑一趟超市了」。K小姐走沒多遠，她聽到「嘎——」的一聲，而且還聞到橡皮燒焦的臭味。她往聲音傳來的方向看去，發現公公在車道上，差點就被車子撞到，幸好車子及時煞車。公公因為受到極大的驚嚇，手上的雞蛋掉在地上，破掉的雞蛋散了一地。

K小姐：「爸！你還好嗎……？」

公公：「嗯，幸好沒有撞到。」

失智的人不知道要閃避車輛，也沒有走行人穿越道的概念

開車時，有時會有高齡者突然跑出來。在新聞上，我們也經常可以看到與高齡者

有關的車禍報導。事實上，高齡者的車禍數量不斷增加。而高齡者車禍的特徵是，不只是受傷，多半是**死亡車禍**。

而且，**很多高齡者都是在步行時遭遇意外**。日本在二〇一五年的四千一百一十七名車禍死亡者中，以步行中死亡的一千五百三十四人占最多數，其中，六十五歲以上者為一千零七十人，占了六九．八%。（1）說到高齡者車禍，或許很多人會覺得應該大部分都是自己開車或騎車時逆向行駛，或是錯把油門當煞車，事實上，發生在步行時的意外遠多過行駛中。

那麼，為什麼高齡者會突然從不是行人穿越道的地方跑出來呢？**這是失智症與老化的身體變化造成的**。

因為，**失智的人**突然跑到馬路上時，雖然看到車子來了，但**大腦**卻不知道「車子來了很危險」，而繼續行走。他們不知道「必須走在行人穿越道上」，有時會走向車道。

這種情形的確很危險，但如果完全不讓他們走路也不對。如果是重度失智，或許真的就沒有辦法，但若程度尚輕，會因為行動範圍過於狹小，讓失智症惡化。

高齡者就算沒有罹患失智症，也會因為老化造成的身體變化容易發生意外。雖然也有人很自以為是地深信「車子會自己閃開或停下」，事實上，年輕人當中也有人抱著這種想法，但會停下的車輛畢竟是少數，

更主要的原因在於眼睛。只要稍微變暗，視力和距離掌握的精確度都會變差，在後面的章節會詳細說明。

傍晚六點左右發生意外的機率非常高

以時段來說，大概是傍晚六點時發生的意外最多。

因為這時正好是通勤、通學者的回家時間，交通流量很大。如果以因通勤、通學而變大的交通量來思考，就是早上或傍晚，年輕人在早上和傍晚很容易發生意外，但高齡者多半會集中在傍晚。這並不是因為失智症容易在傍晚發作，或是一到傍晚個性

圖8　年輕人和高齡者在距離感上的差異

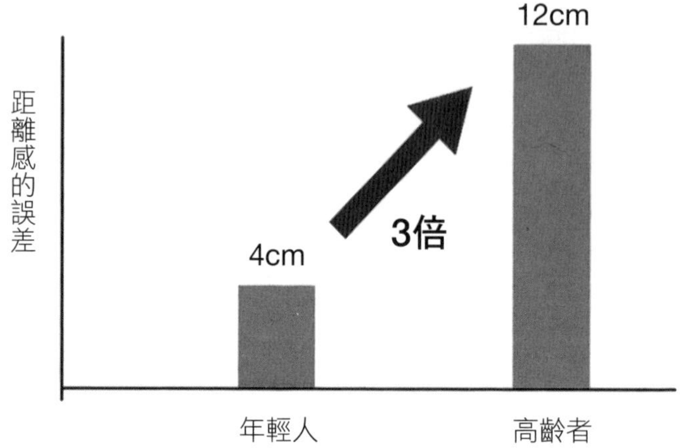

就會出現變化，而是身體的老化造成的。**高齡者和年輕人的眼睛狀況有很大差異**，而這差異又以傍晚時最為明顯。

進入黑暗的場所時，我們眼睛的瞳孔就會打開，盡量讓多一點光線進入。相反的，若環境很亮，瞳孔就會關上，減少光線進入。但這種可以配合明暗自動調整的眼睛功能會因為年齡的增長而逐漸衰退，**即使才只是傍晚，也會覺得很暗**。瞳孔的面積在二十幾歲時是十五．九平方公釐，到了七十歲之後，約為六．一平方公釐，剩下不到一半。（2）即使在傍晚，年輕人眼中進入的光線也是高齡者的兩倍以上，所以，年輕人覺得「還是很亮」，但高齡者卻會覺得「很暗」。

上了年紀之後，距離感也會衰退。（3）

有個實驗是看著十公尺前的寬度，請實驗者判斷自己是否可以通過。事實上，看了和實際可通過的寬度之間的差距後，我們知道年輕人的差距只有四公分，但高齡者的差距卻高達十二公分，是年輕人的三倍之多。

即使視力很好，若兩眼的平衡不好，也無法把距離感掌握得很好。也因此會發生明明距離很近，但感覺卻非常遙遠的現象。

再者，**年紀大了之後，對速度的估算也會變得比較模糊。**相較於距離，對速度的估計顯得更加困難。

除此之外，**高齡者死亡事故的現場，多半都是在距離自家半徑五百公尺內的生活圈**，死亡事故占全體的三〇%。大家常說「在不熟悉的街道上容易發生危險」，但事實上，發生在熟悉街道的事故反而比較多。除了因為經常前往之外，也因為已經很熟悉了，所以很容易就會忽略交通號誌，在沒有行人穿越道的地方若無其事的穿越馬路，因而造成事故。

➡即使司機沒有犯錯，也還是會發生事故

讓我們來看看最常見的案例。

一名年輕上班族下班後開車回家。

時間是傍晚六點，因為天色還沒黑，可以放心開車。當時太陽還沒下山，打開車燈的車子沒有幾輛。因為這是他每天都會開車經過的道路，已經走得非常習慣了，所以他也沒有打開車燈。而且，這條路非常筆直，少有彎曲，他很放心。

所以，他在限速三十公里的地方以時速五十公里的速度駕駛著，四周的車子也差不多都是這個速度，就跟平常開車沒什麼兩樣。

「回到家後要吃什麼呢？」他心想「昨天晚餐吃餃子，今天就不要吃中國菜了。啊，對了，冰箱有培根和青椒，說不定可煮個拿坡里義大利麵。」對面車道的人行道上有個老爺爺在走路，但這景象非常稀鬆平常，所以他並沒有特別注意。

突然間，那個老爺爺跑到路上，他緊急煞車。這時車子發出「咚」地一聲，他感到一股強烈的震動。「糟糕，撞到人了……!?」他非常緊張。上班族趕忙下車後，發

現蹲在地上的老爺爺正在流血。還活著嗎？有沒有受傷？接下來會怎樣？？？

這是最常發生的案例。但**並非駕駛時「沒有注意」**，以駕駛的角度來說，他的確是超速了，但在大部分的道路上，只有少數車輛會遵守速限。而且，駕駛也沒有犯錯，他並沒有分心往旁邊看。可是，高齡者突然跑到路上，結果發生了這樣的不幸事件。

以高齡者的角度來看，他走在從自家通往超市那條已經走得非常習慣的路上。因為想做鰤魚燉蘿蔔，所以買了白蘿蔔和鰤魚。今天「超市加贈五倍點數」，牛奶也快沒了，所以老爺爺買了很多東西。「欸，有味醂嗎？嗯，應該有吧。」老爺爺走在路上，一邊想著。

行人穿越道要再往前走一百公尺，但老爺爺懶得走到那裡，他和平常一樣橫跨馬路。老爺爺心想「反正車子很少」，好像有一輛開過來了，但距離還很遠，可以慢慢走沒問題，於是老爺爺就這樣穿過車道，他心想，只要快速走過，不要被撞到就好。

但是，車子卻好像加了速一般靠近了。那個瞬間雖然閃躲了一下，但還是撞上了老爺爺的腰。當時老爺爺沒有感到任何疼痛。四周的景色就像跑馬燈般緩慢移動，他逐漸失去力氣，也失去了意識。

總合上面這些，我們可以知道因為眼睛的狀態，高齡者的交通事故特別容易發生在「傍晚六點」、「距離自家半徑五百公尺內之處」、「沒有行人穿越道的地方」、「直線道路」。（4）

因此，家人絕對不能說「趁著天黑前把東西買回來」，而讓高齡者在傍晚時到附近的超市購物。

➡要謹記年輕人比較容易撞到高齡者

為了不撞到高齡者，該注意什麼呢？首先，必須知道可能發生在所有人身上的老化現象，那就是「傍晚時，高齡者與非高齡者的觀看方式不一樣」。所以，「高齡者會做出和年輕人很不一樣的危險動作」，駕駛開車的時候必須放低速度。

圖9　高齡步行者橫越馬路前的行動

註：為了讓中央分隔線可以看得更清楚，在此暫且忽略長度和比例尺

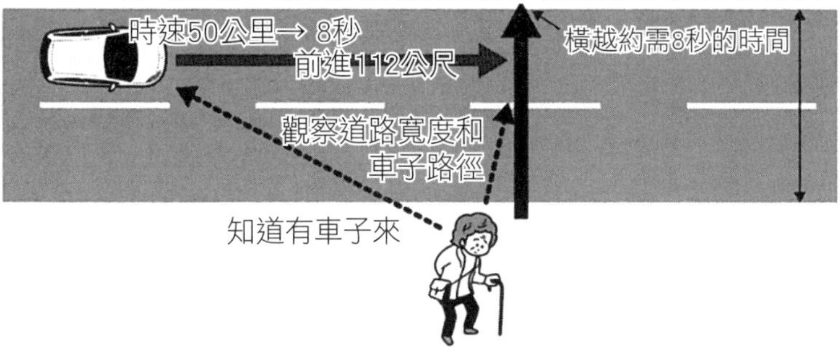

高齡者的平均步行速度：每秒約1.27公尺（會隨著年齡的增長而變慢）

其次，**除了晴朗的白天，最好都可以把車燈打開。**若年紀較輕，光憑著夕陽的亮度，就算不開車燈或許還是可以看到車子，但高齡者看不見。必須把車燈打開，讓高齡者注意到自己車子的存在。

如果是因為失智症或自以為是的個性跑到馬路上，我們很難預測這什麼時候會發生，但即使如此，把車燈打開還是可能讓他們注意到車子。

高齡者的視力會在不知不覺中嚴重衰退

若家人中有高齡者，要如何預防事故發生呢？

若高齡者患有失智症，請和他們一起確認會經過的道路。如果有危險的地方，可以討論是否要換條路走。此外，也要確認高齡者是否有仔細觀看四周。

另外，為了讓大家容易看到有高齡者在，**可以穿上貼有反光片的鞋子和衣服**。如果高齡者抗拒，也可以只把反光片貼在包包上。

最重要的是，必須在天黑前結束所有需要外出的活動。如果家人可以盡量陪伴在側，那是最安全的。

除此之外，**也必須確認視力的狀況**。如果持有駕照，必須定期做視力檢查，如果沒有駕照，又不去眼科或眼鏡行，就少有檢查視力的機會，所以，**有可能視力已經變差，但一直沒有發現**。

根據資料顯示，三三．五%的高齡者，視力都在〇．五以下。（5）在視力不到〇．五的狀況下，依然可以看電視、吃飯，對日常生活沒有什麼妨礙，所以不管是本人還是身邊的人，都很難發現。

➜即使上了年紀，還是可以改善視力！

如果尚未罹患失智症，可以進行眼睛訓練來加以預防。當然，即使是年輕人，為了防止自己在上了年紀後遭遇事故，也可以進行這項訓練。

若想確認自己的距離感是否正確，日本有一種考大型車輛駕照時使用的「三桿法」可以利用。測驗方法是，將兩根棒子固定好，第三根棒子放在兩根棒子之間。移動中間那根棒子，當棒子來到兩根棒子的正中央時就按鈴。網路上也有動畫介紹，就算自己無法使用電腦，若家人會用，就可以嘗試看看。多重複幾次就可以熟練。

換句話說，**熟練對距離感來說很重要**。在平常的生活中，**也可以在走路時試著一邊猜測到下一根電線桿還要走幾步**。有的時候，以為是二十步，事實上卻走了三十步以上。在不斷重複的過程中，預測步數和實際步數的差距會愈來愈小，打高爾夫球的人也可以試著進行以走路來預測距離的「步測」。

飲食也能預防視力衰退。**請務必攝取葉黃素**，葉黃素對眼睛來說是非常重要的營養素，對預防白內障尤其有效。

具體來說，一天只要攝取十毫克的葉黃素就可以了。菠菜中含有豐富的葉黃素，**一天只要吃兩株，就可以預防視力衰退**。

若要預防白內障，白天就必須戴太陽眼鏡，不要讓紫外線進入眼睛。經常暴露在紫外線下的人，容易罹患白內障，到了傍晚視力就會變得很差。

總而言之，我們知道高齡者和年輕人的眼睛狀態完全不同。因此，不能因為視力良好就覺得放心。

「我的視力是一．〇，對自己的眼睛非常有自信」或許有人會這麼想，事實上，年輕人的一．〇和高齡者的一．〇看似相同，其實截然不同。

「突然跑到馬路上」的真相

▼高齡者的交通事故，發生在步行時的案例比自己開車時來得多

▼罹患失智症後，車子靠近時感受到的危機感，以及必須走行人穿越道

的意識會出現衰退

▼太陽下山後，會因為天色變暗而看不清楚

▼很多事故都發生在傍晚六點左右

▼事故容易發生在自家半徑五百公尺內的生活圈

▼正因為是熟悉的路，才無法安心

▼距離感和速度估計的準確性會降低

▼就算汽車駕駛沒有失誤，還是可能發生事故

▼許多人有很長一段時間都沒有檢查視力

▼即使視力同為一．〇，高齡者的眼睛狀況和年輕人也截然不同

身邊的人容易犯的錯誤

- 雖然失智的程度還不算嚴重，但因為外面太危險了，完全不讓高齡者外出。
- 讓高齡者傍晚時出門。

身邊的人應該採取的正確行動

- 理解年輕人和高齡者觀看的方式非常不同。
- 開車時，只要天色稍微變暗，就要把車燈打開。
- 必須知道高齡者會出現無法預測的行動。
- 在高齡者的身上貼反光片。

如何預防自己出現同樣症狀

- 定期進行視力檢查。

- 進行訓練，藉以精準掌握距離感。三桿法和確認步數的方法也很值得推薦。
- 為了攝取葉黃素，要多吃菠菜。
- 陽光很強時，要戴上太陽眼鏡，阻擋紫外線。
- 購物要在明亮的白天完成。

因開車而引發交通事故

——經常忽略交通號誌，不擅長在十字路口左轉是有原因的

L先生，七十多歲。因為從以前就很喜歡開車，所以現在也經常會開自用轎車。他一直都自己洗車，會把車體擦得閃閃發亮，而且他還會幫車子上蠟，非常愛惜自己的車。開車以來，不曾遭遇事故，也沒有違規紀錄。

某一天，他出門購物，才剛剛把車停好，就擦撞到車子的左後方。幸好只是擦到牆壁而已，沒有撞到任何人，他拍撫著胸口，稍感安心。「應該是前幾天一直在打高爾夫，所以才會這麼疲倦吧。」他心想。

兩個月後，他載妻子去買東西。開到一半，妻子突然大叫：「你在做什麼!?」「別

嚇我，我在開車！」Ｌ先生說。「你剛剛闖了紅燈吧？」妻子說。「我才沒有，不要吵了。」說完，Ｌ先生又專心開車。

又過了兩個月，事情發生在Ｌ先生在十字路口左轉時。因為對向車子很多，一直無法左轉。好不容易對向終於沒車了，Ｌ先生趁著這個空檔左轉時，看到眼前有一名四十歲左右、看似健康的女性。他緊急踩下煞車，總算是沒撞到人，平安無事。女性受到很大驚嚇，「對不起！」Ｌ先生打開窗戶跟她道歉後便離開了。

幾乎所有交通事故都是高齡者引起的。這個說法是錯的

我們經常可以在新聞上看到高齡者引起的交通事故，「在高速公路上逆向行駛」、「因錯把油門當煞車而撞到人，衝進店裡」等等。新聞中總是會報導牽連多人的重大事故。因此，有些人或許會認為，所有交通事故都是高齡者或罹患失智症的人所引起的，這已經變成社會上的重大問題了。

但這並非事實。若觀察每一位領有駕照者引發事故的件數，八十歲以上的高齡者引發事故的機率和二十出頭的人差不多，十幾歲的人所引起的事故件數，是八十歲以

圖10　各年齡層引發事故的機率

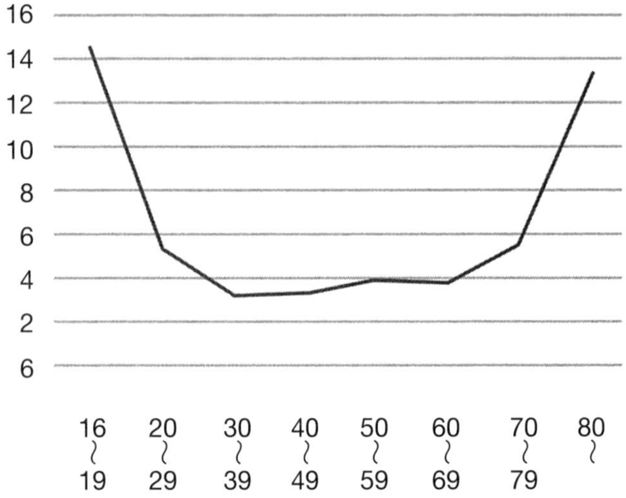

節錄自日本「內閣府之二〇一六年版交通安全白皮書」

上的將近兩倍。（1）

因此，我認為光是責備高齡者並不恰當。而且，檢查引發死亡事故高齡者的認知功能後發現，**當中罹患失智症的人極可能只有八%**。（2）失智症所占比例並不如大家想像的那麼高。

不開車之後，容易罹患失智症

上了年紀之後，容易引發事故，所以要盡早不讓他開車——事實上，這是一個很容易犯的錯誤。甚至有人會因為爸爸年紀大了，所以沒收他的駕照，不讓他繼續開車。當然，如果已經罹患失智症，依照現今的法律確實無法再開車，應該阻止，但若認為「絕對不能讓老人家開車」，那就大錯特錯。

的確，如果不讓他們開車，就絕對不會因為自己的駕駛而引發事故，就這一點來說是可以安心的。但是，若不讓沒有罹患失智症、頭腦還很清醒的高齡者繼續開車是有壞處的。因為，**相較於繼續開車的人，不再開車更容易罹患失智症**（2）。

當然，我們並不鼓勵讓開起車來很危險的高齡者開車，但如果只用年紀做為是否繼續開車的標準，並且阻止他們，是有問題的。

或許有很多人認為，高齡者或罹患失智症的人之所以容易引發事故，是因為身體所有的功能都衰退了。但事實上，**相較於整個身體，事故發生與視力和認知功能的關聯較大。**（3）可能有人會擔心，他們的手腳反應應該變得更遲鈍了吧，但事實上，他們的手腳反應並不是太差。

在眼科，有一種檢查是讓當事人按鈴來表示他們是否看得清楚。上了年紀之後，雖然視力變差，但當看得清楚時，他們按鈴的反應並不太慢。

而且，視覺和認知功能也會互相影響。**認知功能衰退後，視覺也會跟著衰退，視覺衰退後，認知功能也會變差。**

有效視野對事故的影響遠遠大於視力

說到視覺，依照日本現行法律，考駕照時必須接受視力檢查，兩眼同時觀看的視力需要超過〇・七。也就是說，只要視力超過〇・七，就可以看得很清楚，視覺應該

沒什麼問題。但是，**視力和交通事故並沒有關聯**。（4）

例如在歐盟國家，想考駕照，視力需要達到〇．五，但在其他國家，標準各不相同。雖然這些國家都低於〇．七，但它們的交通事故並沒有因此變多。甚至，比起日本，德國和英國因交通事故而死亡的人數還比較少（以每行駛公里數的死者數來換算）。

那麼，從視覺上來說，還有什麼因素會造成問題？事實上，**相較於視力，「有效視野」這個指標更為重要**。

我曾經針對有效視野進行過調查。結果發現，有效視野雖然重要，卻沒有什麼人研究過。事實上，如果實際操作駕駛模擬器（driving simulator），就會發現有效視野對事故的影響遠大於視力。

比起認知功能，有效視野與事故預防的關係更為密切

視野大致可以分成三種。

首先，是普通的「視野」。據說，人類的眼睛可以看到的範圍是一八〇至二〇〇度。但是，這是隱約可見的範圍，無法清楚確認看到了什麼。

其次，是「有效視野」。範圍是二〇度，亦即在這個範圍內有些什麼東西可以大概知道。必須在這個視野內，我們才能知道跑出來的是動物、球，還是垃圾袋。不過，很難區分細微的文字差異。

最後，是「中心視野」。也就是在閱讀或是組裝物品時，能夠詳細分辨的範圍，範圍只有二度。

總結以上所說，人類眼睛的構造，二〇〇度是模糊可見的範圍，二〇度是大致可以掌握的範圍，二度是可以精確掌握的範圍。

閱讀時，當眼睛和書本的距離為三十公分時，只能精確辨別上下左右各一公分的範圍。以本書來說，只能確實辨別橫向兩行、直向三個字範圍內的文字。此外，也可以知道在上下左右約十公分的範圍內，大概寫了一些文字，以本書來說，就是一頁全部的每一行，和上下三分之二的範圍。書本以外的視野範圍是模糊的，有巨大的動作時就會知道。

我們知道認知功能衰退時，有效視野就會變窄。（5）認知功能的檢查方式包括ＭＭＳＥ等多種知名的方法。

此外，也有人研究是檢查認知功能或檢查有效視野，更能預測會不會發生交通事故，結果發現是檢查有效視野較具效果。因為有效視野代表「認知功能＋視功能」，在「疲倦時」、「想睡覺時」、「有喝酒時」，有效視野都會變小，容易引發事故，需要特別注意。

有效視野的特徵，是有需要確認的事物增加時就會變小

因為上了年紀而引發的交通事故中，「忽略交通號誌」、「十字路口事故」，比「前進時撞到前面的車子」來得多，這就是有效視野變小而引起的。

所謂忽略交通號誌，指的是沒有注意到當時是紅燈而直接開過去，結果撞到人，或與其他車輛發生碰撞。不過，這些事故並不是因為他們不管交通號誌，想早一點開過馬路，**而是沒有注意到交通號誌才忽略的。**

交通號誌通常位於高處，**而有效視野的範圍並非上下左右都一樣大，上方的部分會比較小**。之所以會忽略，就是因為眼瞼往下垂，特別是上了年紀之後，很容易出現眼瞼下垂的狀況。結果，因為沒有發現交通號誌而疏忽，進而造成事故。

十字路口事故又是什麼狀況呢？如果有效視野是二十度，對面車道的車輛和正在過馬路的行人，都在這個範圍內，應該是可以看得到的。

但是，**有效視野有一個特徵，那就是「一旦陷入忙碌，視野就會變小」**。在十字路口，因為「交通號誌切換」、「步行者」、「對向來車」等需要注意的目標增加，所以有效視野就變小了。這個時候，很容易發生「因為留意步行者，結果和對向來車相撞」或是「因為注意對向來車，結果撞到行人」。另一方面，有效視野原本就比較小的人，雖然在十字路口的有效視野也會變小一點，但因為和平常的有效視野差距較小，還是可以同時注意到步行者和對向車輛。

因此，**最好避免輕易開車到很遠的地方**。如果是自己不熟悉的場所，會因為需要判斷的資訊變多，而讓有效視野變小。就算要去遠處，最好也僅限於採買食材、上醫院等絕對必要的事項。

有效視野可以靠著運動和書本來擴大

有效視野的特徵是，只專心於某件事、對其他事物絲毫不予以理會時，就會變小，冷靜時就會變大。在運動的世界中，「化境」（zone）[1]這種極端集中的狀態也曾經引起討論。但事實上，進入化境之後，可以清楚看見周圍，極可能有精彩的表現。

醫師在動手術時，也會有類似化境的情況出現。剛當上醫師時拚盡全力地動手術，因為太過專心，很難注意到四周發生的意外狀況。逐漸習慣動手術這件事之後，就大致可以集中注意力，也能夠應付四周發生的意外。

所以，**有效視野是可以擴大的**。

其中，**有一個很簡單的方法，那就是運動**。因為網球、高爾夫、棒球、足球等，

1 一種全神貫注在某種活動上的感覺，一旦進入這種狀態，眼前的一切事物都會變慢。

每一種運動都必須全心投入才能有好表現，可見運動是可以鍛鍊專注力的。

除了運動之外，**也有在家裡就能進行的簡單方法**。首先，請認真看著書本。一開始，應該只能清楚看見面前的文字，其他的文字則不是太清楚。接著，為了讓意識轉移到四周，請看著整本書。如果可以盡量集中但不那麼專注讀書，可以看到的範圍應該會一點一點地變大。

防藍光或遮光眼鏡也是高齡者的必備物品

此外，**高齡者也較難忍受刺眼的光線**。相較於年輕人，高齡者雖不容易感受到光線，但很容易覺得光線刺眼。因此，**當對向車輛的車燈照過來時，會看得很不清楚，因而造成事故**。

之所以會難以忍受刺眼的光線，其中一個原因是眼睛習慣光線的速度變慢了。就像離開隧道，來到明亮的地方時，眼睛需要一點時間「適應」一樣。就算不在隧道出入口，類似事件也經常發生在高齡者身上。

第二個原因是，上了年紀之後發病率大幅提高的白內障。罹患白內障後，很容易就會因為四散的光線而感到刺眼，特別是藍色或紫色等波長較短的光線，尤為刺眼。戴上防藍光眼鏡或遮光眼鏡後，能夠降低刺眼的感覺，可以在開車時配戴。不要以為就只有太陽眼鏡可以抵擋光線，偏光眼鏡、遮光眼鏡、防藍光眼鏡等也有類似功能，請諮詢醫師或眼鏡行。

目前已經開發出輔助駕駛系統，並開始販售，車輛快要相撞時，會自動為駕駛踩煞車，跨線駕駛時，也會發出警告。據說，如果汽車有輔助駕駛的功能，可能可以預防六成的事故。如果有足夠的財力，也可以考慮購買。

還在開發中的自動駕駛汽車開始針對一般消費者販售時，也可以一起列入考慮。

如果不知道認知功能的檢查內容，有可能會被判定為失智症……

步入七十五歲後，在申請換發駕照時，依照日本政府規定，必須進行認知功能的檢查，根據檢查劃分為第一類、第二類和第三類。若被劃分為第一類，就必須接受醫師的診察，第二類需要多加留意，第三類則不需要特別做什麼事。

實際上會進行什麼樣的檢查呢？如果事先沒有理解，很可能會因為太過緊張而無法通過檢查，本來沒有罹患失智，卻被判定為失智症，徒增困擾，所以，就讓我們先來了解一下檢查的內容。

檢查主要分為三個部分：

第一個部分是「回想線索」。記下幾張圖片的內容，進行過與計分無關的課題後，在沒有提示的狀況下，回答剛剛記下的那幾張圖片的相關問題，接著，再依據提示來回答。比方說，記下「尺」、「自行車」、「葡萄」、「裙子」這四張圖。接著，做一些完全無關的事情之後，再說出被指定記下的那幾張圖片的內容是什麼。這個檢查比一般想像來得難。

第二是「時間的定向力」。回答檢查當時的年月日、星期幾和時間，也就是說，會被詢問「今天是幾月幾日、禮拜幾、幾點？」還在工作時，或許會覺得週末假日讓人迫不及待，但退休之後，很多人並不在意今天是星期幾。因此，如果不知道有這樣的題目，明明認知功能沒有衰退，卻可能因為一時答不上來，而被懷疑罹患失智症。

最後是「畫時鐘」。（6）畫出一個有時針與分針的模擬時鐘。先畫出時鐘的鐘面，再在鐘面畫上顯示所指定時間的時針與分針。對方會說「請畫出顯示十點十分的

圖11　畫時鐘

正確畫出十點十分後，會呈現如上的模樣

時鐘」。檢查的重點包括「十二－三－六－九點是否都在正確位置上？」、「是否寫上全部的數字？」、「數字是否有按照順序？」、「數字是否正確？」、「數字間的距離是否有平均分配？」、「時針和分針是否有被清楚描繪？」各位可以畫出顯示十點十分的時鐘嗎？不妨動筆試一試。

最後是抽考。是否記得在剛剛「回想線索」的檢查中所提到的四張圖片內容？正確答案是「尺」、「自行車」、「葡萄」、「裙子」！

「高齡者駕駛引發的交通事故」的真相

- ▼八十歲以上的駕駛和二十歲出頭的駕駛引發交通事故的機率幾乎一樣
- ▼十幾歲的駕駛所引發的交通事故是八十歲以上駕駛的將近兩倍
- ▼引發死亡事故的高齡者中，可能罹患失智症者約八%
- ▼即使已經罹患失智症也和其他人一樣，事故輕微的居多
- ▼不再開車，會提升罹患失智症的機率
- ▼高齡者事故的發生原因與視力功能和認知功能的關係，大過身體整體
- ▼認知功能衰退，視覺也會跟著衰退；同樣的，視覺衰退，認知功能也會跟著衰退
- ▼視力與交通事故並沒有太大關聯
- ▼相較於視力，有效視野與交通事故的關係更為密切

▼有效視野會因為認知功能的衰退而變小
▼高齡者的交通事故，以忽略交通號誌與發生在十字路口的事故居多
▼高齡者上方的有效視野較小，很難注意到交通號誌
▼刺眼的陽光會讓高齡者感到很不舒服

● 身邊的人容易犯的錯誤

- 認為讓老人家開車很危險，所以阻止他們開車，或沒收他們的駕照。

● 身邊的人應該採取的正確行動

- 考慮是否購買具備輔助駕駛系統的車。

如何預防自己出現同樣症狀

- 不要輕易開到很遠的地方。
- 做運動。
- 使用書本進行擴大有效視野的訓練。
- 戴防藍光或遮光眼鏡。
- 事前了解七十五歲以上的駕照擁有者必須接受的認知功能檢查內容。

失智症經常出現的惱人行為 之十三

引發火災

——特別是火災，除了失智症之外，還有許多其他原因

M小姐與丈夫及自己的父親同住。父親從以前就有在床上抽菸的習慣，最近偶爾會忘記把香菸熄掉。M小姐提醒之後，

父親：「不要囉嗦了，就跟妳說沒關係。」

M小姐：「但是，萬一引起火災怎麼辦!?前兩天你不就忘了把香菸熄掉嗎？」

爸爸：「我只是不小心。」

M小姐：「不是說句不小心就可以啊。」

這樣的對話持續了幾個月之後，某一天，晚上睡覺時聞到了燒焦的味道。M小姐

心中大驚、起床查看，似乎有煙從父親的臥室飄出來。

爸爸：「燒起來了!!快拿水來！」

M小姐的丈夫馬上跑到浴室，拿水桶裝水往火潑過去。火勢雖然稍微變小了，但還持續在燒。M小姐很緊張地拿臉盆裝水衝過來倒，丈夫也再潑了一些水。過了一會兒，火總算是熄了，一切恢復平靜。

「叮咚」電鈴響了。開門之後發現是鄰居來了。

鄰居：「好像冒煙了，還好嗎？」

M小姐：「還好還好。不好意思，驚擾大家了。」

M小姐語帶冷靜地說，但心臟卻跳得飛快。

為什麼父親沒有把香菸的火熄掉呢？而且他最近也非常健忘，如果這次的火勢沒辦法撲滅，那會怎麼樣呢……

火災造成的死傷者有六成為高齡者

失智症特別可怕的一點是會引發火災。除了當事人的家和家人，還會危及附近的住家和居民，造成眾人的困擾，危害生命安全。

高齡者和火災的關係非常密切，火災造成的死傷者中有六成都是高齡者。事實上，**十名高齡者中，就有一名會引發小型火警，一百名高齡者中，就有一名會引發火災。**（1）

為什麼罹患失智症後，很容易就會引發火災？這是因為罹患失智症後，**處理與火有關的事物本來就會變得比較危險，也可能不知道該如何處理，有時甚至會壓根就忘記鍋子還放在爐火上這件事。**

不過，高齡者引發火災的原因不只是失智症，**嗅覺衰退也是主要原因。**如果嗅覺很好，在造成火災之前，當爐火上的鍋子飄出焦味時，馬上就可以把火關掉。但是，如果嗅覺不好，就沒辦法發現火已經燒起來了。**年齡和失智症都會造成嗅覺的衰退。**

嗅聞料理的味道、運動、攝取鋅，都可以減少火災發生

或許很多人會覺得自己的嗅覺沒有問題，但是，嗅覺障礙平常很難察覺到，七八％的人都無法自覺。**步入七十歲之後，很容易突然出現嗅覺障礙。**（2）嗅覺衰退後，無法聞出東西燒焦的味道，所以容易引發火災。順帶一提，一旦出現嗅覺障礙，就會產生其他壞處，比方說搽過濃的香水。

此外，飲食也會變得不再美味。但我們即使不特別注意，用餐時還是會聞到食物的香味。剛出爐麵包的香氣、湯品的香味、鮮嫩多汁的漢堡排味道等，即使不特別仔細去聞，這些都可以感受得到。

為大家介紹一個檢查嗅覺狀態的簡單方法。只要準備醬油、水和兩個杯子就可以了。

在兩個杯子中分別倒入醬油和水，請不要用眼睛看，只憑聞味道來確認是否知道哪杯是醬油。閉上眼睛，把杯子湊近鼻子，用力地聞、確認味道，判斷是水或醬油。

然後把眼睛打開，看看自己是否正確。到這裡為止，應該所有人都沒有問題吧。

接著，將稀釋五〇%的醬油倒進杯子裡，並準備一個只裝了水的杯子，再進行同樣的動作。如果這次還是可以正確無誤地回答，就表示應該還維持有某種程度的嗅覺。

嗅覺是靠鼻子內的嗅覺神經來傳遞。嗅覺神經會不斷再生，讓嗅覺神經又新又多，藉以維持嗅覺。但是，嗅覺神經再生的速度會因為年齡而變慢，讓嗅覺神經變得又弱又少，最終就是嗅覺衰退。

此外，鼻塞或鼻息肉等鼻子相關疾病，也會造成嗅覺衰退。

只要加以訓練，就能改善嗅覺。調製香水的調香師或葡萄酒的侍酒師等，都是透過訓練所以能嗅聞出細微的變化。**日常生活中，在用餐時嗅聞各種不同食物的味道，並且確認，也可以鍛鍊嗅覺。**

更正式的鍛鍊方法是準備四種香精，以嗅覺來區分這四個種類。一提到鍛鍊，可能會讓大家覺得很困難，但這種方法做起來非常輕鬆愉快。根據研究，若持續訓練，便可以讓嗅覺在十二週內恢復。（3）

一週運動一次以上，也可以讓嗅覺衰退的機率降低三〇%。（4）

從營養的角度來看，**鋅是最重要的營養素**。（5）鋅不管對味覺或嗅覺都很重要，大量攝取富含鋅的牛肉、牡蠣和芝麻，有助提升嗅覺，只要一天約攝取兩片牛腿肉切片，再搭配一般飲食就可以了。

腰腿無力也是引發火災的原因

此外，因為膝蓋等關節退化，造成運動功能下降，也是引發火災的原因。運動功能下降後，手部動作會變得比較不靈活，有時會讓火碰到衣服，整個燒起來。再者，引起火災時也不容易逃走，或是比較無法撲滅火勢。

如果要讓身體變得更加靈活，下半身，特別是膝蓋非常重要。上了年紀之後，身體會變得比較不靈活，不僅肌力衰退，關節也會退化。

但是，很多人都以為是全身肌肉都會衰退，事實並非如此。手腕的肌力並不會有太大改變，但是，足部肌肉卻會逐漸虛弱。這是因為不管是年輕時或上了年紀之後，使用上半身肌肉的機會都差不多，人們會利用上半身來寫字、用餐、洗澡、將衣服收進櫃子裡……

至於下半身，上了年紀之後，使用機會就會逐漸減少。因為退休後就不用再去公司，和朋友見面的機會變少，購物的次數也降低了。

若出門的機會減少，使用腰腿的機會也會跟著變少，結果，下半身就逐漸變得愈來愈虛弱。下半身變得虛弱後，會覺得移動很麻煩，所以就更少走動了。除此之外，也會變得容易跌倒，對日常生活造成障礙。

大家聽過**「運動障礙症候群」（locomotive syndrome，簡稱LOCOMO）**這個字眼嗎？運動障礙症候群，指的是骨頭、關節、肌肉等支撐身體、讓身體移動的運動器官功能衰退，陷入需要照護或長期臥床的高危險狀態。

有一份檢查表可以確認是否罹患運動障礙症候群。（6）其中包括以下七個項目，讓我們來確認自己符合哪一項。

1. 無法單腳站立脫下襪子。
2. 會在家中跌倒或摔倒。
3. 上樓梯時需要扶著扶手。
4. 對做起來稍微辛苦一點的家事感到困難（使用吸塵器、將棉被收進櫃子和從櫃子中取出）。
5. 買了兩公斤左右的東西，要拿回家時覺得有困難（重量約兩瓶一公升的牛奶）。
6. 無法持續走路十五分鐘。
7. 無法在綠燈時過完整個馬路。

只要符合其中一項，就有可能是罹患了運動障礙症候群，需要多加注意。特別是下半身變虛弱後，就很容易跌倒。

此外，**走路時也比站立時容易跌倒**。或許大家會覺得理所當然，但為什麼走路時比較容易跌倒呢？除了可能撞到障礙物之外，也因為走路時為了移動重心，在過程中一定得破壞平衡。這個時候，扮演彈簧墊來承受被破壞平衡的膝蓋柔軟性就變得非常重要，此外也需要有能恢復平衡的肌肉。

如果可以抬起腳走路，就能減少火災，也能預防臥床

走路時，如果能確實把腳抬起來，就不容易跌倒。之所以容易跌倒，就是因為腳沒有好好抬起。無力把腳抬起是足部肌肉「前脛肌」（tibialis anterior）衰退造成的，因為高齡者的前脛肌衰退了，不想把腳抬起來，所以容易跌倒。

因此，就算慢慢來也沒關係，**讓我們在日常生活中養成把腳提起來的習慣**。若能長期持續，就會長出肌肉，減輕抬腳時的負擔。

或許大家會認為「所有高齡者都有腰痛的毛病」。但事實上，**上了年紀之後，比較容易出現的毛病是膝蓋痛**。很多人從年輕時就會腰痛，腰椎退化發炎（lumbar spondylosis）的發生率從四十歲到七十歲都差不多。另一方面，膝關節炎（knee osteoarthritis）的發生率雖然在五十歲左右時很低，但六十歲時則會突然變高。（7）其中一個原因就是承擔膝蓋彈簧墊任務的軟骨磨損之故。

圖12　膝蓋用力下壓毛巾的運動

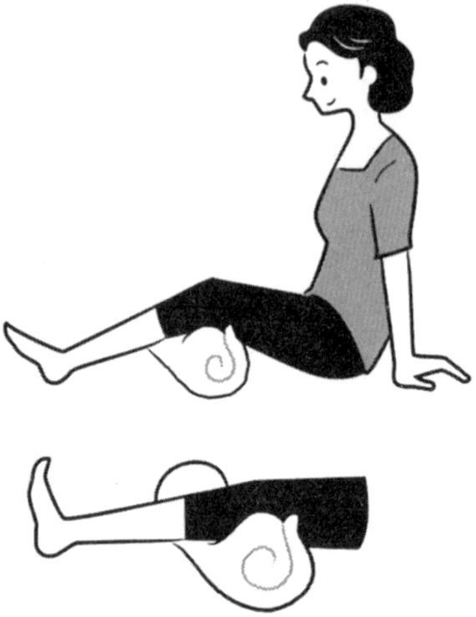

不過，因為膝蓋必須支撐體重，在三十幾歲時，雖然年紀還很輕，如果一直變胖，還是會對膝蓋造成壓迫。此外，如果做的運動會對膝蓋造成強烈衝擊，也很容易傷害膝蓋。事實上，很多半職業級的足球或網球選手膝蓋都不太好。

想強化膝蓋，可以坐在地上、膝蓋伸直，然後把毛巾放到膝蓋下方，膝蓋用力壓毛巾，這個運動非常有效。用力壓五秒鐘後放鬆，如此重複三十次，很簡單就可以做到。

膝蓋的些微不舒服總讓人以為是膝蓋出了問題，其實這也有可能是足部血管惡化所造成的。事實上就真的有人如此，這種足部血管堵塞的症狀稱為閉鎖性動脈硬化（arteriosclerosis obliterans, ASO），只要治療，就可以恢復原有的步行能力。

這種高齡者的疼痛，有時無法馬上知道主要是什麼原因造成的，建議大家到醫院接受診察，以求安心。特別是腰腿這些會影響走路的部位，如果不及早處理，有可能會導致臥床。

火災肇事原因以「香菸」居冠，嗅覺已經衰退的高齡者尤其喜歡抽菸

正如先前提到的，只要鍛鍊嗅覺和腰腿，就可以減少火災。話雖如此，讓高齡者用火還是很讓人擔心，到底該怎麼辦才好呢？

如果因為擔心就完全不讓高齡者用火，那就錯了。不讓高齡者煮飯或使用暖爐，不僅會造成生活的極大不便，也會讓日常生活受到很大的限制，而且還會造成失智症惡化。

最好的方法是思考如何減少會用到火的器具或是用火的機會。比方說，將瓦斯爐改成ＩＨ爐（感應爐），或是將火爐換成日式電暖桌等。不過，如果突然全部換成機器類，有時高齡者可能會有使用上的障礙，**最好是可以等習慣之後，再慢慢改變。**

以下，就讓我們一邊釐清火災的原因，一邊看看可以針對這些原因做些什麼。

日常生活中會用到火的情境，包括「料理」、「暖爐」、「蠟燭」（佛壇等）、「香菸」等。

那麼，**哪一種最容易引發火災呢？正確答案是香菸。**火災肇事原因中，香菸占了十五．八％（七十四件）、暖爐占了八％（三十九件）、料理占七％（三十三件）、蠟燭占四．五％（二十一件）。另外，還包括插座短路，以及其他不明因素。（8）

特別是香菸，會導致在床上抽菸這種用火不慎的問題。**很多高齡者都有抽菸的習慣，但重點是抽菸的人都有嗅覺衰退的症狀。**（9）這些都是香菸之所以會造成許多火災的原因。曾經畫過《鐵人28號》、《假面忍者赤影》、《三國志》等知名作品的漫畫家橫山光輝先生，就是因為在床上抽菸引發火災而去世」。

最有效的預防方法就是戒菸。如果很難戒菸，至少要改掉在床上抽菸的習慣。如果連這個也無法做到，就選擇比較不容易造成火災的加熱式菸品，而非傳統香菸。

不過，就算吸的是加熱式菸品，**也要擺一個加了水的菸灰缸**。不管是傳統香菸的菸蒂，還是加熱式菸品的菸蒂（抽完了的菸屁股），沾了水還是比較可以放心。準備裝了水的菸灰缸，也可以有效讓高齡者意識到「香菸是引發火災的原因之一」。

將瓦斯或煤油暖爐換成電暖爐，同時也要確認機器的使用年限

僅次於香菸的火災肇事原因是暖爐。特別是像煤油暖風機或瓦斯暖風機這種用火的暖爐更是危險。在溫暖的地區，只需暖氣就足以過冬。但在會大量下雪的區域或極寒之地，光靠暖氣是不夠的。我之前住在寒冷的日本東北時，就深切感受到暖氣在冬天根本派不上用場，而愛上了煤油暖風機所提供的溫暖。因此，很多人都會使用煤油或瓦斯式的暖風機。

不過，隨著年齡增長，罹患失智症的機率也會變高，所以可能會因為忘記熄火而引發火災，或是讓火苗延燒到換洗衣物或窗簾，演變成將屋子全部燒毀的大型火災。**可以取代暖爐的器具包括「地板暖氣系統」、「電熱地毯」、「電暖爐」、「陶瓷電暖器」，可以都嘗試看看。**

此外，**也要注意暖爐器具是否已經使用超過十年。**若使用超過十年，製造商就不用對產品負責，器具的壽命也差不多已到年限，引發火災的機率也會變大。以煤油暖風機來說，新上市的產品也比傳統機型更安全。

因為料理而引發的火災占七％（三十三件）。提起高齡者引發的火災，很多人都以為一定跟做飯有關，事實上這種案例並沒有這麼多。

若想預防因料理而引發的火災，可以使用ＩＨ爐。不只是ＩＨ爐，包括暖爐等器**具也一樣，最好可以在高齡者罹患失智症之前，早一點讓他們開始使用、習慣新的器具。**認知功能變差後，較難習慣新的東西，很容易就不再做飯。這麼一來，就會失去生活的意義，活動也會減少，讓失智症更形惡化。

佛壇的蠟燭其實是非常危險的火災肇事原因

蠟燭所引發的火災占四．五％（二十一件）。數量與占七％的料理非常接近，這一點可能會讓有些人感到意外。家中有佛壇的人特別需要使用蠟燭，因此，燒到衣服的例子也相對較多。**很容易就會發生衣服瞬間燒起來，甚至燒到全身的「表面閃燃現象」，除了火災，也會造成死亡，非常危險。**

要上香時通常會點蠟燭，但有時就算已把香頭貼近蠟燭燭火，還是很難把蠟燭點燃。這個時候，若很不耐煩的把香移開，讓手上的香不慎掉下去，為了撿拾掉在蠟燭後方的香，燒到袖子，很容易就會一下子延燒到衣服。

因此，**上香時最好穿著短袖衣服，而非長袖**。這個原則在料理時，或是在暖爐附近做事時也都適用。

衣服可以選不易燃的材質。如果是防火製品，那就更能安心。綿、嫘縈等纖維素類的材質非常易燃，最好可以避免。

此外，佛壇的蠟燭也可以**改成電子蠟燭**，也有電子香。電子香也會散發出味道，比起傳統的香可說是毫不遜色。

再者，既然都已要重新確認檢查了，**可以再度確認是否已設置火災警報器或瓦斯警報器。**

關於究竟有多少家庭設置了火災警報器這個問題，根據日本消防廳在二〇一六年八月三十一日所做的報告，只有六六．五%的家庭有按照規定裝設火災警報器。至於瓦斯警報器，根據日本瓦斯警報器工業會的統計，裝設家用天然氣的家庭中，有四〇．七%的家庭裝設了警報器，使用液態石油氣的家庭中，則有七八．一%裝了警報器。（10）

「火災」的眞相

▼因火災而造成的死傷者有六成是高齡者

▼十位高齡者中有一人曾引起小型火警，一百人中，有一人曾引起火災

▼失智症會引發火災

▼嗅覺衰退、腰腿的衰弱會導致火災。步入七十歲後，很容易就突然出現嗅覺障礙

▼香菸居火災肇事原因的首位

▼抽菸者中有很多都是高齡者。抽菸會造成嗅覺衰退

●身邊的人容易犯的錯誤

- 絕不讓高齡者用火。

●身邊的人應該採取的正確行動

- 讓高齡者減少會用到火的東西和用火的機會。

- 將瓦斯爐換成ＩＨ爐。
- 將瓦斯或煤油暖爐換成電暖爐。
- 確認暖爐器具是否使用超過十年。
- 如果要將暖爐器具或料理器具換成電器式，必須在高齡者罹患失智症前開始進行。
- 將佛壇的蠟燭或香也換成電子式。
- 確認是否設置火災警報器和瓦斯警報器。

如何預防自己出現同樣症狀

- 利用醬油、水和杯子進行簡單測驗，檢查自己的嗅覺。
- 用餐時，養成嗅聞料理味道的習慣。
- 進行以嗅覺區分香氛味道的訓練。
- 做運動。

- 攝取富含鋅的牛肉和牡蠣。
- 檢查是否有運動障礙症候群。
- 平常走路時就要把腳確實抬高。
- 透過把毛巾放在膝蓋下方、用力壓扁的運動，鍛鍊膝蓋。
- 戒菸。
- 不在床上抽菸。
- 把香菸換成電子菸。
- 準備一個裝了水的菸灰缸。
- 用火時，穿著短袖、不易著火的衣服。

因為無法把錢領出來支付照護費用而導致破產

——如果不了解「家族信託」，就可能會過得非常辛苦

N小姐和母親的感情非常好，她心想，如果母親罹患失智症，一定要照顧她。母親在八十歲時罹患了失智症，需要照護。幸好母親之前已經為了這一天預先存了錢，不用擔心照護費用。

最初，N小姐寸步不離地照顧母親，但因為不可能全天候隨侍在側，所以她也會雇用安養院的人來幫忙。此外，醫療費也不斷增加，當她回過神時，已經沒有錢了。

N小姐：「媽，我需要付錢給照服員，我們去銀行領一些錢吧。」

母親：「好。」

說著，N小姐和母親前往銀行。但因為想不出四位數的密碼，按錯密碼的次數超過限制，提款卡無法使用。N小姐著急地透過設置在自動提款機旁的電話與銀行的工作人員通話。

N小姐：「我母親的錢領不出來。」

銀行：「這樣啊，那必須辦一些手續。令堂現在在您身邊嗎？」

母親：「我在。」

銀行：「您知道密碼嗎？」

母親：「不知道，我忘記了。」

銀行：「您母親該不會得了失智症吧？」

N小姐：「是的，真的非常傷腦筋。」

銀行：「這樣啊，很抱歉，因為我們無法和當事人溝通，麻煩請透過公家機關辦理提款手續。」

結果還是沒有辦法把錢領出來。但是，也不能不請安養院的照服員來幫忙。以後該怎麼辦呢？也不能為了籌措照護費一直借錢……

了解「監護人制度」和「家族信託」

許多人都很在意養老需要花多少錢，不過，常常是在罹患失智症之後才發現「罹患失智症後，無法把錢領出來」。

為了避免發生這樣的麻煩，希望大家可以先認識幾個制度。

其中，最有名的就是「監護人制度」[2]。這個制度指的是，家人或律師（監護人）可以在法律的認同下，代替因罹患失智症而無法判斷的父母（被監護人）做決定，進行金錢交易等行為。

但是，這個制度有幾個很大的問題。其一，父母得了失智症後就很難取得使用這個制度的同意。如果想使用這個制度，必須在父母罹患失智症之前完成手續。

另一個問題是，要賣父母的房產時，必須得到家事法庭的許可。因為監護人制度著眼的是「維持生活」，很重視住在照護機構或醫院的父母「會回家住」的可能性。

如果無法利用監護人制度，就會發生除了自家房屋的修繕和稅金，照護機構也需要花錢，但應該拿到的錢卻拿不到的悲劇。

因此，現在**「家族信託」**非常受到注目。因為可能有些人還不知道，為了在父母罹患失智症後還能籌措到照護費用，希望大家可以一起來了解。

在日本，相較於「監護人制度」，「家族信託」在運作上比較自由。比方說，銷售自家房屋時不需要家事法庭的許可。依照監護人制度，基本的思路就是讓孩子決定；但如果是家族信託，只有資產管理等部分事宜可以進行委託，而非全部。

此外，監護人制度的書面手續相當繁複，所以很多人每個手續都要支付二到三萬日圓請專家幫忙處理，但家族信託就沒有這麼複雜。

此外，如果不是根據監護人制度，就無法簽訂照護保險，或是與照護機構簽訂合約，所以，希望大家不管是監護人制度或是家族信託都要了解。

2 日本針對失智症患者的法律協助和規定與台灣不同，要了解台灣的法律規定，可上網或打電話至失智症社會支持中心查詢。

另外，過去曾發生過許多家人或律師侵占失智者金錢的例子，請務必大家一起確認金錢，全部交給某一個人是很危險的。

再者，為了在高齡者罹患失智症後可以不用太過驚慌，**最好可以先問清楚帳戶密碼**。詢問密碼或許會讓大家有些抗拒，但若不知道密碼，要把錢領出來會非常麻煩。

有些人不知道銀行存摺放在哪裡，甚至連帳號也不知道，所以，最好可以把收放存摺的地方和**銀行名稱、分行名稱、帳號都寫下來**。不過，做這件事時，也要看自己和父母的關係是否適合這麼做。

最近，很多人都透過網路登入帳戶，所以，**如果有網路用的帳號和密碼，最好也寫下來**。

即將陷入老後破產的危機時，可以向國家求救

但是，如果原本就沒有錢，瀕臨老後破產，那又該怎麼辦呢？事實上，針對這些沒有錢的人，日本已經規劃有救濟制度，可以到市區町村的公所或社會福利相關窗口諮詢。很遺憾的，有些單位的應對方式並不是太好，但若真的走投無路時，日本政府

可以為國民提供最低限度的生活保障。

照護費用的金額往往比想像中巨大，而且還可能發生預期之外的疾病或事故。如果不知道那時可以找人諮詢，有時甚至會走向自殺這個最悲慘的結局。

除了金錢問題，其他各種問題也可以進行諮商，大家可以前往高齡者綜合諮詢中心（地區包含支援中心）或保健站等[3]。在「失智症患者與家屬協會」（認知症の人と家族の会），也有很多抱著相同苦惱的人，也可以找他們討論。

但是，就算有這些可以提供協助的組織，也並不表示可以不用為了不陷入老後破產而做準備，請盡量多存一點錢。

這是一個我親身體驗的案例。有一位有眼疾的病人必須到醫院接受治療，如果不治療就會失明。但是，因為他眼睛幾乎看不到，無法獨自到醫院，也沒有錢接受治療。因此，有社工介入提供諮詢，提供生活保護，也讓他有交通工具。他的視力有一

3 在台灣可以打1966長照專線，或聯繫失智症社會支持中心請求協助。

眼已經接近失明，另一眼也非常危險，但現在總算是保住了目前的視力。

「罹患失智症後金錢問題」的真相

▼罹患失智症後，就無法自由地從銀行領取金錢

▼監護人制度的規定很多，且手續繁雜

▼家族信託在運作上比監護人制度自由，監護人制度有可能會出現無法簽約的情形

●身邊的人容易犯的錯誤

- 罹患失智症後才討論金錢問題。

● 身邊的人應該採取的正確行動

- 不管是監護人制度還是家族信託，都要在罹患失智症之前早點辦理手續。
- 事先問清楚父母的帳戶密碼，以及金融機構名稱、分行名稱、帳戶號碼、收放存摺和金融卡的地方。
- 真的沒有錢時，可以到市區公所接受國家提供的生活保障。

● 如何預防自己陷入同樣情形

- 自己早一點主動針對監護人制度或家族信託進行討論。

作者結語

提到失智症，在新聞或日常對話中提到時，幾乎所有人都會覺得那是件「不好的事」。當然，最好是不要罹患失智症，但九十歲之後，有九成的人都會罹患失智症，要完全與失智症沒有牽連，真的是非常困難。

那麼，如何才能預防失智症？罹患失智症時，該怎麼辦？又該如何與失智症者相處？

這許多疑問都有答案，在本書中已經盡量為大家介紹。若能事先了解，應該就可以跨越困難，消除不安的情緒。

當然，要將本人罹患失智症時的痛苦，或是家人罹患失智症時的痛苦完全抹去，是不可能的。或許有人在看了本書後認為「應該比這更辛苦吧」、「這麼說就太天真了」，可能也有人會覺得「完全不符合真實情況」、「和我家不一樣」。這些我都理解，我只是嘗試用比較冷靜的方法來描述。若能事先獲得一些知識，到那個時候，應該可以輕鬆一點地度過難關。

此外，應該也有人辛苦提供照顧，卻得不到回應，所以感到相當焦慮、沮喪，「我都已經這麼努力了……」。而且，每天拚命照顧，對方卻說「你偷了我的錢包」，讓自己大受打擊。

在本書中也有提到，近幾年來，有重視失智者心情、強調病識感（知道自己已經生病）的傾向。

的確，這對照護工作來說非常重要。但事實上，有研究指出，實際的照護工作和照顧者的心理狀態是有差距的。照護書籍中寫著「失智的人還是可以了解的，所以請溫柔地對待他們」，失智的人其實是了解的，但因為他們不知道自己生病了，就算忘記事情、東西到處亂丟或拒絕接受照顧，也只是看似沒有惡意地傻傻坐在那裡。

看到那個模樣，照顧者可能會勃然大怒。重要的是，在這個時候，沒有實際進行照顧的親戚和身邊的人必須了解照顧者的心情。

照顧失智者真的非常棘手，當無法與失智者溝通時，明明身為被照顧者的父母和家人就在眼前，卻感覺就像他們不在一樣。但這些失智者明明還活著，所以照顧者會因為有這種想法而覺得自責。其實，不需要責備自己，任誰都會有這樣的感受。

不過，如果可以事先知道罹患失智症之後會出現什麼樣的行為與其對應方式，心情應該多少會有些轉變。本書之所以取名為「失智行為說明書」，就是因為當照顧變得非常辛苦時，很可能會「把人當成物品一般對待」。很遺憾地，我也看過這樣的情形。但是，如果知道實際照顧時的辛勞，就知道導致這種情形的背後，一定有問題。另一方面，如果可以有邏輯地了解對應方式，對待失智的人應該可以更加溫柔。最後，就可以把失智者當人一樣來對待，而非物品。

「萬一將來罹患失智症，會不會給家人帶來困擾？」、「沒有親戚可以照顧我，該怎麼辦……」。但因為不安的情緒太過強烈，所以覺得「只要有錢，應該會有辦法吧」一味地執著於金錢，也是非常悲哀。

大家還有很多事可以努力，而且，如果家人或照顧我們的人能夠知道本書的內容，就不會對他們造成太大困擾。

不斷要求「快點幫我結帳」的高齡者、無法使用新物品的高齡者、對著鄰居怒吼的高齡者、發出臭味的高齡者……很多人都覺得高齡者非常固執又無法溝通。

但是，如果可以試著了解高齡者和失智症的特徵，知道他們出現這些行為的原因，就可以更冷靜地處理。

突然跑到馬路上，因而被撞到的高齡者，或是引發火災的高齡者等，或許都非常棘手，但不管是交通事故或火災，只要有足夠的知識，應該就能處理。

很遺憾的，未來罹患失智症的人會不斷增加。不過，在工作或生活的時候避開失智者並不妥當，也不是一個正確方法。

我非常喜歡高齡者，我希望大家可以了解，高齡者會出現在年輕人眼裡看來是問題行為的行徑是有原因的，在這本書之前，我寫了《老後行為說明書》，書中提到許多明明不是失智症，卻被誤以為是失智症所引發的行為，以及明明高齡者不是這種個性，卻被誤以為是個性所造成的行為，獲得許多回響。其中，很多人提出「面對失智症者該如何應對？」的疑問，因此我寫了現在這本書。

失智者就算無法溝通，也會透過表情或細微的動作來表達他們的情感。若能有所了解，你也會喜歡上他們。

這麼一來，不管是高齡者或失智者都會喜歡你。這或許只是個夢想，但如果真的可以實現，這個世界應該會變得更加美好。

審訂者結語

近幾年，失智者這個領域發生了很大的變化。除了疾病，媒體也針對治療或提供照顧之家人的應對等各種面向，提出許多話題和討論。

最近，日本政府所發表的橘色計畫，以及七十五歲以上的駕駛必須進行認知功能檢查等，也都成了新聞。

請大家不要忘記一樣很重要的東西，那就是說明失智症到底是怎麼一回事的系統性解說書籍。關於各種疾病或照顧方法，市面上已經有許多書籍。但是，大家想知道的絕對是「為什麼會出現這樣的症狀、為什麼只要這樣做就可以」這種整體概念。

就算知道失智症的由來，如果不知道如何應對，身為家人的應該也很難判斷治療是否恰當，而本書便完美地統整了所有的需求。

首先，請大家看一下目次，只要從符合自己需求的項目開始閱讀，然後再進一步掌握整體概念就可以了。如此一來，就能解決一直心懷疑惑的部分，讓它們變成知識，深深烙印在腦海裡。因為本書也網羅了許多實例，不管是為未來感到擔憂的人，還是已經在進行照顧的人，都可以得到自己需要的資訊。

而且，平松老師也為我們這些很容易就會根據經驗來進行治療的臨床醫師，帶來許多依據論文整理出的最新知識。關於失智症，還有許多大家未能理解的部分，要搜尋有確實證據的論文非常困難。本書以最容易理解的方式介紹這些最新資訊，非常容易閱讀，對什麼都得懂的臨床醫師而言，堪稱是一本福音之書。

社會上到處充斥著毫無根據的治療方式，以及只會讓人感到恐懼的資訊。之所以會有這種趨勢，就是因為偏頗的失智症資訊，以及整體概念難以確實掌握。

面對失智症，如果只是一味心懷恐懼，什麼都不會改變。衷心期盼未來能夠有更多人看到這本書，擁有正確的失智症知識。

內野勝行

參考文獻

●前言(1)Mushtaq R et al:A Comparison of the Behavioral and Psychological Symptoms of Dementia (BPSD in Early-Onset and Late-Onset Alzheimer's Disease – A Study from South East Asia Cureus 2016;8(5):e625

●失智症經常出現的惱人行為　之一 (1)Petry S etal: Personality alteration in dementia of the Alzheimer type. Arch of Neurology 1088;45:1187-1190 (2)飯干紀代子等人：阿茲海默症患者的溝通障礙之神經心理學分析　認知神經科學 17 (1), 18-25, 2015 (3)Leonald R: Potentially modifiable resident characteristics that are associated with physical or verbal aggression among nursing home residents with dementia. Arch Intern Med. 2006 Jun 26;166 (12):1295-300. (4)熊本悅明等人：老人福利機構中的「性」。　高齡者的照護與行為科學 4 10-11,19 (5)橋本衛：3. BPSD的治療　日本老年醫學會雜誌 2010; 47 (4): 294-297

●失智症經常出現的惱人行為　之二 (1)榊原隆次等人：排泄障礙　老人精神醫學雜誌 2015; 26（增刊-1）:89-98 (2)岩坪暎二：慢性醫療機構之院內感染　實際狀態與尿布膀胱炎的臨床理論　日本老年醫學會誌 2012;49:114-118 (3)三浦久幸：排尿障礙與失禁（失智症學（下）其闡

釋與治療的最新知識）（臨床篇）日本臨床 2011;69(1012增刊10): 552-556. (4)梅崎薰等人：針對於照護老人保健機構工作的看護工作者、介護工作者的失智高齡者之尿意判斷與尿布使用之意見調查　佐久大學看護研究雜誌 2015;7(1): 35-43 (5)味村俊樹：針對排便障礙的治療—藥物的使用和注意事項—看護技術 2009;55:18-22 (6)Norton C et al:Outcome of biofeedback for faecal incontinence. Br J Surg 1999:86:1159-1163 (7)Tomata Y et al:Dietary Patterns and Incident Dementia in Elderly Japanese: The Ohsaki Cohort 2006 Study. J Gerontol A Biol Sci Med Sci. 2016;71(10):1322-1328

● **失智症經常出現的惱人行為　之三** (1)菊地和則等人：因失智症的徘徊而導致的失蹤死亡者之死亡模式研究　日本老年醫學會雜誌 2016;53(4): 363-373 (2)菊地和則等人：因失智症的徘徊而導致的失蹤者實態調查　老年精神醫學雜誌 2016;27(3): 323-332 (3)大津美香等人：罹患阿茲海默症與血管型失智症之高齡者所出現的徘徊行為比較　保健科學研究 2012;2: 9-23 (4)小野寺穗菜美等人：照護保險機構的職員所了解的難以對應型徘徊特徵　保健科學研究 2015;5:129-140 (5)金川真治：針對團體家屋中失智高齡者的屋內徘徊行為之分析　廣島大學研究所教育學研究科紀要　第二部 文化教育開發相關領域 2007; (55):359-366 (6)Adachi Y: Change in relaxation level by various stimuli. Journal of International Society of Life Information Science 2011;29(1): 82-86

⑺Furumiya J et al: A descriptive study of elderly patient with dementia who died wandering outdoors in Kochi Prefecture, Japan. Am J Alzheimers Dis Other Demen 2015;30(3):307-312　⑻Rowe MA et al:Persons with dementia missing in the community: Is it wandering or something unique? BMC Geriatr2011; 11:28

●失智症經常出現的惱人行為　之四　⑴Dauvilliers Y: Insomnia in patients with neurodegenerative conditions. Sleep Med 2007;8(Supp14):S27-34 ⑵Duffy JFet al: Peak of circadian melatonin rhythm occurs later within the sleep of older sugjects. Am J Physiol Endocrinol Metab,2002;282:297-303 ⑶山口晴保：因長期保持安靜而導致的痴呆化　老年精神醫學雜誌 1995;6:195-201 ⑷田中佑佳等人：失智高齡者的日光浴與深部體溫及睡眠覺醒節奏之相關研究　福井縣立大學論集 2014; (42):73-83 ⑸Mishima K et al:Morning bright therapy for sleep and behavior disorders in elderly patients with dementia. Acta Psychiatrica Scand. 1994;89: 1-7 ⑹Mishima K et al:Morning bright therapy for sleep and behavior disorders in elderly patient with dementia. Acta Psychiatrica Scand. 1994;89: 1-7

●失智症經常出現的惱人行為　之五　⑴Cheng ST: Dementia Caregiver Burden: a Research Update and Critical Analysis. Curr Psychiatry Rep. 2017;19(9):64 ⑵內閣府二〇一四年度　關於高齡者日常生活的意識調查結果 ⑶增谷順子等人：針對輕度、中度失智高齡者的園藝活動計畫之有

效性檢討　人類、植物關係學會雜誌 2013;13(1):1-7 ⑷神戶泰紀等人：麻煩與ＢＰＳＤ日本失智症照護學會誌 2015;14(3): 598-605 ⑸高橋幸男：針對失智症的非藥物療法（５）心理教育（Psychoeducation）　老年精神醫學雜誌 2007;18(9):1005-1010 ⑹佐伯莉穗等人：伴隨眼神接觸的視線定位反射所引起的注意力運作對作業記憶的影響　理學療法學 Supplement 2015: 1512 ⑺井原一成等成：老人福利機構中的憂鬱症與被偷妄想之早期掌握與早期應對　研究助成論文集 2009; (45):161-166 ⑻西川隆：失智症診療手冊Ⅱ各論⑷症狀與臨床經過　神經內科 2010;72:277-282

●Column ①Luo Y et al:Association Between Sensory Impairment and Dementia in Older Adults: Evidence from China. J Am Geriatr Soc. 2018 +66(3):480-486 ②Bowen M et al: The Prevalence of Visual Impairment in People with Dementia (the PrOVID study): a cross-sectional study of people aged 60-89 years with dementia and qualitative exploration of individual, care and professional perspectives Southampton NIHR Journals Lobrary 2016 ③Tamura H et al. Improvement in cognitive impairment after cataract surgery in elderly patients. J Cataract Refract Surg 2004;30:598-602 ④Lin Fret al:Hearing loss and cognition in the Baltimore Longituidinal Study of Aging. Neuropsychology 2011;25(6):763-770 ⑤Baba T: Severe olfactory dysfunction is prodromal symptom of dementia associated with Prkinsons disease: a 3 year longitudinal study Brain 2012;135:161-169 ⑥Steinbach S et al: Taste in mild cognitive impairment and Alzheimer disease J Neurol. 2010;257(2):238-46

●**失智症經常出現的惱人行為　之六** ⑴井藤佳惠：地區保健的話題　所謂「垃圾屋」：介入困難實例之戴奧吉尼斯症候群、戴奧吉尼斯症候群　失智症的最新醫療 2011;1(3): 140-143 ⑵半田陽子等人：失智高齡者的收集癖相關研究　人類與科學：縣立廣島大學保健福利學部誌 2006;6(1):115-124 ⑶Marshall GA et al:Everyday cognition scale items that best discriminate between and predict progression from clinically normal to mild cognitive impairment. Curr Alzheimer Res. 2014;11(9):853-61. ⑷Lim YY et al: Short term stability of verbal memory impairment in mild cognitive impairment and Alzheimer's disease measured using the International Shopping List Test. J Clin Exp Neuropsychol. 2012;34(8)853-63 ⑸樋野公宏：購物不便對高齡者飲食生活所造成的影響及其對策　日本建築學會計畫系論文集 2002; 67 (556):235-239 ⑹町田久見子等人：失智高齡者的購物・金錢管理照顧計畫之行動特性 THE KIT AKANTO MEDICAL JOURNAL 2006;56(3): 225-230 ⑺寺田整司等人：零售業的現場，高齡者或可能失智的高齡者之惱人行為實態　日本醫事新報 2017; (4881): 45-49

●**失智症經常出現的惱人行為　之七** ⑴和田博美等人：針對高齡者之時間的研究　北海道高齡

者問題研究協會 2001;17:79-85 (2)Block RA:Human aging and duration judgment: A meta- analytic review. Psychology and aging 13;584-596,1998 (3)野中久美子等人：「都市部版 針對地區綜合支援中心的資訊提供確認單」製作實驗 日本公眾衛生雜誌 2013;60(10): 651-658 (4)Yamaguchi H dt al. Yamaguchi fox-pigeon imitation test: a rapid test for dementia. dement Geriatr Cogn Disord 29(3):254-258,2010 (5)田高悅子等人：對失智高齡者而言，回想法的意義及有效性：透過海外文獻　老年看護學 2004; 9(2):56-63 (6)Bourgeois MS et al: A Comparison of training strategies to enhance use of external aids by persons with dementia. Journal of Communication disorders 2003;36:361-378

●**失智症經常出現的惱人行為　之八**

(1)內田幸子：高齡者皮膚各部位的溫度感受性差異　日本家政學會誌 2007;58(9):579-587 (2)總務省 二〇一七年（五到九月）因中暑所進行的急救運送狀況 二〇一七年十月十八 (3)入來正躬等人：老人腋溫的統計值　日本老年醫學會雜誌 1975;12(3):172-177 (4)消費者廳　請小心預防高齡者的燒燙傷！二〇一五年十一月十八日 (5)富永真琴：來自植物的食品成分與溫度受容性ＴＲＰ頻道控制 (6)國民生活中心冬夜特別需要注意！高齡者入浴猝死的案例不斷增加 (7)齋藤衛郎等人：為了改善高膽固醇血症、預防缺血性心臟病及糖尿病的食物纖維適量攝取 日本營養・食材學會誌 2000;53(2):87-94 (8)厚生勞動省　日本

人的飲食攝取基準概要 (9)厚生勞動省健康日本21評價事業 營養素等攝取量

●失智症經常出現的惱人行為 之九 (1)中村馨等人：居住於地區中的輕度認知障礙高齡者之冷淡出現率與神經心理學性檢討 日本高次腦機能障礙學會誌 2011;31(3): 359-364 (2)內閣府 二〇一四年度高齡者的日常生活相關意識調查 (3)國民生活中心 照護用衣料品之商品測驗結果—以基本品質性能與對被照護者而言的使用性為核心— 二〇〇〇年八月四日 (4)Ranganathan VK et al. Effects of aging on hand function J. Am Geriatr Soc 49 1478-1484,2001 (5)Maki Y et al:Relative preservation of recognition of positive facial expression {happiness} in Alzheimer disease. Int Psychogeriatr 2013;25(1):105-110 (6)小林裕太：皮膚隨著年紀增長而出現的變化 基礎老化研究 2008;32(4): 15-19 (7)Puch F et al: Consumption of functional fermented milk containing borage oil, green tea and vitamin E enhances skin barrier function. Exp Dermatol. 2008 Aug;17 (8):668-74

●失智症經常出現的惱人行為 之十 (1)齊藤正彥：阿茲海默症初期的性格變化 老年精神醫學雜誌 2005;16(3): 310-314 (2)總務省統計局 主要耐久消費財等之普及、保有狀況（截至二〇一七年三月底）(3)國民生活中心 家用電話機的商品測試結果—以強調針對高齡者的物品為主— 二〇〇一年九月六日 (4)國民生活中心 家用電動按摩器所造成的危險 二〇一六年一月二十一日 (5)河月稔等人：透過芳香療法預防失智症（特集 掌控認知和睡眠的大腦機能）Food style 21

2017;21 (9):52-54

●失智症經常出現的惱人行為　之十一　(1)警察廳　二〇一五年交通死亡事故的發生狀況及交通法規違反取締狀況　二〇一六年三月三日　(2)張冰潔等人：平常觀看時瞳孔直徑隨著年齡所發生之變化　神經眼科 2008;25(2): 266-270　(3)三輪昌子等人：高齡者的身體意象與評價方法之檢討　日本醫療管理學會雜誌 2008;9(3): 472-476　(4)紫崎宏伍：高齡者的道路人行道事故　交通事故綜合分析中心　第十九次研究發表會　二〇一六年　(5)Bowen M et al:The Prevalence of Visual Impairment in People with Dementia (the PrOVIDe study): a cross-sectional study of people aged 60-89 years with dementia and qualitative exploration of individual, carer and professional perspectives Southampton NIHR Journals Lobrary 2016

●失智症經常出現的惱人行為　之十二　(1)Shimada H et al:Driving and Incidence of Functional Limitation in Older People: A Prospective Population-Based Study. Gerontology. 2016;62(6):636-643Z. (2)Sakai H et al:Is the useful field of view a good predictor of at-fault crash risk in elderly Japanese drivers?. Geriatr Gerontol Int. 2015;15(5):659-65　(3)瀨谷安弘：有效視野的特性與其檢測方法　光學 42(9). 473-474, 2013-09-10　(4)針對警察廳高齡駕駛者交通事故預防對策之建言　二〇一七年六月三十日　(5)Wood JM et al: Useful field of view test. Gerontology. 2014;60(4):315-318　(6)Ping

Wang et al: Longitudinal Changes in Clock Drawing Test (CDT) Performance before and after Cognitive Decline. PLoS ONE. 2014;9(5): e97873

●**失智症經常出現的惱人行為　之十三**

(1)住宅防火對策促進協議會　有關消防本部之實施策略與高齡者之實態的調查研究 二〇一四年三月 (2)Schubert CR er al: Olfactory impairment in an adult population the Bearver Dam Offspring study. Chem Senses 2012 37(4):325-334 (3)Doty RL: Combining early markers strongly predicts conversion from mild cognitive impairement to Alzheimer's disease. Biol Psychiatry 64(10) 329-339,2012 (4)Schubert CR. Olfactory impairment in the older adults five-year incidence and risk factors. Laryngoscope 121:873-878, 2011 (5)Lyckholm er al: A randomized, placebo controlled trial of oral zinc for chemotherapy-related taste and smell disorders. J Pain Palliat Care Pharmacother. 2012; 26(2):111-114 (6)日本整形外科學會　運動障礙症候群手冊 二〇一四年版 日本整形外科學會 (7)吉村典子：退化性關節炎之流行病學研究　節錄自大規模居民世代研究 ROAD Clinical Calcium 2009;19(11), 1572-1577 (8)消防廳 二〇一五年的火災狀況 二〇一六年八月十九日 (9)消防廳　住宅用火災警報器之設置率等之調查結果 二〇一六年八月三十一日 (10)瓦斯警報器工業會　警報器的環境與其搭配

失智行為說明書：

到底是失智？還是老化？改善問題行為同時改善生理現象，讓照顧變輕鬆！

認知症の取扱説明書

作　　者 —— 平松類
審 訂 者 —— 內野勝行
譯　　者 —— 吳怡文
封面設計 —— 呂德芬
責任編輯 —— 張海靜、劉素芬
行銷業務 —— 王綬晨、邱紹溢、劉文雅
行銷企劃 —— 黃羿潔
副總編輯 —— 張海靜
總 編 輯 —— 王思迅
發 行 人 —— 蘇拾平
出　　版 —— 如果出版
發　　行 —— 大雁出版基地
地　　址 —— 231030新北市新店區北新路三段207-3號5樓
電　　話 —— （02）8913-1005
傳　　真 —— （02）8913-1056
讀者服務信箱— E-mail andbooks@andbooks.com.tw
劃撥帳號 19983379
戶　　名 大雁文化事業股份有限公司
出版日期2024年12月 二版
定價 400元
ISBN 978-626-7498-55-2

NinchiSho no Toriatsukai Setsumeisho

歡迎光臨大雁出版基地官網
www.andbooks.com.tw

國家圖書館出版品預行編目資料

失智行為說明書：到底是失智?還是老化?改善問題行為同時改善生理現象,讓照顧變輕鬆! / 平松類著 ; 吳怡文譯. -- 二版. -- 新北市 : 如果出版 : 大雁出版基地發行, 2024.12
面；　公分
譯自 : 認知症の取扱 明書
ISBN 978-626-7498-55-2(平裝)

1.老年失智症 2.長期照護

415.9341　　113016874

如果